万通汽车教育
WONTONE AUTOMOTIVE EDUCATION

"互联网+" 汽车车身维修技术系列规划教材

U0734367

何扬 ◎ 主编

叶永辉 金玲 赵波 廖光宙 ◎ 副主编

张小鹏 张会军 ◎ 主审

汽车涂装色彩与调色技术

AR版

人民邮电出版社

北京

图书在版编目（ＣＩＰ）数据

汽车涂装色彩与调色技术：AR版／何扬主编. --
北京：人民邮电出版社，2021.5
"互联网+"汽车车身维修技术系列规划教材
ISBN 978-7-115-54050-8

Ⅰ. ①汽… Ⅱ. ①何… Ⅲ. ①汽车－涂漆－教材
Ⅳ. ①U472.44

中国版本图书馆CIP数据核字(2020)第082799号

内 容 提 要

本书是"互联网+"汽车车身维修技术（涂装方向）系列规划教材的第二册，共包括 3 个模块，11
个学习任务。本书分别从认识涂料、汽车涂装与色彩、调漆技术与工艺 3 个方向全面介绍了汽车涂装
色彩与调色的知识和技能。每个模块涵盖多个学习任务，在每一个学习任务后有基于 AR 技术的多媒
体图片。读者使用手机等移动终端下载并打开"智慧书" App，扫描图片即可观看相应知识的短视频，
并可进行在线答题及查看答案。

本书可作为职业院校汽车车身维修技术及相关专业的教材，也可作为相关从业人员的参考书。

◆ 主　　编　何　扬
　　副主编　叶永辉　金　玲　赵　波　廖光宙
　　主　　审　张小鹏　张会军
　　责任编辑　王丽美
　　责任印制　彭志环

◆ 人民邮电出版社出版发行　　北京市丰台区成寿寺路 11 号
　　邮编　100164　电子邮件　315@ptpress.com.cn
　　网址　https://www.ptpress.com.cn
　　天津画中画印刷有限公司印刷

◆ 开本：787×1092　1/16
　　印张：11.5　　　　　　　　　　2021 年 5 月第 1 版
　　字数：283 千字　　　　　　　　2021 年 5 月天津第 1 次印刷

定价：59.80 元

读者服务热线：(010)81055256　印装质量热线：(010)81055316
反盗版热线：(010)81055315
广告经营许可证：京东市监广登字 20170147 号

专家委员会

序　言

今天，我国的汽车产业比历史上任何时期都更接近实现汽车强国的目标。在这个伟大时代，能够投身于中华民族伟大复兴事业之中，我们是幸运的。

当前，全球正处于以信息技术、网络技术和大数据为主要支撑的技术剧烈变革期。"变"是主题，而如何求变才是我们的着力点。作为汽车产业民营教育的先行者之一，万通汽车教育应该、也有能力承担起引领汽车职业教育变革的责任。

我欣喜地看到，在汽车车身维修（钣金和喷涂）技术专业的教材中，出现了"AR 视频显示 + 在线交互 + 后台大数据"这些信息化的教学手段。我一直比较赞赏一些职业教育专家所倡导的职业教育教学模式转变就是要使学生"喜欢听、听得懂、用得上"的理念，让静态和动态相结合，让问题与答案交互进行，让老师的"教"和学生的"学"自然融为一体。这套教材就是上述理念的具体实践。

希望万通汽车教育模式的创新思维更多地与教学实践相结合，真正实现兴趣教育，使学生掌握真本领。最终目标只有一个：为建设创新型国家培养更多的"大工匠"。

中国汽车工程学会副秘书长
中国汽车职业教育集团理事长

前　　言

一、编写本书的目的

汽车让社会和我们的生活发生了巨大的变化，而各种新技术的不断出现也给汽车后市场的服务模式带来很大变化。随着我国汽车保有量的不断增加，汽车后市场更大了。与从前的个体经营、手工操作模式相比，方便、快捷、规范、标准的优质服务成了现代汽车服务业的新标准。

汽车涂装是一门传统工艺技术，而新材料、新技术、新工艺等给汽车带来的变化，不仅是汽车本身的技术变化，其外形的材料、涂料也发生了变化。塑料复合材料、车身用铝合金等新材料改变了单一钢制件的情况。水性漆也因其环保特征而逐渐替代了传统涂料。所以，"新技术＋标准规范"仍是汽车涂装这个传统行业从业者所需要关注的。传统的纸质教材理论多实践少，学习起来枯燥，给职业教育的人才培养带来了困扰。

职业教育的目标是让受教育者专注学习既专业又实用的知识，并经过脚踏实地的多次训练，真正掌握一门技能。万通汽车教育研究院与人民邮电出版社携手，推出了"互联网＋"汽车车身维修技术系列规划教材，为读者提供一种"知识讲解＋操作步骤演示＋在线答题"全方位学习汽车车身维修技术的方案。

二、本书内容特点

本书根据汽车车身维修工作标准及规范，参考汽车车身维修技术专业标准编写而成。本书达到了"教学做一体化"的实用性目标，体现了产教融合的教学特点。

1. 模块教学，任务驱动

本书采用"模块教学，任务驱动"的模式编写。全书共 3 个模块，主要内容包括认识涂料、汽车涂装与色彩、调漆技术与工艺。每个模块涵盖多个学习任务，每个学习任务中按具体工作内容又设置了"学习目标""相关知识""任务总结""问题思考"等环节。另外，书中还穿插了"注意"等小栏目，以拓展读者知识面，增加读者阅读兴趣。

2. 重在实操，资源丰富

本书结合文字内容以二维码的形式插入配套的教学视频，读者可通过手机等移动终端扫描二维码学习。本书由 AR 展示、在线互动知识及后台大数据测评系统（专利号：201810230606.2）支撑。本书的每个学习任务后面提供了基于 AR 技术的多媒体图片，使用手机等移动终端下载并打开"智慧书"App 扫描图片后即可观看相应知识的短视频，并可以在线答题及查看答案。本书还提供了 PPT 课件等教学资源，读者可登录人邮教育社区（www.ryjiaoyu.com）下载使用。

3. 全彩印刷，制作精美

为了增加读者的学习兴趣，使读者更直观地观察操作方法、实际工作情况，本书采用全彩印刷，让读者在赏心悦目的阅读体验中快速掌握汽车车身维修技术的各种技能。

三、致谢

本书由万通汽车教育研究院院长、2019 年全国职业院校汽车专业教师能力大赛钣喷专家组组长、2018 年/2019 年国家职业技能大赛汽车方向专家组成员何扬老师和辽宁省交通高等专科学校吴兴敏教授组织编写，何扬任主编，抚顺市第二中等职业技术专业学校金玲和万通汽车教育研究院叶永辉、赵波、廖光宙任副主编。全书由第 42 届～第 44 届世界技能大赛汽车喷漆项目裁判及中国专家组组长张小鹏老师和 2019 年全国职业院校汽车专业教师能力大赛涂装赛项裁判长张会军老师主审。万通汽车教育研究院李斌、陈谢、张凯、杨涛、方健、朱雯老师负责审校。万通汽车教育研究院朱雯、吴阳、刘伟、刘罕负责视频创作。何扬老师主持了全书的系统设计、编审、视频编导等工作。

中国汽车工程学会副秘书长、中国汽车职业教育集团理事长闫建来先生为本书作序；庞贝捷漆油贸易（上海）有限公司提供了大量 PPG 涂装相关资料和参数；万通汽车教育研究院赵波、陈谢老师与其他工作人员参与了视频录制和讲解工作，对本书的出版提供了很大的支持，在此一并表示感谢！

由于编者水平有限，书中若存在疏漏与不足，敬请读者批评指正。

编　者

2021 年 1 月

目　录

学习任务一 涂料的基础知识

□ 学习目标 □

1. 能够正确解释涂料与油漆的异同点。
2. 能够正确解释汽车涂装用涂料的组成及各成分的作用。
3. 能够正确描述汽车涂料常用的树脂种类及各类型树脂的特点。
4. 能够正确描述汽车涂料常用的颜料种类及各类型颜料的特点。
5. 能够正确描述汽车涂料常用的溶剂种类及各类型溶剂的特点。
6. 能够正确描述汽车涂料常用的添加剂种类及各类型添加剂的特点。
7. 能够正确解释涂料成膜方式的类型及各类型成膜方式的原理。

□ 相关知识 □

一、涂料的定义和性能

1. 涂料的定义和发展概况

涂料是指涂布于物体的表面，在一定条件下能够形成具有保护、装饰或其他特殊性能（防锈、防霉、绝缘、耐热等）漆膜的一类液体或固体材料的总称。

以前，人们大多以植物油脂为主要原料制漆，故有"油漆"之称。随着科学技术的不断发展，石油化学工业为制漆提供了各种人工合成树脂原料，丰富了漆的品种，提高了漆的质量，扩大了漆的使用范围，使"油漆"产品的面貌发生了很大的变化，"油漆"一词已经不能恰当地表示其真正的含义。从它们的功效来讲，用"涂料"一词来表示更为合适，因此国家标准已经正式采用"涂料"这个名词了。但在具体的涂料产品品种名称中，仍可以用"漆"字来表示涂料，例如醇酸瓷漆、硝基清漆、丙烯酸漆等。

汽车用涂装材料一般指的是涂装和修补汽车、摩托车和其他机动车及其零部件所用的涂料及其辅助材料（如涂前表面处理材料和涂后处理材料等）。由于汽车工业对涂装材料的性能（包括涂装材料本身的质量和对施工工艺的适应性等）的要求很高，需要的品种多而且量很大，因而汽车涂装材料早已成为一种专用的涂料。在汽车工业发达的国家，汽车涂料在工业用涂料的发展中处于主导地位，一般占涂料总产量的 15%～20%。为适应汽车涂层的高装饰性和耐腐蚀性能及现代化涂装工艺的要求，近 30 多年来，汽车涂料行业有了长足的发展，开发了不少新的涂料品种，实现了多次的更新换代。

2. 涂料的性能

根据汽车的使用条件和汽车涂装的特点，汽车使用的涂料需要满足以下要求。

（1）极好的耐候性（涂层耐晒、抗紫外线的能力）和耐腐蚀性（涂层耐盐雾性、耐水性、耐酸雨性、耐化学污染的能力等）。即要求涂层能够适用于各种气候条件，其使用寿命能够接近汽车的使用寿命（一般为 5～10 年），要求在苛刻的使用条件，如强烈日照、雨水浸泡、风沙侵蚀等情况下，保光、保色性好，不开裂，不脱落，不粉化（长期使用不褪色），不起泡，无锈蚀现象。

（2）极好的施工性和配套性。即要求涂料能适应高速度流水线作业，于汽车修理而言要求其能适应手工喷涂的工艺要求和设备。要求涂层干燥迅速，能够适应"湿碰湿"的操作和烘干，要求涂层之间结合优良，不引起咬起（咬起是指在涂装过程中出现下层涂料被其上层涂料中的溶剂重新溶解而隆起的现象，也称咬底）、渗色、开裂等涂层缺陷。

（3）极高的装饰性。即要求涂层色泽鲜艳且多种多样，外观丰满，鲜映性好，使人看上去舒适，这点对轿车用面层涂料尤其重要。

（4）极好的机械强度。为适应汽车行驶中的振动和石击，要求涂层坚韧，耐磨性、耐迸裂性和抗划伤性能优良。

（5）极好的耐溶剂性。要求涂层干燥后有耐汽油、机油和公路用沥青等的作用，在上述介质中浸泡一定的时间后不产生软化、变色、失光、溶解或产生斑痕等现象；要求能耐清洗剂、鸟或昆虫的排泄物和酸雨等的侵蚀，与这些物质接触后不留痕迹。

（6）低公害。汽车涂料的用量大，要求货源广、价格低廉，并要求逐步实现低公害化和无公害化，便于进行"三废"（指工业污染源产生的废水、废气和固体废弃物）处理。

> **注意**
>
> 以前有些人会使用汽车涂装用的涂料进行家装，这是不可取的。汽车涂料的环保标准要比家装涂料的低。汽车涂料是喷涂在车身并于室外使用的，阳光暴晒、强紫外线、酸雨等对涂料的影响非常大，使用在汽车涂料里的各种添加剂非常多，可能会对人体健康产生危害，所以，汽车涂料是不能作为室内家私涂料使用的。

二、涂料组成

涂料由主要成膜物质、次要成膜物质和辅助成膜物质组成，如图 1-1-1 所示。

（1）主要成膜物质是油料和树脂等，是涂料的基础。漆膜（已经固化的涂料膜称为漆膜，也叫涂膜）的性能主要由树脂决定，所以常称它为基料，它既可以单独成膜，也可黏结颜料等共同成膜，并牢固地黏附在被涂物表面，所以油料和树脂等主要成膜物质又称为黏结剂或固着剂。

（2）次要成膜物质主要是颜料，它不能离开主要成膜物质而单独成膜，必须在油料或树脂的固着下形成漆膜。颜料赋予漆膜一定的遮盖能力和色彩，并增强漆膜的韧性，增加漆膜的厚度，提高漆膜的耐磨性、耐热性、耐化学腐蚀性等性能。

（3）辅助成膜物质主要是涂料中的溶剂、添加剂等辅助材料，这些物质也不能单独成膜，但它们有助于改善涂料的性能。在形成漆膜时有一部分辅助成膜物质要挥发掉，如真溶剂、助溶剂、稀释剂等；有些最后存在于漆膜中而不挥发掉，如催干剂、固化剂等。

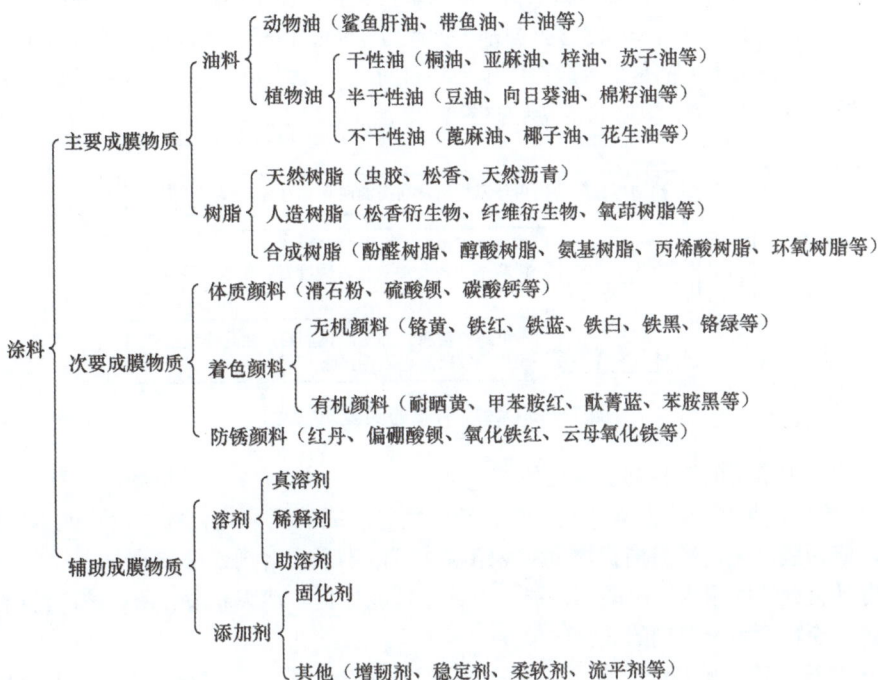

```
              ┌ 油料 ┌ 动物油（鲨鱼肝油、带鱼油、牛油等）
              │      │        ┌ 干性油（桐油、亚麻油、梓油、苏子油等）
              │      └ 植物油 ┤ 半干性油（豆油、向日葵油、棉籽油等）
      ┌ 主要成膜物质          └ 不干性油（蓖麻油、椰子油、花生油等）
      │       │      ┌ 天然树脂（虫胶、松香、天然沥青）
      │       └ 树脂 ┤ 人造树脂（松香衍生物、纤维衍生物、氧茚树脂等）
      │              └ 合成树脂（酚醛树脂、醇酸树脂、氨基树脂、丙烯酸树脂、环氧树脂等）
      │       ┌ 体质颜料（滑石粉、硫酸钡、碳酸钙）
涂料 ─┤ 次要成膜物质 ┌ 无机颜料（铬黄、铁红、铁蓝、铁白、铁黑、铬绿等）
      │       │ 着色颜料 ┤
      │       │         └ 有机颜料（耐晒黄、甲苯胺红、酞菁蓝、苯胺黑等）
      │       └ 防锈颜料（红丹、偏硼酸钡、氧化铁红、云母氧化铁等）
      │              ┌ 真溶剂
      │       ┌ 溶剂 ┤ 稀释剂
      └ 辅助成膜物质  └ 助溶剂
              │      ┌ 固化剂
              └ 添加剂┤
                     └ 其他（增韧剂、稳定剂、柔软剂、流平剂等）
```

图 1-1-1 涂料的组成

注意

由于目前汽车涂料已经不再使用油料作为主要成膜物质，所以通常可认为，汽车涂料由树脂、颜料、溶剂和添加剂组成。

1. 树脂

（1）树脂的定义。树脂是多种高分子复杂化合物相互融合而成的混合物。它是非结晶的固体（见图1-1-2）或黏稠的液体，虽没有固定的熔点，又不溶于水，但在受热时会软化或熔化，多数树脂可溶于有机溶剂。

（2）树脂的作用。熔化或溶解了的树脂能与颜料均匀地混合，其黏着性很强。将它涂附在物体表面，待溶剂挥发后能形成一层光亮、坚韧而耐久的薄膜。所以，树脂是与颜料一起形成漆膜的主要物质，可以说树脂的性质决定了涂料加工的品质和漆膜性能的好坏。

图 1-1-2 树脂

（3）树脂的分类。树脂按其来源可以分为天然树脂、人造树脂和合成树脂三大类。最初在涂料工业中使用的树脂都是天然树脂，但由于一般的天然树脂在产量和性能上都满足不了日益发展的工业生产的需要，因此，随着近代化学工业的发展，人们已经能够生产出各种人工合成树脂，即用天然高分子化合物加工制得的人造树脂及用化工原料合成的合成树脂。合成树脂无论从品种、性能、产量和用途等方面都大大超过了天然树脂，所以现在使用的各种汽车涂料除个别品种外，基本上都是由合成树脂作为基料的。合成树脂可分为热塑性树脂、热固性树脂和自交链树脂 3 种类型，其各自的特点如图 1-1-3 所示。

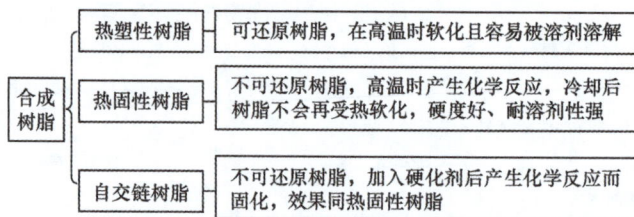

图 1-1-3　合成树脂的类型及特点

汽车涂料中常用的树脂有以下几种。

① 沥青。沥青是一种由碳、氢、氧、硫、氮等组成的复杂化合物，性状或为黑色可塑性固体，或为黑色无定形黏稠状物质，易熔融，可溶于烃类溶剂或松节油中。

沥青具有独特的耐水、耐酸碱性能，电绝缘性能优良，漆膜光滑，所以被广泛用来炼制防锈、防腐涂料，用于车辆的底盘部位。

② 硝基纤维素。硝基纤维素又称为硝酸纤维酯或硝化棉，是硝基漆的主要成分。

硝酸纤维素是将植物纤维（如棉花纤维等）经过硝酸硝化后所得到的产品。它具有良好的耐油性，在常温下能耐水、耐稀酸；但极不耐碱，不耐光，遇热易分解，且易燃、易爆。它能与多种树脂互溶，能溶于酯、酮类溶剂而不溶于醇类和苯类溶剂。

③ 醇酸树脂。醇酸树脂是由多元醇和多元酸缩合而成的，分为纯醇酸树脂和改性醇酸树脂两类。改性醇酸树脂又称聚酯树脂，是由纯醇酸树脂经植物油或其脂肪酸改性而成，具有极好的附着力、光泽度、耐久性、弹性、耐候性和绝缘性等，所以在涂料中应用广泛，不但可以用来制造清漆、底漆和原子灰等，还可与其他树脂合用以相互提高性能。

④ 氨基树脂。氨基树脂是由醛类与氨类缩聚而成的热固性树脂。涂料工业中常用的氨基树脂有两种：一种是丁醇（或甲醇）改性尿素甲醛树脂，简称脲醛树脂；另一种是丁醇（或甲醇）改性三聚氰胺甲醛树脂，简称三聚氰胺树脂。

氨基树脂具有优越的保色性、硬度、光泽度、耐溶剂及耐化学品的性能，但附着力差且过分坚脆，因此要与其他树脂如醇酸树脂等合用方可充分发挥各自的优点，既改善了氨基树脂的低附着力和硬脆性，又提高了醇酸树脂的硬度、耐碱性和耐油性。

⑤ 环氧树脂。凡分子结构中含有环氧基的聚合物均称为环氧树脂。环氧树脂具有黏合力强、收缩性小、稳定性高、韧性好、耐化学性和电绝缘性优良等优点。环氧树脂用来制造车用涂料，不但耐腐蚀方面优越，而且机械性能和弹性等都优于酚醛树脂和醇酸树脂涂料，被广泛应用。

⑥ 聚氨酯树脂。聚氨酯树脂是聚氨甲基酸酯树脂的简称。聚氨酯树脂性能优越，广泛用于制造防腐涂料和室内装饰涂料，并能与其他多种树脂合用制成多种性能优异的改性涂料。

⑦ 丙烯酸树脂。丙烯酸树脂是由各种丙烯酸单体聚合而成的。丙烯酸树脂具有良好的保光性、保色性，不泛黄（漆膜老化过程中出现的变黄倾向），耐候性、耐热性、耐化学品侵蚀的能力等也较好，故被用来制造各种用途的涂料。

2. 颜料

（1）颜料的定义。颜料是具有一定颜色的矿物质或有机物质，是涂料中的不挥发物质之一，呈微细粉末状，如图 1-1-4 所示。它一般不溶于水或其他介质（如油等），但其细微个体粉末能均匀地分散在介质中。

图 1-1-4　颜料

（2）颜料的作用。颜料是涂料的次要成膜物质，它不仅使漆膜呈现必要的色彩，遮盖被涂物的底层，使漆膜具有装饰性，而且它能改善涂料的物理性能及化学性能，提高漆膜的机械强度、附着力和防腐性能。有的颜料还可以滤去紫外线等有害光波，从而增强漆膜的耐候性和保护性，延长漆膜的使用寿命。例如，在有机硅树脂涂料中使用铝粉颜料，在高温下铝粉与硅形成硅氧铝，能提高漆膜的耐高温性；在涂料中加入云母氧化铁可以反射紫外线和降低透水性，因而能显著提高漆膜的防锈性、耐候性和抗老化性等性能。

（3）颜料的种类。颜料的品种很多，按其化学成分的不同可以划分为有机颜料和无机颜料两大类。每大类中，按其来源不同又可以分为天然颜料和合成颜料。在涂料工业中，根据颜料在涂料中所起的主要作用不同，可分为着色颜料、体质颜料和防锈颜料 3 类。

① 着色颜料。着色颜料在涂料中的主要作用是赋予涂料各种不同的颜色，提高涂料的遮盖性能，满足涂料的装饰性和其他特性的要求，其品种和分类如图 1-1-5 所示。

- 着色颜料
  - 白色颜料（无机：氧化锌、锌钡白、钛白、锑白、铅白、盐基性硫酸铅等）
  - 黑色颜料
    - 无机（炭黑、松烟、石墨等）
    - 有机（苯胺黑、磺化苯胺黑等）
  - 黄色颜料
    - 无机（铅铬黄、锑黄、铬黄、锶黄等）
    - 有机（颜料耐晒黄、联苯胺黄、槐黄等）
  - 红色颜料
    - 无机（银朱、铬红、钼红、锑红等）
    - 有机（颜料猩红、蓝光色淀性红、黄光颜料红等）
  - 蓝色颜料
    - 无机（铁蓝、群蓝、钴蓝等）
    - 有机（酞菁蓝、孔雀蓝等）
  - 绿色颜料
    - 无机（铬绿、锌绿、铬翠绿、巴黎绿、钴绿、铁绿等）
    - 有机（孔雀石绿、维多利绿、亮绿等）
  - 紫色颜料
    - 无机（群青紫、钴紫、锰紫、亚铁等）
    - 有机（氰化铜、甲基紫、苄基紫、枣红、茜素紫等）
  - 氧化铁颜料
    - 天然（土红、棕土、黄土、煅棕土、煅黄土等）
    - 人造（氧化铁红、氧化铁黄、氧化铁墨、氧化铁绿等）
  - 金属颜料（铝粉、铜粉等）

图 1-1-5　着色颜料的品种和分类

② 体质颜料。体质颜料又称为填料或填充料。体质颜料是指涂料中折光率较低的白色

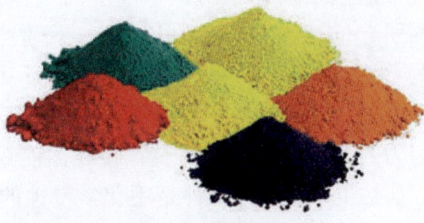

或无色的细微固体粒子，配合其他颜料分散在着色颜料当中，用以提高颜料的体积浓度，增加漆膜的厚度和耐磨能力，几乎无着色力（显现色彩的能力）和遮盖力（覆盖或消除底材/底漆层颜色的能力）。其品种和分类如图 1-1-6 所示。

③ 防锈颜料。防锈颜料是涂料中主要起防锈作用的成分，多为具有化学活性的物质。

金属的腐蚀机理分为化学腐蚀和电化学腐蚀两类。金属与接触到的介质（如氧气、汽油、润滑油等非电解质）直接发生化学反应而引起的腐蚀称为化学腐蚀；不纯的金属或合金与液态介质（如水溶液、潮湿的气体）或电解质（如酸碱溶液）接触时，发生电化学反应而引起的腐蚀称为电化学腐蚀。一般情况下这两种腐蚀现象往往是同时发生的，但后者更为普遍。

涂料用于防腐，主要有两种方法：一种是用物理隔绝的方法，即用与金属表面具有足够附着力的涂料将金属物体整体覆盖，使其不与外界介质直接发生接触，从而避免或减少金属化学腐蚀的发生；另一种是用化学侵蚀的方法，即用具有一定化学侵蚀作用的涂料涂布在金属表面，使其表面发生侵蚀作用而钝化，这样在与电解质接触时金属的钝化表面很难再发生电化学反应，从而达到防腐的目的。船舶的底部常用这种方式。

防锈颜料由于起防锈作用的侧重点不同，有的偏重于物理防锈，有的偏重于化学活性防锈，因此采用的防锈颜料也不尽相同，防锈颜料的品种和分类如图 1-1-7 所示。

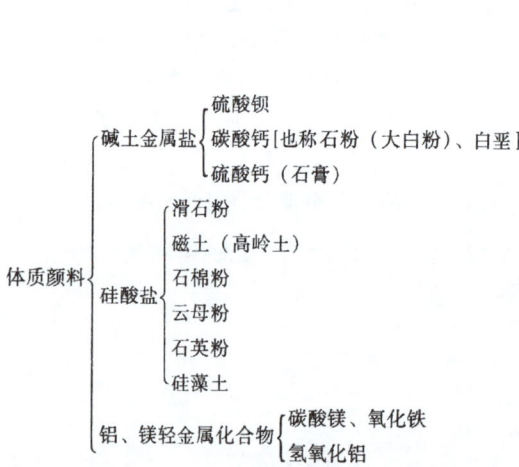

图 1-1-6　体质颜料的品种和分类

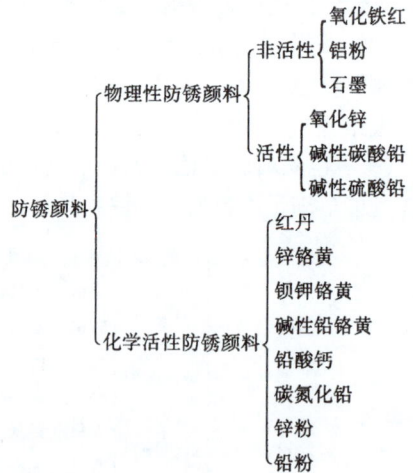

图 1-1-7　防锈颜料的品种和分类

防锈颜料除上述品种外，近年来还出现了一些新的品种，如磷酸锌、磷酸铁、钼酸锌、氟化铬和磷酸铬等，可用于磷化底漆、电泳底漆和预涂底漆中，也可与其他防锈材料配合作用，使其具有更好的防锈效果。

3.溶剂

（1）溶剂的定义。能够溶解其他物质的物质叫作溶剂。涂料用的溶剂是一种能溶解成膜物质（树脂等）、易挥发的有机液体。在涂料干燥成膜后，溶剂全部或部分挥发而不留存在涂层中，故溶剂又称为挥发成分。

（2）溶剂的作用。溶剂是涂料的重要组成部分，起着辅助成膜的作用。它能溶解或稀释油料或树脂，降低其黏度以便于施工，并改善涂料的流平性，避免漆膜过厚、过薄、起皱等弊病，还能对涂料的成品在储存过程中起稳定作用，避免树脂析出或分离以及变稠、结皮等。涂料施工后，溶剂能增加涂料对物体表面的润湿性和附着力，并随着涂料的干燥而均匀地挥发减少，使被涂物面得到一个薄厚均匀、平整光滑、附着牢固的漆膜。有的溶剂本身在涂料中既是溶剂又是成膜物质，如苯乙烯在无溶剂涂料中是很好的溶剂，但又能与树脂交联成膜，提高了漆膜的丰满度，同时减少了因溶剂挥发而造成的污染。

（3）溶剂的分类。

① 按用途不同，溶剂可分为真溶剂、助溶剂和稀释剂。

真溶剂能够溶解树脂，主要应用于涂料生产；助溶剂本身不能溶解树脂，但能够提高真溶剂溶解树脂的能力，主要应用于涂料生产；稀释剂不能溶解树脂，但能够稀释树脂，主要应用于涂装生产，即汽车修补涂装中所使用的溶剂均为稀释剂。

② 按蒸发速度不同，溶剂可分为低沸点溶剂、中沸点溶剂、高沸点溶剂。

低沸点溶剂的沸点在 100℃ 以下。

中沸点溶剂的沸点在 100 ～ 150℃。

高沸点溶剂的沸点在 150℃ 以上。

含低沸点溶剂的涂料在喷涂时从喷枪口到物面的过程中就能挥发掉大部分，使到达物面上的涂料的固体成分和黏度都得到了必要的提高；高沸点溶剂可以用来提高漆膜的流动性，它们能使漆膜在较长时间内保持流动性；中沸点溶剂在各种场合的涂料中都能用，它们最初可使涂料保持流动性，当喷涂到物面一段时间后能使漆膜较快地凝定。

根据溶剂的这一特性，汽车涂料中常将稀释剂制成快干稀释剂、中性稀释剂和慢干稀释剂等几种。快干稀释剂用于较低的温度条件（15℃以下）和环境比较差、灰尘较多的场合；慢干稀释剂用于施工环境温度较高（28℃以上）或大面积喷涂时；中性稀释剂使用的场合较为广泛（15 ～ 28℃），大部分施工条件均可使用。

③ 按主要成分（官能团）不同，溶剂分为醇类溶剂（甲醇、乙醇、丁醇等）、酯类溶剂（乙酸乙酯、丁酸乙酯等）、醚类溶剂（乙基溶纤素、丁基溶纤素等）、酮类溶剂（丙酮、丁酮、甲基异丁酮等）、硝基化合物溶剂（硝基乙烷、硝基丙烷等）和烃类溶剂（汽油、石油醚、苯、甲苯、二甲苯、三氯乙烯、四氯乙烯等）。

涂料中使用的各种各样的树脂需用不同的溶剂来溶解和稀释，所以在实际使用中，一定要选择涂料生产商提供的配套稀释剂。

注意

官能团，是决定有机化合物的化学性质的原子或原子团，官能团对有机物的性质起决定性作用。

4. 添加剂

（1）添加剂的定义。添加剂也称为辅助材料、助剂，是在涂料生产和使用中，为了给涂料提供某方面性能而加入的辅助成分。

（2）添加剂的作用。添加剂虽然不是主要或次要的成膜物质，用量一般又很少，但它对改善涂料的性能、延长储存时间、扩大涂料的应用范围、改进和调节涂料施工的性能、保证涂装品质等方面都起很大的作用。

（3）添加剂的种类。涂料的添加剂品种很多，根据它们的功能来划分，主要有催干剂、防潮剂、固化剂、紫外线吸收剂、悬浮剂、流平剂和减光剂等。这些添加剂有些是在涂料制造时就添加到涂料当中的，如悬浮剂、紫外线吸收剂等；有些需要根据施工情况进行添加，如防潮剂、流平剂、减光剂等。

① 催干剂。催干剂（见图1-1-8）也称为干燥剂、速干水，是一种能加速涂层干燥的物质，多使用于醇酸树脂涂料中。催干剂能促进漆膜中树脂的氧化聚合作用，大大缩短漆膜的干燥时间，尤其是在冬季施工中漆膜干燥很慢的情况下，加入催干剂后即使环境温度没有变化，干燥时间也会明显缩短。

② 防潮剂。防潮剂（见图1-1-9）也称化白水或防白水，是由高沸点的酯类、酮类溶剂组成的。将它加入硝基漆等自然挥发型涂料中能防止漆膜中的溶剂挥发时产生的泛白现象。此外，施工环境温度过低（接近零点）或空气湿度过高（喷涂用的压缩空气中含有过多的水分）等，也会引起泛白。涂料中加入适量的防潮剂后，由于高沸点溶剂的增多，可减缓溶剂的挥发速度，减少水分凝结现象的发生。

③ 固化剂。固化剂（见图1-1-10）是与2K色母、成品漆、清漆配套使用的产品。固化剂可与涂料中的合成树脂发生反应而使漆膜干燥固化成膜，具有耐候、抗黄变、提高漆膜硬度和耐化学品的能力。该类型的涂料在未加入固化剂时一般不会干燥结膜，与固化剂混合后在常温下即可发生化学反应而干燥固化，若适当加温（60～70℃）效果更好。不同树脂的涂料所使

图 1-1-8　催干剂　　图 1-1-9　防潮剂

用的固化剂成分也不同，例如：聚酯树脂用过氧化物作为固化剂；环氧树脂用胺类作为固化剂；丙烯酸聚氨酯类用含异氰酸酯类作为固化剂等。实际使用中，一定要选择涂料生产商提供的配套固化剂。根据挥发性不同，固化剂有快干固化剂、标准干固化剂和慢干固化剂之分。使用时，应根据环境温度来选择，当环境温度为15℃以下时选用快干固化剂；当环境温度为15～28℃时选用标准干固化剂；当环境温度为28℃以上时选用慢干固化剂。有些涂料生产商对固化剂的选用还有更严格的标准。

④ 紫外线吸收剂。紫外线吸收剂（见图1-1-11）对阳光中的紫外线有较高的吸收能力，添加在涂料当中可减少紫外线对漆膜的损害，防止漆膜粉化、老化和失光等。

⑤ 悬浮剂。悬浮剂（见图1-1-12）主要用来防止涂料在储存中结块。涂料中加入悬浮剂后，可使涂料黏度增加但松散易调和。

图 1-1-10　固化剂　　图 1-1-11　紫外线吸收剂　　图 1-1-12　悬浮剂

⑥ 流平剂。流平剂（见图 1-1-13）大致分为两大类。一种是通过调整漆膜黏度和流平时间来起作用的。这类流平剂大多是一些高沸点的有机溶剂或其混合物，如异佛尔酮、二丙酮醇、Solvesso 150 等。另一种是通过调整漆膜表面性质来起作用的，一般人们所说的流平剂大多是指这一类流平剂。这类流平剂通过有限的相容性迁移至漆膜表面，影响漆膜界面张力，防止缩孔的产生，增加漆膜的流平性等表面性质，使漆膜流平良好。根据化学结构的不同，这类流平剂主要有三大类：丙烯酸类、有机硅类和氟碳化合物类。

⑦ 减光剂。减光剂（见图 1-1-14）又称亚光剂，具有降低漆膜光泽度的作用。有时为了喷涂特殊效果，需要使涂料产生亚光效果，适量加入减光剂可以达到所需的要求。减光剂可用于 1K 底色漆或 2K 纯色漆体系和清漆。

⑧ 柔软剂。柔软剂（见图 1-1-15）也称为塑料添加剂，当用通用型涂料涂装塑料件时，需要添加塑料添加剂，主要作用是提高与底材（或底层漆膜）的附着力，增加柔软度，使塑料件在较大的变形时仍能保持漆膜良好的附着性能而不至于出现开裂、脱落等现象。

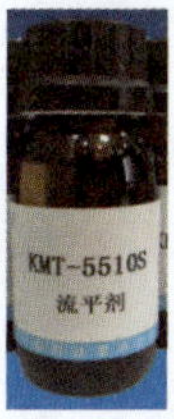

图 1-1-13　流平剂

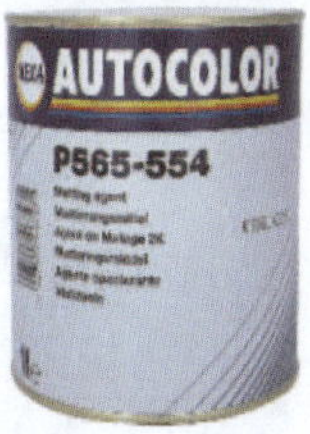

图 1-1-14　减光剂

图 1-1-15　柔软剂

⑨ 抗走珠水。抗走珠水（见图 1-1-16）又叫防鱼眼剂或者抗鱼眼剂，是由有机硅表面活性剂、有机氟表面活性剂、螯合剂和流平剂复配而成的消泡剂。其作用主要是在反应初期阻止“局部爆聚”，避免反应初期引发剂分散不均匀而出现快速反应粒子。它能有效防止涂料、覆膜胶、压敏胶等在涂装时因油污、硅树脂颗粒和含有空气的液滴产生环形漏涂及空洞等表面缺陷，此类缺陷俗称鱼眼或油缩。

⑩ 纹理添加剂。纹理添加剂通常用于内饰件等特殊要求部位的涂装，使漆膜表面呈现纹理效果。常用的纹理添加剂有皮革纹理添加剂、绉纹纹理添加剂等。

a. 皮革纹理添加剂。皮革纹理添加剂（见图 1-1-17）通常用于车内仪表台、门饰板等特殊要求部位仿皮革纹理的涂装，它能使漆膜表面产生更深的皮革纹理。

b. 绉纹纹理添加剂。绉纹纹理添加剂（见图 1-1-18）与涂料进行标准调配后能使漆膜表面产生粗糙、消光的效果。

图 1-1-16　抗走珠水

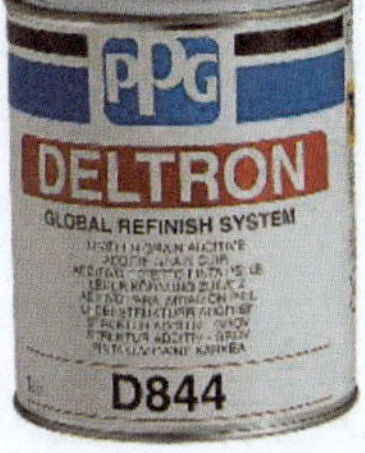

图 1-1-17　皮革纹理添加剂

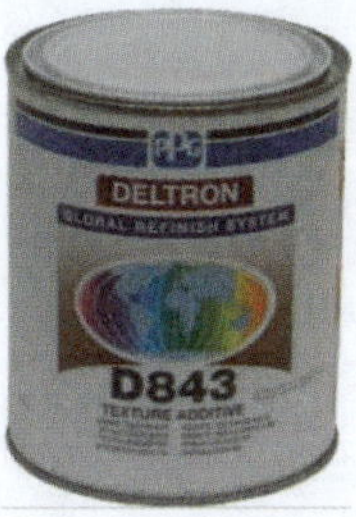

图 1-1-18　绉纹纹理添加剂

⑪ 刷涂/滚涂添加剂。它是指在用刷涂法和滚涂法施工时，需要加入的添加剂，其主要目的是提高涂装施工时涂料的黏度。

汽车修补涂装过程中使用的添加剂大多使用小型的罐制容器盛装，如图1-1-19所示。有些添加剂起的是综合作用，能减少起皱，加速干燥，防止发白，提高对化学物质的耐受能力等。

图 1-1-19　添加剂用罐制容器盛装

三、涂料命名

1. 命名的构成

涂料全名可用下式表示：

涂料名称＝颜色或颜料名称＋成膜物质名称＋基本名称

对于不含颜料的清漆，其全名一般由成膜物质名称加上基本名称组成。

2. 命名规则

（1）颜色名称通常由红、黄、蓝、白、黑、绿、紫、棕、灰等颜色，有时再加上深、中、浅（淡）等级词构成。若颜料对漆膜性能起显著作用，则可用颜料的名称代替颜色的名称，例如铁红、锌黄、红丹等。

（2）成膜物质名称可做适当简化，例如聚氨基甲酸酯简化成聚氨酯，环氧树脂简化成环氧，硝酸纤维素（酯）简化为硝基等。基料中含有多种成膜物质时，选取起主要作用的一种成膜物质命名。必要时也可选取两或三种成膜物质命名，主要成膜物质名称在前，次要成膜物质名称在后，例如红环氧硝基瓷漆。

（3）基本名称表示涂料的基本品种、特性和专业用途，例如清漆、瓷漆、底漆、锤纹漆、罐头漆、甲板漆、汽车修补漆等，涂料基本名称见表1-1-1。

（4）在成膜物质名称和基本名称之间，必要时可插入适当词语来标明专业用途和特性等，例如白硝基球台瓷漆、绿硝基外用瓷漆、红过氯乙烯静电瓷漆等。

（5）需烘烤干燥的漆，名称中（成膜物质名称和基本名称之间）应有"烘干"字样，例如银灰氨基烘干瓷漆、铁红环氧聚酯酚醛烘干绝缘漆。如名称中无"烘干"字样，则表明该漆是自然干燥，或自然干燥、烘烤干燥均可。

（6）凡双（多）组分的涂料，在名称后应增加"（双组分）"或"（三组分）"等字样，例如聚氨酯木器漆（双组分）。

注意

除稀释剂外，混合后产生化学反应或不产生化学反应的独立包装的产品，都可认为是涂料组分之一。

表 1-1-1　　　　　　　　　　　　　　　　涂料基本名称

代号	基本名称	代号	基本名称
00	清油	45	饮水舱漆
01	清漆	46	油舱漆
02	厚漆	47	车间（预涂）底漆
03	调和漆	50	耐酸漆、耐碱漆
04	瓷漆	52	防腐漆
05	粉末涂料	53	防锈漆
06	底漆	54	耐油漆
07	原子灰	55	耐水漆
09	木器漆	60	耐火漆
11	电泳漆	61	耐热漆
12	乳胶漆	62	示温漆
13	水溶（性）漆	63	涂布漆
14	透明漆	64	可剥漆
15	斑纹漆、裂纹漆、桔纹漆	65	卷材涂料
16	锤纹漆	66	光固化涂料
17	皱纹漆	67	保温隔热涂料
18	金属漆、闪光漆	70	机床漆
20	铅笔漆	71	工程机械用漆
22	木器漆	72	农机用漆
23	罐头漆	73	发电、输配电设备用漆
24	家用电器涂料	77	内墙涂料
26	自行车涂料	78	外墙涂料
27	玩具涂料	79	屋面防水涂料
28	塑料涂料	80	地板漆、地坪漆
30	（浸渍）绝缘漆	82	锅炉漆
31	（覆盖）绝缘漆	83	烟囱漆
32	抗电弧（磁）漆、互感器漆	84	黑板漆
33	（黏合）绝缘漆	86	标志漆、路标漆、马路画线漆
34	漆包线漆	87	汽车漆（车身）
35	硅钢片漆	88	汽车漆（底盘）
36	电容器漆	89	其他汽车漆
37	电阻漆、电位器漆	90	汽车修补漆
38	半导体漆	93	集装箱涂料
39	电缆漆、其他电工漆	94	铁路车辆涂料
40	防污漆	95	桥梁漆、塔漆及其他（大型露天）钢结构漆
41	水线漆	96	航空、航天用漆
42	甲板漆、甲板防滑漆	98	胶液
43	船壳漆	99	其他未列出的基本名称
44	船底漆		

四、涂料成膜方式

涂料的成膜方式有溶剂挥发型成膜和反应型成膜两种。反应型成膜又包括氧化聚合型、热聚合型和双组分聚合型成膜 3 种。

1. 溶剂挥发型（风干型）成膜

当涂料中的溶剂蒸发时，这种涂料形成一个涂层。但是由于树脂分子没有结合在一起，所以涂层可以被稀释剂溶解。这种涂料的特性是干得快，容易使用。但是，它在耐溶剂性和自然老化性能方面不及反应型涂料。溶剂挥发型涂料主要有硝基涂料和热塑性丙烯酸涂料。

溶剂挥发型成膜如图 1-1-20 所示，靠溶剂挥发而干燥成膜，属于物理成膜方式。成膜前后，物质分子结构不发生变化，仅靠溶剂（或水）挥发、温度变化等物理作用使涂料干燥成膜，干燥迅速但是耐溶剂性差。

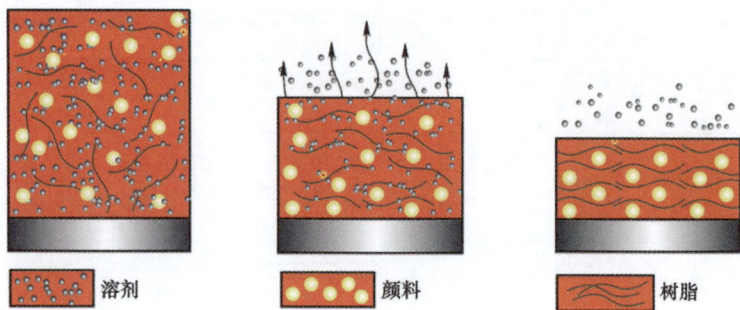

溶剂	颜料	树脂

图 1-1-20　溶剂挥发型成膜

2. 反应型成膜

在此类涂料中，涂料中的溶剂和稀释剂蒸发，而树脂通过"聚化"的化学反应固化。如图 1-1-21 所示，刚刚喷涂以后，新涂料是一种液化层，其中的树脂、颜料、溶剂及稀释剂是混合在一起的。

在固化过程中，溶剂和稀释剂蒸发，树脂中分子由于化学反应而互相逐渐结合。在完全固化以后，涂层中完全没有溶剂和稀释剂。分子的化学反应结束，形成一层固态的高聚物层。

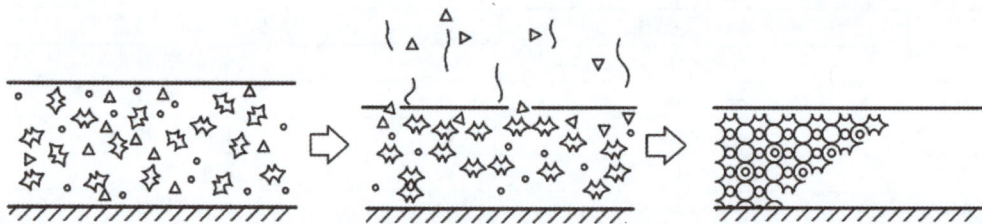

图 1-1-21　反应型涂料成膜过程

分子通过化学反应结合成三维交联结构。如果涂层具有较大、较密的交联结构，它便具有更好的涂层性能，例如较高的硬度和耐溶剂性。

反应型涂料的特点是，除非向涂料施加能引起化学反应的要素，否则涂料不会开始固化。能引起化学反应的要素包括热、光、氧、水、催化剂及固化剂。在汽车修补涂装中使用的大多数反应型涂料中，固化是由于热式催化剂引起的。具体的反应包括以下几种。

（1）氧化聚合。当树脂中的分子吸收空气中的氧气而氧化时，它们便聚合为交联结构，这种涂料很少用于汽车，因为形成交联结构的时间太长，而且粗交联结构不能产生理想的涂层性能。邻苯二甲酸酯和合成树脂混合涂料是氧化聚合涂料的两个例子，其反应机理如图 1-1-22 所示。

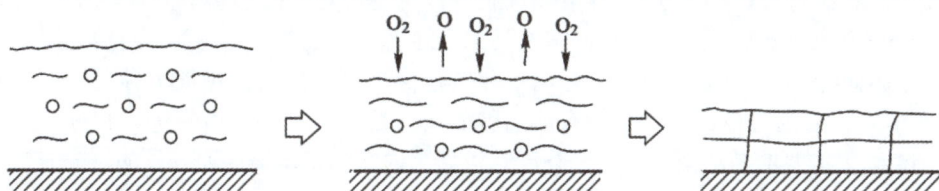

图 1-1-22　氧化聚合

〇—溶剂

（2）加热聚合。当这种涂料加热至一定温度（一般在 120℃以上）时，树脂里便发生化学反应，使涂料固化。所形成的交联结构密度很大，所以在该涂料彻底固化以后，不会溶解于稀释剂，如合成聚酯（原始设备制造涂装用涂料，即 OEM 涂料）等，其反应机理如图 1-1-23 所示。它广泛使用于汽车装配线上，但是在修补涂装中很少使用。这是因为，为了保护有关区域的塑料及电子零件，在修补涂装以前必须将它们拆下或用其他方法加以保护，以免受热影响，而大量的拆装作业势必影响作业效率。

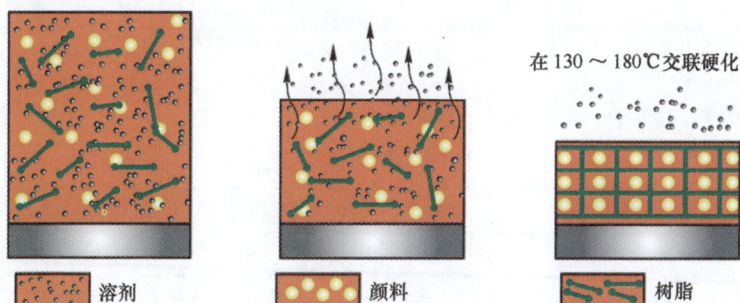

在 130～180℃交联硬化

溶剂　　颜料　　树脂

图 1-1-23　加热聚合

（3）双组分聚合。在这种涂料中，主要成分与固化剂混合，以便在树脂中产生化学反应，从而使涂料固化。虽然该反应可以在室温下发生，但是可以使用 60～70℃的中温来加速干燥过程。汽车修补涂装大多使用这种涂料（如聚氨酯涂料），其反应机理如图 1-1-24 所示。有些双组分聚合涂料的性能与加热聚合型相同，形成的漆膜不能再被溶剂溶解或受热熔化。

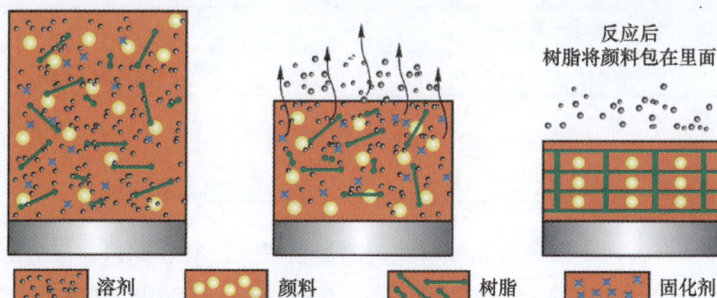

反应后树脂将颜料包在里面

溶剂　　颜料　　树脂　　固化剂

图 1-1-24　双组分聚合

五、国内外主要汽车修补漆品牌

目前，市场上汽车修补漆的高端市场主要是国外品牌。国外品牌进入我国市场已有十多年的历史，在国内已有一批熟悉它们色母特性的调色技术人员和完善的服务体系。

国产汽车修补漆与进口汽车修补漆在技术上还有较大的差距。例如，目前还没有较好的国产高浓度色母（指通用色母、金属漆和素色漆通过树脂转换用同一种色母）。但是，国产汽车修补漆也有自己的优势，有的品牌品质接近进口产品，而售价只有进口产品的1/3～1/2。更重要的是，国产汽车修补漆是根据国内汽车市场需要而开发的，随着国产汽车销量的进一步提高，国产汽车修补漆的市场会更大。所以，国产汽车修补漆在我国汽车修补漆市场中已渐渐占据主要地位。

1. 国外知名品牌

表 1-1-2 所列为国外知名汽车修补漆品牌，通常每个品牌都有几个档次的产品。

表 1-1-2 　　　　　　　　　　国外汽车修补漆知名品牌

国家	品牌	国家	品牌
英国	Autocolor、ICI	德国	鹦鹉、施必快、百事利、R-M
美国	杜邦、PPG	日本	立邦、洛克
荷兰	新劲莱顺	意大利	爱犬

2. 国内知名品牌

表 1-1-3 所列为国内一些主要汽车修补漆品牌。

表 1-1-3 　　　　　　　　　　国内汽车修补漆知名品牌

企业名称	主要产品
广州番禺邦尼制漆有限公司	邦尼、火焰山、猎头、奥斯达（现已被PPG收购）
广州市实创化工有限公司	思卡夫、优尼克、丸田、吉尼思、惊艳
河南五一油漆集团	爱国者调漆系统
广州花都联合涂料有限公司	AK、通用、BBC、ZKB、ST
广州福田纳路涂料有限公司	KJL
广东雅图化工有限公司	盈通、雅力
维新制漆（深圳）有限公司	维新TC烤漆、BC底色漆、罩光清漆
常州福莱姆汽车涂料有限公司	福莱姆
广东江门市银帆化学有限公司	银帆、FB闪彩

注意

国产涂料的产品种类和质量已经有了大幅度的提高，现在高浓高固的涂料和水性漆都已经有多个品牌开始生产了，只是质量与进口涂料相比还有少许差距。

□ 任务总结 □

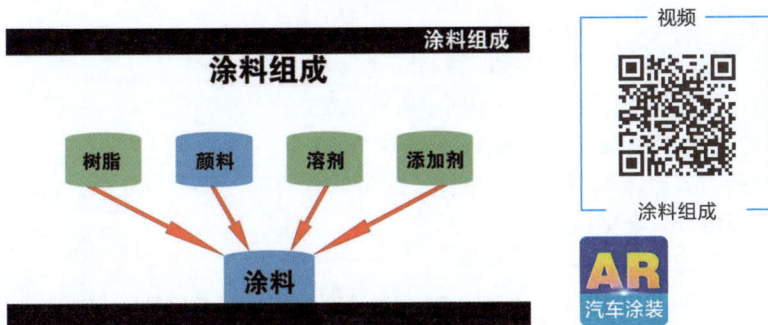

1. 涂料的要求

（1）涂料定义：指涂布于物体的表面，能够形成具有保护、装饰或其他特殊性能的固态保护膜的一类液体或固体材料的总称。

（2）汽车用涂装材料：一般指汽车、摩托车和其他机动车及其零部件涂装和修补时所用的涂料及其辅助材料。

（3）汽车用涂料的要求：极好的耐候性、耐腐蚀性、施工性、配套性、装饰性、机械强度、耐溶剂性，低公害。

2. 涂料的组成

（1）主要成膜物质是油料和树脂等。

（2）次要成膜物质主要是颜料。

（3）辅助成膜物质主要是涂料中的溶剂和添加剂等辅助材料。

3. 树脂

（1）定义：多种高分子复杂化合物相互融合而成的混合物。

（2）作用：与颜料一起形成漆膜。

（3）分类。

① 树脂按其来源可以分为天然树脂、人造树脂和合成树脂三大类。

② 汽车涂料中常用的树脂：沥青、硝基纤维素、醇酸树脂、氨基树脂、环氧树脂、聚氨酯树脂、丙烯酸树脂等。

4. 颜料

（1）定义：具有一定颜色的矿物质或有机物质。

（2）作用：使漆膜呈现必要的色彩，遮盖被涂物的底层，使漆膜具有装饰性，改善涂料的物理及化学性能，提高漆膜的机械强度、附着力和防腐性能。

（3）分类：着色颜料、体质颜料和防锈颜料 3 类。

5. 溶剂

（1）定义：能够溶解其他物质的物质。

（2）作用：辅助成膜。

（3）分类。

① 按用途不同，溶剂可分为真溶剂、助溶剂和稀释剂。

② 按蒸发速度不同，溶剂可分为低沸点溶剂、中沸点溶剂、高沸点溶剂。

③ 按主要成分（官能团）不同，溶剂分为醇类溶剂、酯类溶剂、醚类溶剂、酮类溶剂、

硝基化合物溶剂和烃类溶剂。

6. 添加剂

（1）定义：提高涂料某方面性能的辅助成分。

（2）作用：不同添加剂改善涂料不同方面的性能。

7. 涂料的成膜方式

涂料的成膜方式有溶剂挥发型成膜和反应型成膜两种。反应型成膜又包括氧化聚合型、加热聚合型和双组分聚合型成膜 3 种。

（1）溶剂挥发型（风干型）。

① 特点：干得快，容易使用。但是，它在耐溶剂性和自然老化性能方面不及反应型涂料。

② 典型代表：硝基涂料和热塑性丙烯酸涂料。

（2）反应型。

① 特点：较高的硬度和耐溶剂性。

② 典型代表：邻苯二甲酸酯和合成树脂混合涂料（氧化聚合型）、合成聚酯涂料（加热聚合型）、聚氨酯涂料（双组分聚合型）。

◘ 问题思考 ◘

1. 什么是涂料？涂料与油漆的区别是什么？

2. 汽车用涂料由哪几种成分构成？各成分的作用是什么？

3. 汽车涂料中常用的树脂有哪些种类？

4. 什么是体质颜料？它在涂料中主要起什么作用？

5. 说明低沸点溶剂、中沸点溶剂、高沸点溶剂的适用场合。

6. 汽车涂装用涂料的成膜方式有哪几种？最常用的是哪种？

学习任务二　涂料的种类、特点与应用

◘ 学习目标 ◘

1. 能够正确解释 GB/T 2705—2003 对涂料产品的分类方法。

2. 能够正确解释汽车修补涂料的分类方法。

3. 能够正确描述底漆、中间涂料和面漆各自的作用。

4. 能够正确解释各类汽车修补涂料的应用与特点。

5. 能够正确解释汽车修补涂装用配套产品的种类及用途。

◘ 相关知识 ◘

一、涂料种类

1. 涂料分类方法

根据国家标准《涂料产品分类和命名》（GB/T 2705—2003），涂料产品的分类有两种方法。

（1）第一种是以涂料产品的用途为主线，并以主要成膜物质为辅线的分类方法。根据这一分类标准，将涂料产品划分为 3 个主要类别，即建筑涂料、工业涂料和通用涂料及辅助材料，见表 1-2-1。

表 1-2-1　　　　　　　　　　　　　　　　涂料的分类方法一

主要产品类型			主要成膜物质类型
建筑涂料	墙面涂料	合成树脂乳液内墙涂料 合成树脂乳液外墙涂料 溶剂型外墙涂料 其他墙面涂料	丙烯酸酯类及其改性共聚乳液；醋酸乙烯及其改性共聚乳液；聚氨酯、氟碳等树脂；无机黏合剂等
	防水涂料	溶剂型树脂防水涂料 聚合物乳液防水涂料 其他防水涂料	乙烯-醋酸乙烯共聚物（EVA），丙烯酸酯类乳液；聚氨酯、沥青、聚氯乙烯（PVC）泥或油膏、聚丁二烯等树脂
	地坪涂料	水泥基等非木质地面用涂料	聚氨酯、环氧等树脂
	功能性建筑涂料	防火涂料 防霉（藻）涂料 保温隔热涂料 其他功能性建筑涂料	聚氨酯、丙烯酸酯类、醇酸、硝基、氨基、酚醛、虫胶等树脂
工业涂料	汽车涂料（含摩托车涂料）	汽车底漆（电泳漆） 汽车中涂漆 汽车罩光漆 汽车修补漆 其他汽车专用漆	丙烯酯类、环氧、丙烯酸酯类、乙烯类、氟碳等树脂
	木器涂料	溶剂型木器涂料 水性木器涂料 光固化木器涂料 其他木器涂料	聚氨酯、丙烯酸酯类、醇酸、硝基、氨基、酚醛、虫胶等树脂
	铁路、公路涂料	铁路车辆涂料 道路标志涂料 其他铁路、公路设施涂料	丙烯酸酯类、聚氨酯、环氧、醇酸、乙烯类等树脂
	轻工涂料	自行车涂料 家用电器涂料 仪器、仪表涂料 塑料涂料 纸张涂料 其他轻工专用涂料	聚氨酯、聚酯、醇酸、丙烯酸酯类、环氧、酚醛、氨基、乙烯类等树脂
	船舶涂料	船壳及上层建筑物漆 船底防锈漆 船底防污漆 水线漆 甲板漆 其他船舶漆	聚氨酯、醇酸、丙烯酸酯类、环氧、乙烯类、酚醛、氯化橡胶、沥青等树脂

主要产品类型			主要成膜物质类型
工业涂料	防腐涂料	桥梁涂料 集装箱涂料 专用埋地管道及设施涂料 耐高温涂料 其他防腐涂料	聚氨酯、丙烯酸酯类、环氧、醇酸、酚醛、氯化橡胶、乙烯类、沥青、有机硅、氟碳等树脂
	其他专用涂料	卷材涂料 绝缘涂料 机床、农机、工程机械等涂料 航空、航天涂料 军用器械涂料 电子元器件涂料 以上未涵盖的其他专用涂料	聚酯、聚氨酯、环氧、丙烯酸酯类、醇酸、乙烯类、氨基、有机硅、酚醛、硝基等树脂
通用涂料及辅助材料	调和漆 清漆 瓷漆 底漆 原子灰 稀释剂 防潮剂 催干剂 脱漆剂 固化剂 其他通用涂料及辅助材料	以上未涵盖的无明确应用领域的涂料产品	油脂；天然树脂、酚醛、沥青、醇酸等树脂

注：主要成膜物质中树脂类型包括水性、溶剂型、无溶剂型、固体粉末。

（2）第二种是除建筑涂料外，以涂料产品的主要成膜物质为主线，并适当地以产品主要用途为辅线的分类方法。根据这种分类标准，将涂料产品划分为两个主要类别，即建筑涂料（见表1-2-1中"建筑涂料"一栏的内容）、其他涂料及辅助材料（见表1-2-2和表1-2-3）。

表1-2-2　　　　　　　　　　其他涂料

	主要成膜物质类型	主要产品类型
油脂漆类	天然植物油、动物油（脂）、合成油	清油、厚漆、调和漆、防锈漆、其他油脂漆
天然树脂漆类	松香、虫胶、乳酪素、动物胶及其衍生物等	清漆、调和漆、瓷漆、底漆、绝缘漆、生漆、其他天然树脂漆
酚醛树脂漆类[①]	酚醛树脂、改性酚醛树脂等	清漆、调和漆、瓷漆、底漆、绝缘漆、船舶漆、防锈漆、耐热漆、黑板漆、防腐漆、其他酚醛树脂漆
沥青漆类	天然沥青、（煤）焦油沥青、石油沥青等	清漆、瓷漆、底漆、绝缘漆、防污漆、船舶漆、防锈漆、耐酸漆、防腐漆、锅炉漆、其他沥青漆

续表

主要成膜物质类型		主要产品类型
醇酸树脂漆类	甘油醇酸树脂、季戊四醇酸树脂、其他醇类的醇酸树脂、改性醇酸树脂等	清漆、调和漆、瓷漆、底漆、绝缘漆、船舶漆、防锈漆、汽车漆、木器漆、其他醇酸树脂漆
氨基树脂漆类	三聚氰胺甲醛树脂、脲（甲）醛树脂及其改性树脂等	清漆、瓷漆、绝缘漆、美术漆、闪光漆、汽车漆、其他氨基树脂漆
硝基漆类	硝基纤维素（酯）等	清漆、瓷漆、铅笔漆、木器漆、汽车修补漆、其他硝基漆
过氯乙烯树脂漆类	过氯乙烯树脂等	清漆、瓷漆、机床漆、防腐漆、可剥漆、胶漆、其他过氯乙烯漆
烯类树脂漆类	聚二乙烯炔树脂、聚多烯树脂、氯乙烯醋酸乙烯共聚物、聚乙烯醇缩醛树脂、聚苯乙烯树脂、含氟树脂、氯化聚丙烯树脂、石油树脂等	聚乙烯醇缩醛树脂漆、氯化聚烯烃树脂漆、其他烯类树脂漆
丙烯酸酯类树脂漆类	热塑性丙烯酸酯类树脂、热固性烯酸酯类树脂等	清漆、透明漆、瓷漆、汽车漆、工程机械漆、摩托车漆、家电漆、塑料漆、标志漆、电泳漆、乳胶漆、木器漆、汽车修补漆、粉末涂料、船舶漆、绝缘漆、其他丙烯酸酯类树脂漆
聚酯树脂漆类	饱和聚酯树脂、不饱和聚酯树脂等	粉末涂料、卷材涂料、木器漆、防锈漆、绝缘漆、其他聚酯树脂漆
环氧树脂漆类	环氧树脂、环氧酯、改性环氧树脂等	底漆、电泳漆、光固化漆、船舶漆、绝缘漆、画线漆、罐头漆、粉末涂料、其他环氧树脂漆
聚氨酯树脂漆类	聚氨（基甲酸）酯树脂等	清漆、瓷漆、木器漆、汽车漆、防腐漆、飞机蒙皮漆、车皮漆、船舶漆、绝缘漆、其他聚氨酯树脂漆
元素有机漆类	有机硅、氟碳树脂等	耐热漆、绝缘漆、电阻漆、防腐漆、其他元素有机漆
橡胶漆类	氯化橡胶、环化橡胶、氯丁橡胶、氯化氯丁橡胶、丁苯橡胶、氯磺化聚乙烯橡胶等	清漆、瓷漆、底漆、船舶漆、防腐漆、防火漆、画线漆、可剥漆、其他橡胶漆
其他成膜物质类涂料	无机高分子材料、聚酰亚胺树脂、二甲苯树脂等以上未包括的主要成膜材料	

注：主要成膜物质中树脂类型包括水性、溶剂型、无溶剂型、固体粉末等。

① 酚醛树脂漆类包括直接来自天然资源的物质及其经过加工处理后的物质。

表 1-2-3　　　　　　　　　　　　　　　辅助材料

主要产品类型	
稀释剂	脱漆剂
防潮剂	固化剂
催干剂	其他辅助材料

2. 汽车修补涂料种类

（1）按汽车上的使用部位分类。

① 汽车车身用涂料。汽车车身用涂料是汽车用涂料的主要代表，从狭义上讲，所谓的汽车用涂料主要指车身用涂料。车身涂层一般由底层涂层（底漆）、中间涂层和表面涂层（面

漆）3层或由底层涂层和表面涂层两层构成。它们基本上要兼备汽车用涂料的所有要求。

② 货箱用涂料。其质量要求较前者低，一般为底层涂层和表面涂层两层。

③ 车轮、车架等部件用的耐腐蚀涂料。它的主要技术指标是要求耐腐蚀性能（耐盐雾性、耐水性等）好；要求漆膜坚韧耐磨，具有耐机油性。

④ 发动机部件用涂料。因发动机体不能高温烘烤，故要求涂料具备低温快干性能，要求漆膜的耐油性（耐汽油、耐机油）和耐热性较好。

⑤ 底盘用涂料。这种涂料也因车桥、传动轴等底盘件不能高温烘烤，要求其具备低温快干性能。因在车下使用环境恶劣，经常与泥水接触，故要求其耐腐蚀性优良，具备较好的抗小石子击打能力和耐机油性。

⑥ 车内装饰件用涂料。车内装饰件用涂料指轿车和大客车车内装饰件用涂料，其主要性能是要求极高的装饰性。

⑦ 特殊要求用涂料。蓄电池固定架用耐酸涂料，汽油箱内表面用耐汽油涂料，汽车消声器、排气管和气缸垫片用耐热涂料，车身底板下用耐磨防声涂料，车身焊缝用密封涂料等。

（2）按在涂装工艺及涂层中所起的作用分类。

① 涂前表面处理用材料，主要包括清洗剂和磷化处理剂。

② 汽车用底漆。底漆是直接涂布在经过表面预处理的基材表面的第一道漆。底漆的作用是防锈和增强面漆对底材的附着力，不仅如此，底漆还对整车车身涂层的质量以及装饰性能有极大的影响。底漆既可用于裸露金属表面，也可以用于覆盖旧漆面。目前汽车维修涂装作业中常用的修补底漆有5类：醇酸类底漆、硝基类底漆、环氧类底漆、丙烯酸类底漆（双组分丙烯酸聚氨酯底漆和热塑性丙烯酸涂料底漆）及其他类型底漆。其主要功能是牢固附着于物体表面，为整个漆膜提供牢固的基础，使其与被涂装物结合为一体。

③ 汽车用中间涂料。中间涂料包括原子灰（腻子）和中涂漆。原子灰主要用于填平凹陷，提高漆膜与底材（底漆）之间的附着力。中涂漆用于填平底层缺陷，增加漆膜抗石击能力，提高漆膜间的附着力，为面漆涂装获得平滑的表面，同时可以防止面漆有溶剂溶解旧漆膜而产生咬底。对于可调色中涂漆，还可使面漆容易遮盖底涂层颜色。

④ 汽车用面漆。面漆是整个涂层的最外层，使漆膜具有良好的耐候性、外观、硬度、抗石击性、耐化学性、耐污性和防腐性等性能。

⑤ 辅助材料。辅助材料包括溶剂、黏尘涂料、抛光材料、防噪声浆等。

（3）按涂料的组成中是否含有颜料分类。

① 清漆。涂料的组成中，没有颜料或体质颜料的透明体，称为清漆。

② 色漆。涂料的组成中，加有颜料和 / 或体质颜料的有色漆，称为色漆。

③ 原子灰。加有大量体质颜料的稠厚浆状体，称为原子灰。

（4）按溶剂构成情况分类。

① 无溶剂涂料。涂料的组成中，没有挥发性溶剂。其中呈粉末状的称为粉末涂料。无溶剂涂料的一个新型环保产品是紫外光固化涂料（也称 UV 漆），如 PPG 公司生产的紫外光固化底漆。紫外光固化涂料需要借助紫外光照射才能固化成膜，因不含有机溶剂（或含量极低），所以环保性很高，另外还具有干燥成膜时间短、节约电能源等特点。

② 溶剂涂料。溶剂涂料也称为 VOC（有机溶剂挥发物）涂料，即涂料的组成中含有有机溶剂。

③ 水性涂料。水性涂料是指以水作为稀释剂的涂料，它的突出特点是环保性高。汽车修补涂装领域最具体表性的水性底色漆产品是 PPG 公司 Nexa Autocolor 旗下的 Aquabase 底色漆产品，另外像 BASF 等油漆公司也推出了各自的水性漆系列。

（5）按树脂类型分类。汽车修补涂料按构成的主要成膜物质（树脂）分类，主要有双组分丙烯酸聚氨酯涂料、环氧树脂涂料、醇酸树脂涂料、硝基树脂涂料、热塑性丙烯酸涂料等。

① 双组分丙烯酸聚氨酯涂料。目前双组分丙烯酸聚氨酯涂料是汽车修补涂料领域用途较广泛的，几乎所有的汽车修补涂料生产商都大力推广该体系。双组分丙烯酸聚氨酯涂料由两种组分组成，基料是以羟基聚酯树脂，固化剂是异氰酸酯。当两个组分分别包装时可以各自稳定存储，当两个组分以一定的比例混合时会发生化学反应而固化。

无论是饱和的聚氨酯还是丙烯酸树脂，由于含有较多的羟基，可以通过人工加工来达到各种目的，因此丙烯酸聚酯树脂可以用于纯色漆、底色漆（银粉漆）、清漆及底漆中，并具有柔软性好、柔韧性强、坚硬耐久的各种性能。双组分丙烯酸聚氨酯涂料的特点见表 1-2-4。

表 1-2-4　　　　　　　　　　　双组分丙烯酸聚氨酯涂料的特点

优点	缺点
耐候性好。由于其结构是高分子产品经过交联反应而成的，同单组分产品比较，其分子间结构更紧密，因此其耐候性能非常好	操作复杂（双组分），使用条件要求高
光泽度高，光泽保持性好	价格高
黏度低，容易施工，流平性好	
漆膜的力学性能及耐化学品性能好	

由于丙烯酸聚氨酯的以上特性，使得其在汽车涂装行业得到非常广泛的应用和发展，经严格施工控制的丙烯酸聚氨酯面漆系统一般可以提供 3 ～ 5 年的性能质量保证。

由于固化剂异氰酸酯气雾对人体的呼吸道有较大的影响，因此在喷涂双组分丙烯酸聚氨酯涂料时一定要严格使用安全防护用品，最好使用供气式面罩。

② 环氧树脂涂料（简称环氧涂料）。由于其性质的特殊性，环氧树脂在涂料领域有着广泛的应用。

环氧树脂是由环氧氯丙烷和双酚 A（二酚基丙烷）缩聚而成的，此反应非常复杂，树脂的结构不同可以得到各种性能的产品以满足不同需求。环氧树脂涂料的特性见表 1-2-5。

表 1-2-5　　　　　　　　　　　环氧树脂涂料的特性

优点	缺点
良好的耐化学品（包括腐蚀性强碱）的能力	耐候性差
极好的附着力	
良好的硬度和柔韧性	

由于环氧树脂的耐候性差，所以一般不用于面漆中。

环氧树脂可以制作成单组分的高温烤漆，通过与三聚氰胺树脂交联可得到硬度高、耐久性好、具有一定光泽的涂层，也可以制成以聚氨树脂为硬化剂的双组分产品，在常温下风干。

环氧涂料主要应用于耐腐蚀底漆，如飞机、汽车等的涂装。由于其相对分子质量小、黏度低，可以被制成高固体含量涂料，与煤焦油树脂（即沥青）作用形成较厚的涂层，用于汽车底盘、船舶和港湾设施的涂装；也可以用于粉末涂料中，通过静电喷涂及高温烘烤形成有色涂层；还可用于水性涂料中，被有活性的氨基树脂乳化，通过电泳涂装用于汽车底漆等。

环氧涂料在汽车修补涂装领域主要用于底漆，一般有耐腐蚀的底漆和具有填充性的头二道复合底漆两种形式。

③ 醇酸树脂涂料（简称醇酸涂料）。醇酸树脂是由醇和酸缩合而成的线型聚合物。醇类原材料如亚麻油、豆油、桐油、蓖麻油等，酸类原材料如邻苯二甲酸酐。醇酸树脂中油的含量以百分数来表示，低于45％的称为短油，45％～60％的称为中油，60％以上的称为长油。长油度醇酸涂料常用于家庭装修，其特点是柔软及韧性好；中油度醇酸涂料常用于风干瓷漆；短油度醇酸涂料常和三聚氰胺用于工业和汽车制造的高温烤漆中。

醇酸涂料的主要干燥机理是氧化，因此其干漆膜不被溶剂溶解。

由于醇酸树脂干燥性较差，所以一般用其他聚合物改性来提高干燥性并同时提高硬度。醇酸树脂一般可用于烤漆及风干漆中。当醇酸树脂用于风干漆中时需要添加干燥剂。

同溶剂挥发干燥型产品比较（如硝基树脂），醇酸树脂涂料的特点见表1-2-6。

表1-2-6　　　　　　　　　　　　　　　　醇酸树脂涂料的特点

优点	缺点
高膜厚	干燥时间长
光泽度高	重涂时间长
流动性好	对施工环境要求高
温和的溶剂	打磨性差
成本低	用作清漆可能黄变

同双组分丙烯酸聚氨酯产品比较，醇酸涂料的干燥性、光泽度、耐候性等都比较差，因此在高档汽车修补涂装行业，醇酸涂料已逐渐淡出市场，但在货车、低档小客车等的涂装和修补领域，醇酸涂料仍在被使用。经改性的醇酸可以使用异氰酸酯作为固化剂的双组分产品用于汽车修补涂料中。

④ 硝基树脂涂料（简称硝基涂料）。硝基树脂常被称为硝化纤维，其实它的正确命名为纤维素硝酸盐。其主要来源是棉绒纤维或针叶木浆通过硝化过程，即用硝酸处理，使一些纤维中的羟基氰原子被硝基取代，得到可溶于有机溶剂的纤维素。

硝化纤维可溶解于酯、酮或醇醚中。各种颜料都可以用于硝化纤维中，因此硝基涂料容易制作成各种颜色、各种效果的漆膜，如各种颜色的纯色漆和银粉漆等。当硝基涂料被制作成高黏度的涂料时，往往需要加入大量的溶剂才能达到施工黏度，因而降低了施工时固体含量，必须喷涂多层。硝基涂料的成膜机理是溶剂挥发，即溶剂挥发后，涂料就变干、变硬，形成干漆膜，其干漆膜可溶于溶剂。硝基树脂涂料的特点见表1-2-7。

表1-2-7　　　　　　　　　　　　　　　　硝基树脂涂料的特点

优点	缺点
快干	喷涂时固体含量低
对重涂时间要求低	使用强溶剂、低闪点溶剂
抛光性能好	耐候性不佳

由于其漆膜的可溶性及不甚理想的耐候性，硝基涂料正逐渐从汽车涂装领域退出市场。

⑤ 热塑性丙烯酸涂料（TPA）。热塑性丙烯酸也称风干型丙烯酸，是由甲基丙烯酸酯和乙基丙烯酸酯交联而成的，其性能取决于交联比值。此共聚物的分子结构很大，因此制成涂料后的黏度很高，往往需要使用大量的溶剂稀释才能施工。

热塑性丙烯酸树脂可以溶解于酯、酮和芳香烃中。热塑性丙烯酸涂料的成膜机理是溶剂挥发形成干漆膜，而干漆膜是可以溶解于溶剂的。

热塑性丙烯酸涂料干漆膜在加热到 160～180 ℃时，会发生软熔现象，即漆膜会变软，而冷却后，漆膜更有光泽。该技术在汽车原厂涂料涂装时应用，但由于其涂装工艺是低温烘干漆膜再高温烘烤，比较烦琐，所以该技术也正在被逐渐淘汰。在汽车涂装领域，一般只利用热塑性丙烯酸树脂的溶剂挥发成膜性能，不用软熔技术。热塑性丙烯酸涂料主要应用于纯色漆和底色漆，但由于其喷涂时固体含量低、漆膜光泽度低等缺点也逐渐被双组分丙烯酸聚氨酯技术替代。热塑性丙烯酸涂料的特点见表 1-2-8。

表 1-2-8　　　　　　　　　　　　　热塑性丙烯酸涂料的特点

优点	缺点
耐久性好	涂料固体含量低
漆膜不黄变	溶剂挥发，漆膜亮度不高
使用方便	必须使用低闪点溶剂，不安全
银粉的控制性好	耐水性差
非常好的抛光性	

⑥ 其他类型涂料。除以上各种在汽车修补涂装行业常用的涂料品种外，还有如聚酯树脂、氨基树脂及酚醛树脂等类型的涂料在汽车原厂或修补涂装中应用。

a. 聚酯树脂涂料。这类聚酯树脂是不饱和聚酯，溶解于苯乙烯单体中，漆膜在干燥剂的作用下，通过氧化反应，由聚合物和单体共聚而成。苯乙烯既作溶剂又参加反应成为漆膜的一部分。聚酯树脂涂料一般固体含量高，漆膜坚固、耐磨并具有一定的光泽度。

在汽车新车涂装和修补涂装领域，聚酯树脂被广泛地用在原子灰以及同氨基树脂反应形成烘烤型高厚膜底漆方面。

b. 氨基树脂涂料。氨基树脂一般不单独用于涂料中。氨基树脂可以和其他含羟基树脂交联以得到坚固的漆膜，一般有两种类型的氨基树脂在涂料上用途较广：羟甲基脲型氨基树脂和羟甲基三聚胺型氨基树脂。

羟甲基脲型氨基树脂一般和非干性醇酸树脂在烘烤120℃的条件下形成坚固的漆膜，但漆膜的耐候性不好，只能用于室内用品涂装。羟甲基三聚胺型氨基树脂和干性醇酸或丙烯酸一起使用可以得到耐候性较好的漆膜，适合室外用品涂装。

在汽车新车涂装领域，氨基树脂常用于氨基醇酸面漆或热固性丙烯酸涂料中。

c. 酚醛树脂涂料。由于酚醛树脂比较脆，所以一般不单独用于涂料中，但却常作为改良剂来提高其他树脂的性能。酚醛树脂涂料一般有以下几种用法。

● 干性油 / 酚醛树脂：一般用作面涂罩光，干燥非常迅速，有很好的耐水性。

● 环氧 / 酚醛树脂：通过高温烘烤（300℃，20s）快速成膜。该漆膜有非常好的耐化学品性能、附着力、柔韧性和耐磨性，一般用在管线、洗衣机内部等。

● 聚乙烯醇缩丁醛 / 酚醛树脂：和磷酸反应用于磷化底漆中，在铝材、钢材表面有良好的附着力和耐蚀性。

二、汽车常用修补涂料及辅料

汽车修补涂料配套产品系列通常包括色母、原子灰、底漆、填充底漆、中涂漆、面漆、清漆、辅料和添加剂等。

1. 色母

（1）色母的定义。色母又名色种，是一种新型高分子材料专用着色剂，亦称颜料制备物，是一种把超常量的颜料或染料均匀载附于树脂之中而制得的聚集体。市场上色母的种类（见图 1-2-1）很多，目前汽车修补涂料主要采取两种方法设计色母系统。

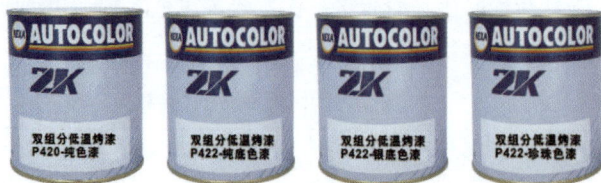

图 1-2-1　色母类型

① 按色母中加入的树脂或颜料不同分为多个系列。如美国 PPG 汽车修补漆根据加入色母不同分为素色色母（P420 系列纯色漆）、金属色母（P422 系列色母）；根据加入的颜料不同分为银粉色母和珍珠色母。

素色色母用于调配素色（纯色）面漆，颜色配方组分中不含银粉色母和珍珠色母；金属色母中的一部分可用来调配素色面漆，一部分可用来调配银粉底色漆（配方中有银粉色母，漆膜呈现较强的金属闪光感）或珍珠漆（配方中含有珍珠色母，漆膜呈现多彩色）。

② 只使用一套色母，调色后在色母中加入树脂，由加入的树脂类型决定面漆的性质是单工序、双工序或三工序。美国 PPG 汽车修补漆采用的就是该种色母系统。

（2）性能要求。遮盖力好，金属感强，附着力强，耐候性好，不易变色，不易褪色。

（3）色母的种类。按施工时是否需要添加固化剂，色母分为 1K 色母和 2K 色母。

① 1K 色母。1K 色母指单组分色母，依靠溶剂的挥发固化成膜。

在汽车修补漆系列中，有 1K 素色色母、1K 银粉色母、1K 珍珠色母、1K 中涂漆（苏灰土）。要求涂层附着力强，耐候性好，平整光滑，银粉或云母粉排列均匀、清晰，经配套清漆罩光后具有优良的光泽度和鲜映性。

1K 色母调配出来的修补漆一般用作底漆和色漆层，作为汽车漆修补双工序工艺的第一道工序。干燥后必须喷涂 2K 罩光清漆覆盖。在喷涂时一般程序为"色漆 + 稀释剂"直接施工，无须添加固化剂。

② 2K 色母。2K 色母指双组分色母，使用时需添加一定比例的固化剂才能产生化学反应而达到固化成膜与干燥的效果。

在汽车修补漆系列中，有 2K 素色色母、2K 罩光清漆、2K 中涂底漆和 2K 环氧底漆。它们均要求有良好的丰满度和光泽度，且漆膜坚实，耐候性好。

用 2K 色母调配而成的修补漆可直接作面漆使用，无须加喷罩光清漆覆盖。在喷涂时按

"色漆＋固化剂＋稀释剂"配套施工。

注意

色母尤其是素色漆色母，根据颜料结构不同，其遮盖力或者着色力也有所不同：有机颜料色母的遮盖力较差，呈半透明或透明效果；而无机颜料色母则相反，遮盖力比较好但是不透明。车身颜色的同色异谱现象就是它们引起的。而随角异色（即随观察角度的变化而呈不同明亮度及色彩的现象）则是由银粉色母或者珍珠色母引起的。

（4）色母代号。涂料供应商按一定规则给每个色母编一个代码，有相同特征代码的色母构成一个系列，各个系列之间的色母不能通用。如Aquabase PLUS银粉色母系列，其代号与颜色特点见表1-2-9。汽车修补涂料品牌众多，不同品牌涂料代号差别较大，也不允许互相混合使用。

表 1-2-9   Aquabase PLUS 银粉色母系列

代号	名称	使用限量/%	备注	在银粉色母/珍珠色母中	
				正面	侧面
P998-8985	特幼银	0～100	传统型（鳞片状）细银		浅
P998-8986	亮幼银	0～100		比P998-8987更干净	比P998-8987更暗
P998-8992	中粗银	0～100	传统型（鳞片状）中银		
P998-8987	中幼银	0～100	比P998-8992稍细	比P998-8992干净	比P998-8992浅
P998-8988	中闪银	0～100		干净/亮	暗
P998-8993	粗闪银	0～100		干净/亮	比P998-8988更暗
P998-8989	特粗银	0～100	低遮盖力	亮/很粗	比P998-8993更浅、更闪烁
P998-8981	COARSE SILVER DOLLAR 元宝粗闪银	0～100	低遮盖力	最亮	暗，比P998-9883稍亮

2. 原子灰

原子灰用于汽车钣金作业后较大凹陷的填平。重点要求其有较好的附着力、填充性和打磨性，使用中不易开裂。

涂料生产商供应多种类型的原子灰，如通用原子灰、多用途原子灰、细原子灰、刷涂原子灰、钣金原子灰、塑料件原子灰、纤维原子灰等。不同的原子灰具有不同的特点，有的细腻，有的柔软，有的适合塑料件、钢件、铝件等，应按技术说明选择和施工。

（1）通用原子灰。通用原子灰（见图1-2-2）柔性好，附着力强，耐热性高，易打磨，是一款适用范围较广、性价比较高的产品。施工时原子灰与固化剂配比为100:（2～3）（质量比），可操作时间为5～7min。

（2）合金原子灰（钣金原子灰）。合金原子灰（见图1-2-3）收缩小，耐高低温，干燥时间短，可快速打磨，适用于包括镀锌板在内的多种金属底材表面。施工时原子灰与固化剂的配比为100:（2～3），可操作时间3～5min，特别适合用于快修快补等干磨。

（3）柔性聚酯原子灰（塑料原子灰）。塑料原子灰（见图1-2-4）灰体细腻，对多种塑料底材有极好的附着力，主要用于保险杠等塑质材料的修补及翻新，适用于聚碳酸酯（PC）、PVC、丙烯腈-丁二烯-苯乙烯聚合物（ABS）、玻璃钢等底材。

图1-2-2　通用原子灰　　　图1-2-3　合金原子灰　　　图1-2-4　塑料原子灰

（4）纤维原子灰。纤维原子灰（见图1-2-5）具有很高的机械强度和很好的填充性，主要用于修补玻璃钢部件表面的凹坑和填充较深的孔洞等，适用于玻璃钢、钢板、铁板、旧漆层等底材。

（5）针孔原子灰。针孔原子灰（见图1-2-6）为单组分填料，用于填补粗糙或不规则表面上的针孔或其他细小缺陷，尤其适合塑料件表面的修补，无须混合，直接使用。

（6）快干原子灰。快干原子灰（见图1-2-7）又称填眼灰，轻质单组分填料，适用于快速填补表面细小的刮痕、砂眼等，可以用在喷涂件、底漆或填料上，不可直接刮在金属底漆表面。

图1-2-5　纤维原子灰　　　图1-2-6　针孔原子灰　　　图1-2-7　快干原子灰

3. 底漆、填充底漆和中涂漆

（1）底漆。底漆（见图1-2-8）是直接涂布在经过表面预处理的基材表面的第一道漆。底漆的作用是防锈和增强面漆对底材的附着力，不仅如此，底漆还对整车车身涂层的质量以及装饰性能有极大的影响。底漆具有极好的密着性、耐盐雾、耐温性、防湿气、防起痱子等特性，还具有极佳的隔离效果，可作为铝板、不锈钢、玻璃钢、镀锌钢板等的重度防锈、防腐蚀之用。

涂料生产商供应的底漆通常有磷化底漆、环氧底漆、塑料底漆等。不同的底漆具有不同的特点，有的起磷化（化学防锈）作用，有的起隔绝保护（物理防锈）作用，有的适合塑料件、钢件、铝件等，有的适合点修补，应按技术说明选择和施工。

（2）填充底漆。填充底漆是可直接涂装于板材表面的涂料，如图1-2-9所示。其特点是具有良好的填充性，即可填平底板较小的缺陷，另外还有高的附着力和耐腐蚀性。

涂料生产商供应的填充底漆通常有磷化填充底漆、环氧填充底漆、塑料填充底漆、干磨填充底漆、底漆中涂漆合一型填充底漆等。不同的填充底漆具有不同的特点，有的起磷化（化学防锈）作用，有的起隔绝保护（物理防锈）作用，有的适合塑料件，有的适合钢件、铝件等，有的需要打磨（干磨），有的可省略中涂漆，应按技术说明选择和施工。

注意

底漆主要是以化学反应和物理隔绝两种方式防锈：化学防锈就是使金属与磷酸或磷酸盐发生化学反应，在其表面形成一层稳定磷酸盐膜的处理方法；物理防锈就是在金属表面形成一层密封的漆膜，隔绝氧气和别的污染物等的处理方法。

（3）中涂漆。中涂漆（也称中涂底漆）分为单组分型和双组分型（目前市场上单组分型已淘汰），如图 1-2-10 所示。

图 1-2-8 底漆　　图 1-2-9 填充底漆　　图 1-2-10 中涂漆（双组分）

1K 型中涂漆也称为苏灰土，适合在原子灰层、旧漆膜上作底漆用，起填充和统一底漆色调的作用，还可作为打磨指导层。其使用时直接加稀释剂调和，性能不如 2K 型中涂漆。

2K 型中涂漆适合在原子灰层、旧漆膜上作底漆用，对底层进行缺陷封闭，填充砂眼性能好，遮盖力强，能增强耐候性和抗石击性能，能提高面漆光泽度和丰满度。其使用时应与专用固化剂配套使用。

涂料生产商供应的中涂漆通常有封闭中涂漆、免磨中涂漆、可调色中涂漆等。不同的中涂漆具有不同的特点，有的无须打磨，有的可调颜色，应按技术说明选择和施工。

4. 清漆

清漆用于漆膜的最外层，主要的作用是提高面漆的光泽度和硬度。根据固体含量的多少，清漆分为中浓、高浓两类，也可根据涂装效果分为镜面清漆、水晶清漆、高光清漆、亚光清漆、通用清漆等。选择时，应考虑高固体含量、高膜厚、高光泽度与高硬度。使用时应严格按技术说明要求的清漆、固化剂和稀释剂比例进行调配，如图 1-2-11 所示。

5. 辅料

（1）调和树脂（见图 1-2-12）。调和树脂用于调整铝粉／云母粉的分布并能提高涂料（漆膜）的某些性能，如图 1-2-12 所示。

图 1-2-11 清漆　　　　图 1-2-12 调和树脂

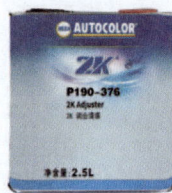

调和树脂分 1K 型和 2K 型两种。

1K 调和树脂又称为金属漆调和树脂，能改善铝粉/云母粉的定向排列，提高 1K 金属漆的附着力，减少漆膜浮色发花现象。在调配金属漆时，如果较浓，则可加入 1K 调和树脂进行冲淡，但添加时调和树脂的量应控制在 10%（质量分数）以内，否则会使遮盖力变差（特殊效果除外）。

2K 调和树脂可增加 2K 漆的表面光泽度和耐候性。添加时其量应控制在 10%（质量分数）以内，否则会使遮盖力变差（特殊效果除外）。

调和树脂的添加顺序各涂料生产商的技术规定不同，如 BASF（巴斯夫）要求调色时先加树脂，而 PPG 要求调好颜色后再加树脂。

（2）驳口水（见图 1-2-13）。有的驳口水用于底色漆喷涂前的过渡区域喷涂，以改善过渡区域铝粉/云母粉的定向排列；有的用于喷涂清漆时最后在驳口区域的喷涂，以减小局部修补涂装的色差。

（3）指示剂。碳粉指示剂（见图 1-2-14）也称碳粉盒，主要用于原子灰和中涂漆干磨，可以让细微的不平整之处变得清晰可见，避免不必要的返工。其不含溶剂，比指示层漆更环保。

（4）清洁剂、除油剂（脱脂剂）。清洁剂用于水性漆喷涂前的表面清洁。除油剂（见图 1-2-15）用于清除待涂装表面上的油脂类污物。

图 1-2-13　驳口水　　图 1-2-14　碳粉指示剂　　图 1-2-15　除油剂

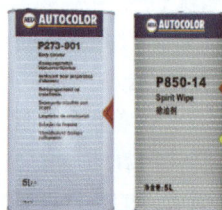

（5）稀释剂（见图 1-2-16）。稀释剂用于稀释涂料，满足喷涂施工要求，并能提高漆膜附着力，增加漆膜平滑程度。应使用各涂料生产商提供的配套稀释剂，按技术说明要求的比例进行配比。稀释剂的分类及各类型的适用条件见本模块任务一相关内容。

（6）凝结剂（见图 1-2-17）。凝结剂用于水性漆的废料处理，可使废料中的固体成分凝结为固体，以便于处理，提高涂料的环保性。

图 1-2-16　稀释剂　　　图 1-2-17　凝结剂

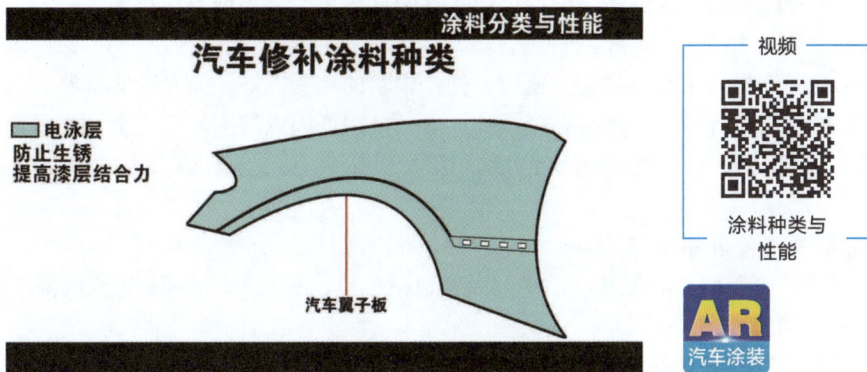

视频

涂料种类与性能

1. 涂料的种类

（1）GB/T 2705—2003 对涂料分类。

① 以涂料产品的用途为主线，并以主要成膜物质为辅线的分类方法。

② 以涂料产品的主要成膜物质为主线，并适当以产品主要用途为辅线的分类方法，将涂料产品划分为两个主要类别。

（2）汽车用涂装材料。一般指汽车、摩托车和其他机动车及其零部件涂装和修补所用的涂料及其辅助材料。

（3）汽车修补涂料种类。

① 按汽车上的使用部位分类。

② 按在涂装工艺及涂层中所起的作用分类。

③ 按涂料的组成中是否含有颜料分类。

④ 按溶剂构成情况分类。

⑤ 按树脂类型分类。

a. 双组分丙烯酸聚氨酯涂料。

优点：耐候性好，光泽度高、光泽保持性好，黏度低、易施工、涂平性好，漆膜的力学性能及耐化学品性能好。

缺点：操作复杂，使用条件要求高，价格高。

应用：可以用于各色漆、清漆和底漆中。

b. 环氧树脂涂料。

优点：良好的耐化学品性，极好的附着力，良好的硬度和柔韧性。

缺点：耐候性差。

应用：在汽车修补涂装领域主要用于底漆。

c. 醇酸涂料。

优点：高膜厚，光泽度高，流动性好，溶剂温和，成本低。

缺点：干燥时间长，重涂时间长，对施工环境要求高，打磨性差，用作清漆可能产生黄变。

应用：一般可用于烤漆及风干漆中。

d. 硝基涂料。

优点：快干，对重涂时间要求低，抛光性能好。

缺点：喷涂时固体含量低，需要使用强溶剂和低闪点溶剂，耐候性不佳。

应用：各种颜色的纯色漆和银粉漆。但正逐渐从汽车涂装领域退出市场。

e. 热塑性丙烯酸涂料。

优点：耐久性好，漆膜不黄变，使用方便，银粉的控制性好，抛光性非常好。

缺点：喷涂固体含量低，漆膜亮度不高，必须使用低闪点溶剂，不安全，耐水性差。

应用：主要应用于纯色漆和底色漆。但由于其缺点也逐渐被双组分丙烯酸聚氨酯替代。

2. 汽车常用修补涂料及辅料

（1）种类。汽车修补漆配套产品系列通常包括色母、原子灰、底漆、填充底漆、中涂漆、面漆、清漆、辅料和添加剂等。

（2）色母。在汽车修补漆配套产品系列中，某种颜色的色漆称为色母。

① 性能要求。遮盖力好，金属感强，附着力强，耐候性好，不易变色，不易褪色。

② 种类。按特点不同，将色母分为素色色母、银粉 / 珍珠（珠光）色母和水性色母。

按施工时色母是否需要添加固化剂，分为 1K 色母和 2K 色母。

（3）原子灰。

① 作用。原子灰用于汽车钣金作业后的填平。

② 性能要求。重点要求原子灰有较好的附着力、填充性和打磨性。

③ 种类。原子灰的类型较多，不同的原子灰具有不同的特点，应按技术说明选择和施工。

（4）底漆、填充底漆、中涂漆。

① 底漆。底漆是可直接涂装于板材表面的涂料。

② 填充底漆。填充底漆是可直接涂装于板材表面的涂料，有良好的填充性。

③ 中涂漆。中涂漆分 1K 型和 2K 型，适合在原子灰层、旧漆膜上作底漆用，对底层进行缺陷封闭。

（5）清漆。清漆用于漆膜的最外层，主要的作用是提高面漆的光泽度。

（6）辅料。

① 调和树脂。调和树脂用于调整铝粉 / 云母粉的分布并能提高涂料（漆膜）的某些性能。

② 驳口清漆。驳口清漆用于底色漆喷涂前的过渡区域喷涂，以改善过渡区域铝粉 / 云母粉的定向排列；或用于喷涂清漆时最后在驳口区域的喷涂，以减小局部修补涂装的色差。

③ 打磨指示层漆。打磨指示层漆专用于原子灰或中涂漆的打磨指导层。

④ 清洁剂、除油剂（脱脂剂）。清洁剂用于水性漆喷涂前的表面清洁。除油剂用于清除待涂装表面上的油脂类污物。

⑤ 稀释剂。稀释剂用于稀释涂料，满足喷涂施工要求，并能提高漆膜附着力，增加漆膜平滑程度。

⑥ 凝结粉。凝结粉用于水性漆的废料处理，提高涂料的环保性。

⑦ 驳口水。驳口水用于局部修补和点修补涂装时过渡使用，使过渡区域自然平滑，减小色差。

ロ 问题思考 ロ

1. GB/T 2705—2003 对涂料产品是如何分类的？

2. 汽车不同部位所用的涂料对其性能有何不同的要求？

3. 底漆、中间涂料和面漆各自的作用是什么？

4. 汽车涂装用涂料有哪些分类方法？每种分类方法将涂料分为哪些种类？

5. 双组分丙烯酸聚氨酯涂料的性能特点是什么？在汽车修补涂料中，哪些涂料可以是双组分丙烯酸聚氨酯涂料？

6. 环氧涂料的性能特点是什么？在汽车修补涂料中，哪些涂料可以是环氧涂料？

7. 汽车修补涂料的配套产品通常有哪些种类？各自的用途是什么？

学习任务一　颜色感知

1. 能够正确解释人对颜色的感觉过程。
2. 能够正确解释光和颜色的实质。
3. 能够正确描述太阳、白炽灯和荧光灯三种光源之间的光谱差异。
4. 能够正确解释光源的色温、光源的显色性、视觉的适应、视觉的恒常性、视觉阈限等相关术语。
5. 能够正确描述常用的人造光源种类及各类光源的特点。
6. 能够正确解释色盲、色弱。
7. 能够正确协作进行色觉缺陷检查。

□ 相关知识 □

一、色彩的历史

人类生活在五彩缤纷的世界中，蓝天碧水、红花绿叶，神奇的自然不断展示着色彩的魔力。色彩是植物、动物（包括海洋生物）等自然生命的生存进化、自我保护的有效方法，也是美丽自然的构成元素。色彩不只存在于自然之中，繁华的都市、人工的世界也同样被色彩所包围，不论人们对色彩的认识是理性的还是感性的，都会被映入眼帘的色彩所唤醒，产生兴趣、喜悦、警觉等感受，甚至感动人们的心灵。人的视觉器官在观察物体时，最初的20s内，色彩感觉占80%，形体感觉占20%；2min后，色彩感觉占60%，形体感觉占40%；5min后，色彩感觉和形体感觉各占50%，并且这种状态将持续下去。色彩以其特有的视觉功能，无时无刻不在影响人类的生活。例如，我们见到红色的跑车，常常就会联想到奔放。但如果一幢大楼被涂成鲜艳的红色，那就会让人感到十分刺眼。

色彩是有灵性的，不同的人会有不同的领悟，感动心灵的色彩组合是超越常规的色彩创造，只可意会不可言传。

跨越时空与文化历史，人类对色彩的认知还是有许多共同之处的。通过对色彩常识的学习，可以让我们更好地把握色彩规律，运用色彩美化生活环境，提升人类的生活品质。

人类从诞生那一刻起，就开始了感知色彩的历史。在旧石器时代，人类已经开始主动运用色彩来描绘野生动物。公元前 15000 年左右，原始人在今天法国境内的拉斯科洞窟，用红色、褐色和黑色刻画出栩栩如生的野牛、驯鹿、野马等原始动物，如图 2-1-1 所示。在新石器时代，我国的马家窑文化时期的彩陶上便有

图 2-1-1　法国境内的拉斯科洞窟壁画

使用天然矿物质颜料描绘的图案，如图 2-1-2 所示。伴随文明的发展，从文明古国到现代社会，从建筑、日常用品到艺术品，色彩都发挥了不可替代的作用。

尽管人类对色彩的应用已有上万年的历史，但独立意义上科学的色彩学研究却直到 17 世纪 60 年代才算真正开始。公元 1666 年，英国著名物理学家牛顿，通过三棱镜折射光的实验，发现了红、橙、黄、绿、青、蓝、紫七色光谱，如图 2-1-3 所示。

图 2-1-2　马家窑文化　（神人纹双耳彩陶壶）

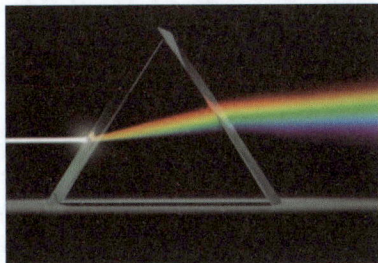

图 2-1-3　三棱镜与七色光

从此，人类才开始从科学的角度认识色彩，明确了光与色的"母子"关系，得出白光是由不同颜色光线混合而成的结论，颜色的本质才逐渐得到正确的解释。在此之前，也有一些学者从不同角度对色彩进行研究，取得了一定的研究成果，提出过有历史价值的色彩观点。公元前 500 年左右，中国《考工记》中提出"青、黄、赤、白、黑"五色论。约在公元前 400 年，中国的墨子在《墨经》中提出了光的直线传播性和针孔成像学说，记录了世界上最早的光学知识。古希腊数学家欧几里得的《反射光学》一书，研究了光的直线传播原理和光的反射定律。我国宋代沈括在《梦溪笔谈》中指出彩虹是由于阳光射到空气中的水滴里，发生反射与折射造成的。文艺复兴时期的艺术巨匠达·芬奇对色彩进行了视觉研究，并留下了大量色彩研究的笔记。牛顿发现的七色光谱，奠定了色彩的科学理论基础。1678 年，惠更斯发表了光的波动学说；1772 年，拉姆伯特提出了金字塔式的色彩图概念；之后，栾琴提出了色彩的球体概念；1831 年，伯鲁斯特发表红、黄、蓝三色彩为颜料三原色的理论；1857 年，麦克斯韦发表光的电磁波学说；1872 年，赫林发表红、黄、蓝、绿为心理四原色的学说；1874 年，冯特提出了色彩的圆锥概念，为色彩的实践应用奠定了基础。1801 年，歌德发表《颜色论》，之后《论视觉与色彩》（叔本华）、《色彩和谐与对比的原则》（谢弗勒尔）、《色彩理论》（贝佐尔德）等色彩学研究的专门著作在 19 世纪中后期相继问世；20 世纪之后，色彩学在与之相关的科学如物理学、心理学发展的基础上向着实用的方向取得了实质性的发展。各种科学实用的色彩表现体系得以建立并逐步完善。通过对当今国际有代表性的色彩表现体系的学

习，可以帮助我们从科学、理性的高度认识色彩。

二、汽车涂装与调色概念

1.汽车涂装的概念

涂装使用的材料称为涂料。涂装是指将涂料涂覆于经过处理的物面（基底表面）上，经干燥成膜的工艺。有时也将涂料在被涂物表面扩散开的操作称为涂装，俗称涂漆或油漆。已经固化了的涂料膜称为漆膜（也称涂膜）。由两层以上的漆膜组成的复合层称为涂层。汽车表面涂装就是典型的多涂层涂装。

汽车和摩托车是现代化的交通工具，其外表的90%以上是涂装表面。涂层的外观、颜色、光泽等的优劣是人们对汽车质量的直观评价。因此，它将直接影响汽车的市场竞争能力。另外，涂装也是提高汽车产品的耐蚀性和延长使用寿命的主要措施之一。所以，无论是汽车制造还是汽车维修行业，都将汽车的表面涂装列为重要的工作而特别对待。

汽车涂装是指各种车辆的车身及其零部件的涂漆装饰，根据涂装的对象不同，汽车涂装可以分为新车涂装和修补涂装两大体系。无论是新车涂装还是修补涂装，都要求漆面有鲜艳的色彩和光泽。

2.调色的概念

汽车涂装用涂料（色母）本身有一定的颜色，但由于各种汽车的漆面颜色多种多样，而且还在不断地创新、研发与应用，所以涂料生产商很难为新车生产企业的每一种车身颜色配备一种涂料（色母）。即在实际使用中，特别是在汽车的修补涂装时，购得的涂料往往与所维修汽车的表面颜色不同。这就必须根据色彩的基本知识和原理，再结合涂料使用的具体要求对涂料的颜色进行调配，使之尽量与汽车原色漆颜色一致。

所谓调色，是指根据颜色的三个属性（色相、明度和彩度），将两种或两种以上的不同颜色的色母，按一定比例混合在一起，以产生所需要的理想颜色的过程，如图2-1-4所示。

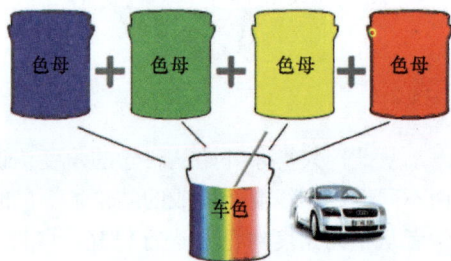

图2-1-4 调色概念

在涂装工业中，调色是一种非常重要的基本技法，也是一种不容易掌握的技法。因为这项技术涉及涂装材料、车身漆膜结构、设备与工具使用、涂装方法、色彩学理论、调色基本理论与工艺等多方面的知识与技能。

三、颜色感知过程

颜色感觉（即色感觉）与听觉、嗅觉、味觉等都是外界刺激使人体感觉器官产生的感觉，外界光刺激→色感觉→色知觉是个复杂的过程，它涉及光学、光化学、视觉生理、视觉心理等各方面因素。有色觉缺陷（色盲或色弱）的人很难分辨某些颜色，因此很多涉及颜色辨别的职业（比如汽车驾驶员、油漆调色人员等），都要进行严格的色盲和色弱检查。

光线照射到有色物体上，反射的光线投射在视网膜上后会形成某种信息，大脑对这种信息进行辨认，产生一种生理感觉，它就是通常人们所称的"颜色"，如图2-1-5所示。所以，颜色是光线和视觉器官作用后所引起的生理感觉。

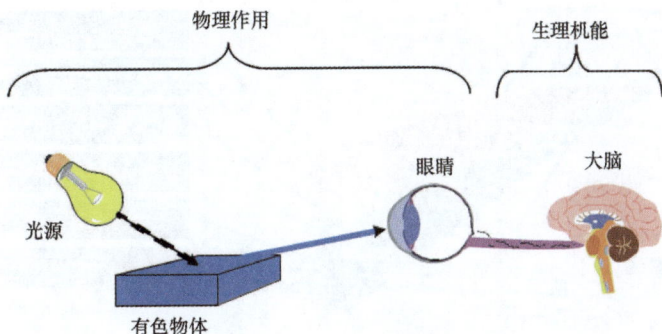

图 2-1-5 颜色感知过程

四、视觉三要素

感知颜色有以下三个必需的要素：光、有色物体和视觉器官（眼睛和大脑）。

1. 光（来自光源）

（1）可见光。

在漆黑的深夜，没有光的房间，人们看不到任何东西，也无法感知任何色彩。当黎明的第一缕曙光从东方照射进来，沉睡的人们从梦中醒来，人们生存的世界由模糊逐渐变得清晰，周围的色彩也由昏暗单调逐渐变得明亮丰富。

色彩是因为光的存在才能被人们看见，没有光的地方就没有色彩。所以可见光是感知颜色的第一要素。

可见光是由不同波长的电磁波所组成的。光是电磁波的一部分，像水波一样振动前进，它具有波长和振幅两个特性，如图 2-1-6 所示。

波长是起伏振动的一个完整的光波的水平长度。不同的波长在人眼中形成不同的颜色（色相）。

振幅是光波的波峰或波谷的垂直高度。不同的振幅在人眼中形成不同的色彩明暗程度（明度）。

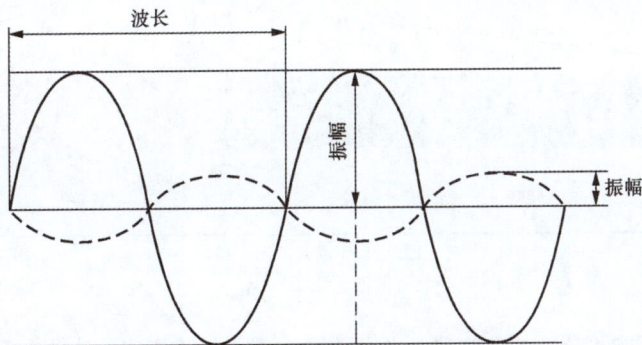

图 2-1-6 光的波长与振幅示意

可见光具有其波长特有的颜色，由于所有可见光线通常可以立即进入眼睛，所以人们将它们感知为白光。但是，当白色光束通过三棱镜时，它就被分为不同的波长，形成一个光带，称为光谱（或色谱），其范围由紫色至红色，如图 2-1-7 所示。

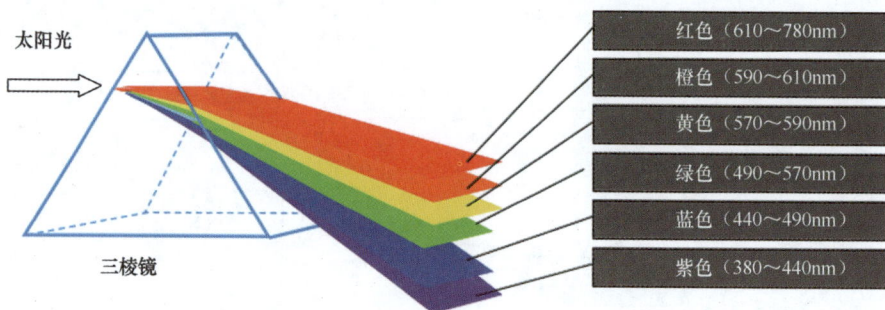

太阳光

三棱镜

红色（610～780nm）
橙色（590～610nm）
黄色（570～590nm）
绿色（490～570nm）
蓝色（440～490nm）
紫色（380～440nm）

图 2-1-7　白光（太阳光）的光谱

注意

由于人体色彩实际感受的原因，在可见光谱中青色色域较为狭小，不好分辨，绿色直接过渡到蓝色。

电磁波中的可见光线只是很窄的一部分，波长大于 700 nm 的是红外线、雷达、电流等，波长最长的是交流电，波长可达数千千米；波长小于 400nm 的，则有紫外线、X 射线等，波长最短的是宇宙射线，波长仅有 $10^{-15}\sim10^{-14}$m，如图 2-1-8 所示。人眼在正常的条件下能看见的光线，是波长在 380～780nm 的电磁波，所以将这段范围的波长所构成的光谱叫作可视光谱。眼睛所见到的色彩是由于波长不同而显现的各种色彩，如波长在 610～780nm，眼睛感觉到的是红色；波长在 590～610nm 为橙色；波长在 570～590nm 为黄色；波长在 490～570nm 为绿色；波长在 440～490nm 为蓝色；波长在 380～440nm 为紫色；等等。

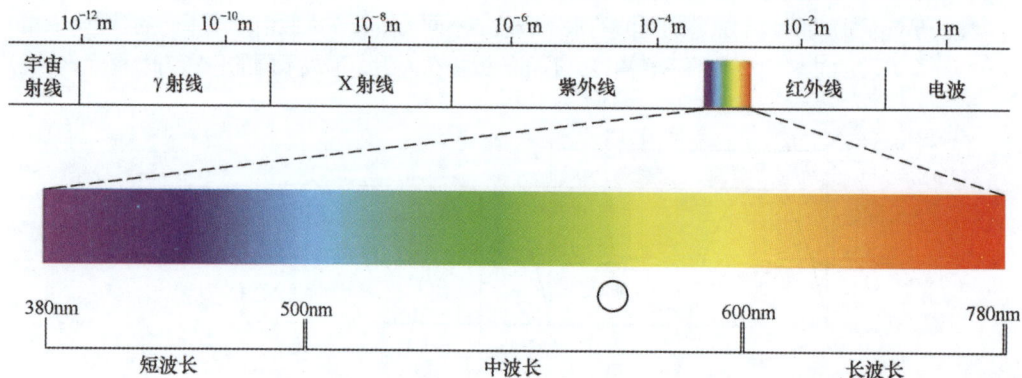

图 2-1-8　波长与色彩

单一波长且不能再分解的色光称为单色光。自然光（太阳光、火光）及人工光源（如白炽灯、钠灯、氙灯等）所发出的光是由不同波长的单色光混合而成的，称为复色光。通常组成复色光的各单色光比例不一，故其光色也不同。

人眼可见的可视光谱，它的波长范围因人而稍有不同，因光强度不同也有所差异。在光谱中，从红端到紫端，在两个相邻的波长范围中间带（区）尚可见到各种中间颜色，如红与橙之间的叫橙红、绿与黄之间的叫绿黄、蓝与绿之间的叫蓝绿等，如图 2-1-9 所示。人的视觉在辨识波长的变化方面因波长不同而不同，也因光强度不同而不同。在某些光谱部位，只要改变波长 1nm，便能看出差别；而在多数部位改变要在 5nm 以上才能看出其变化。人眼大约可辨识出 100 多种不同的颜色。总体而言，光谱中除了黄（572 nm）、绿（503 nm）和蓝（478 nm）不会随着光强度的变化而变化，其他色光都会随着光强度增减而稍向红色或紫色变化。例如，早晨和傍晚的太阳光并非纯白，而是或多或少带有红黄色，这时的光谱就与太阳白光（如正午的太阳光）的光谱不相同（它的红端光线比较多，而紫端光线比较少）；白炽灯、油灯的光谱也是红黄部分较多一些，当然整个光谱也比太阳光谱弱。

图 2-1-9　红、绿、蓝色光的中间色

光谱中的红、绿、蓝是基本颜色，因为一切颜色包括白光都能由此三种色光配合而成，所以称为三原色。其后许多实验又证明，这三种原色不一定是红、绿、蓝三色，也可用其他三种颜色，不过这三种颜色中任何一种都不能由其他两种色混合而成。由红、绿、蓝三原色相加产生其他颜色最为方便，所以人们认为红、绿、蓝三种颜色是最好的三原色。实验还证明，白色不一定要由三原色配合而成，只要将红色光和绿色光适当配合，也可成为白色；橙色光与青色光适当配合也同样可成为白色。因此凡两种色光能混合成白色的，则称此两色为互补色。例如，红是绿的补色，绿是红的补色。这就是颜色混合的第一条重要定律。但必须说明的是，这里是指色光的混合而不是颜料的混合，红光和绿光适当混合得白色，而红色颜料与绿色颜料混合则成黑色或灰黑色，这点切不可混淆。

（2）光源。能自行发光的物体称为光源。

① 光谱功率分布图。将光源的光谱辐射功率按波长进行分布，即为光谱功率分布。通常取波长 $\lambda=555nm$ 处的辐射功率为 100 作为参考，将光源光谱功率与之进行比较，得出相对功率值所描绘的曲线，称为相对光谱功率分布，如图 2-1-10 所示。

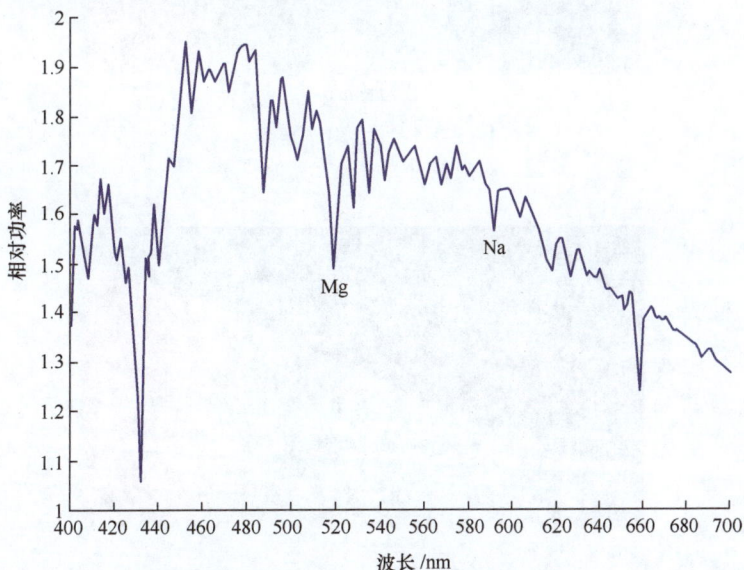

图 2-1-10　可见光相对光谱功率分布

光源光谱分为以下几种。

● 连续光谱。包含全部波长的可见光的光谱称为连续光谱，如白炽灯、太阳光的光谱（相对光谱功率分布见图 2-1-10）等。

● 线状光谱。光源在某几个波长处，形成狭窄的不连续光谱线的光源光谱称为线状光谱，如高压钠灯、高压汞灯等的光谱，典型的线状相对光谱功率分布如图 2-1-11 所示。

● 混合光谱。既有连续光谱又夹杂线状光谱的光源光谱为混合光谱，如荧光灯、氙灯等的光谱。

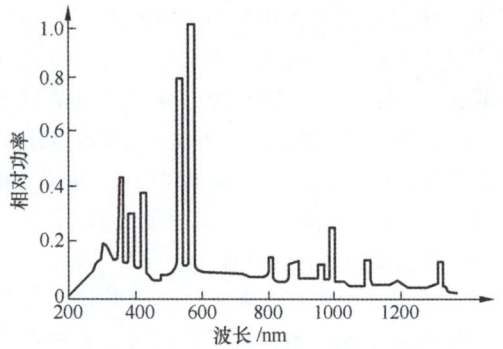

图 2-1-11　线状相对光谱功率分布图

② 光源的分类。光源有自然光源和人造光源之分，太阳是自然光源，是最佳的光源，这是因为太阳光中含有不同波长的光，并且光能的分布比较均衡。但是在太阳光的光谱曲线上（见图 2-1-12），在光谱的蓝色一端走势较高，因此说太阳光在本质上有些发蓝。而白炽灯、荧光灯是人造光源，若将太阳光光谱与白炽灯光谱曲线（见图 2-1-13）做比较，则会发现白炽灯的波长更趋向于在光谱的红色一端达到峰值。因为白炽灯的灯光是由加热灯丝产生的，光中主要含有红色的光线，属于较温暖的光线。冷白色的荧光灯光谱曲线（见图 2-1-14）在可见光的蓝色部分放射更多的能量，所以当人们步入荧光灯照明的房间时，会注意到自己的衣服和脸色看上去有些发青。荧光灯的灯光中主要含有蓝色的光线，属于较冷的光线。

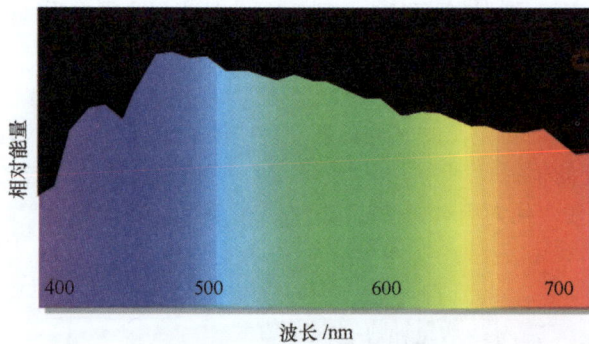

图 2-1-12　太阳光光谱

注：相对能量为波长上光的强度。

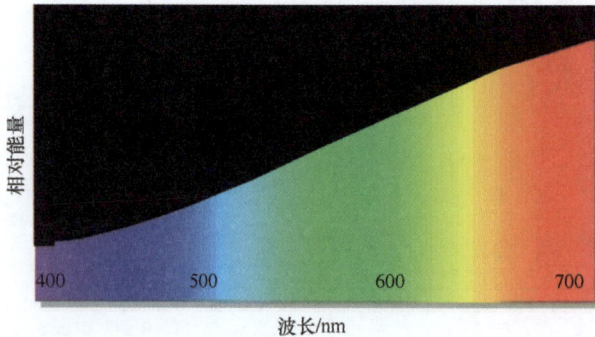

图 2-1-13　白炽灯光谱

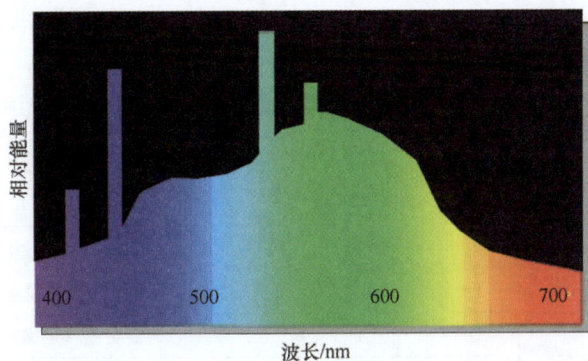

图 2-1-14 荧光灯光谱

对于太阳光源，在一天的各时段，其各色光成分不同，所以观察某一景色时，不同时段所感觉的色彩会有所不同，如图 2-1-15 所示。

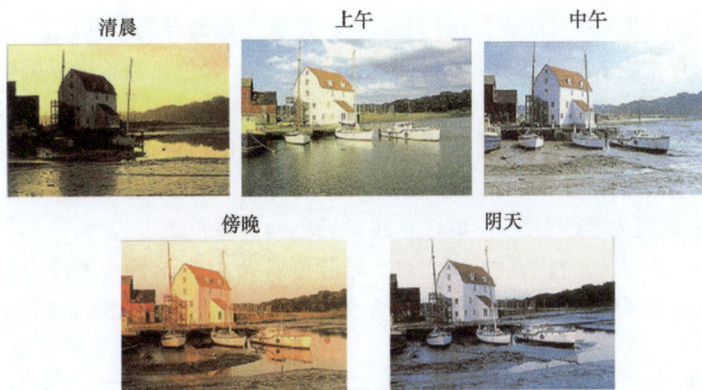

图 2-1-15 阳光下不同时段景色的色彩效果

③ 光源的色温。色温以热力学温度 T（单位为 K）来表示（0℃相当于 273 K），是将一标准黑体（如铂）加热，温度升高至某一程度时颜色开始逐渐变为红、橙、黄、绿、蓝、紫。如果某光源的光色与黑体的光色相同，其光谱功率分布曲线也相吻合，则将黑体当时的温度称之为该光源的色温度，简称"色温"。它是描述光源本身颜色外貌的重要指标。

色温在 3000 K 左右时，光色偏黄。色温在 5000 K 以上时，光色偏蓝。不同色温的光，具有不同的照明和视觉效果。

④ 光源的显色性。光源对物体的显色能力称为显色性，显色性是通过在与同色温的参考（或基准）光源（如白炽灯）下，对物体外观颜色的比较来判断的。

光谱内容决定光源的光色，但同样的光色可有许多种类的光谱特性，即相同光色的光源会有不同的光谱组成。光谱组成较广的光源会提供较佳的显色品质。当光源光谱中很少或缺乏物体在基准光源下所反射的主波时，会使颜色产生明显的色差。色差程度越大，光源对该色的显色性越差。

光源显色性的大小用显色指数来评价。显色指数是在具有合理允许的色适应状态下，被测光源照明物体的心理物理色与基性光源照明同一色样的心理物理色符合程度的度量。

白炽灯的显色指数定义为 100，被视为理想的基准光源。此系统以 8 种彩度中等的标准色样来检验，比较在测试光源下和在同色温的基准光源下此 8 色的偏离程度，以测量该光源的显色指数，取平均偏差值 Ra20 ~ Ra100 来表示，以 Ra100 为最高。平均色差越大，Ra 值越低。低于 Ra20 的光源通常不适于一般用途。不同光源的显色指数、等级、显色性及一般应用见表 2-1-1。

表 2-1-1　　　　　　　　不同光源的显色指数、等级、显色性及一般应用

序号	显色指数（Ra）	等级	显色性	一般应用
1	90～100	1A	优良	需要对色彩精确对比的场所
2	80～89	1B	较好	需要对色彩正确判断的场所
3	60～79	2	普通	需要中等显色性的场所
4	40～59	3	一般	对显色性的要求较低，色差较小的场所
5	20～39	4	较差	对显色性无具体要求的场所

白炽灯的理论显色指数为 Ra10，但实际生活中的白炽灯种类繁多，应用也不同，所以其 Ra 值不是完全一致的。只能说是接近 Ra100，是显色性最好的灯具。

由于太阳光有不同的色相，人造光源有不同的色温和显色指数，所以以同一颜色在不同的光源下观察的结果是不同的。一般来说，利用北窗的昼光是比较稳定的，在日出 3h 后至日落前 3h 期间，色温变化不大，光谱成分齐全，是观察颜色、分析颜色和调色的最佳时机。

⑤ 典型人造光源的特点，如图 2-1-16 所示。

● A 光源：色温为 2856 K，白炽灯光线，光色为黄橙色。

● F 光源：以荧光灯为代表的光源。F2 光源色温为 4150 K，代表冷白荧光灯，光色偏蓝色；F7 光源色温为 6500 K，代表宽频太阳光荧光灯；F11 光源（TL84 光源）色温为 4000 K，代表窄频白荧光灯。

● D65 标准光源：即模拟正午的太阳光，其色温为 6500 K。

上述典型的人造光源，可制造成各种标准光灯具，再根据调色工作的需要选用装备，即可制成比色用的比色灯箱，如图 2-1-17 所示。控制灯箱的各光源开关，即可选择不同的光源进行比色，如图 2-1-18 所示。颜色不同的两块试板，在不同的光源下对比，颜色差别是不一样的。

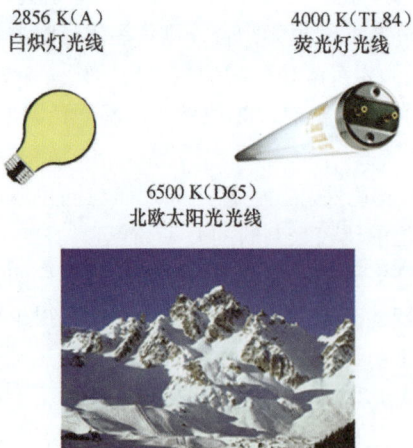

2856 K（A）
白炽灯光线

4000 K（TL84）
荧光灯光线

6500 K（D65）
北欧太阳光光线

图 2-1-16　典型的人造光源

图 2-1-17　比色灯箱

太阳光（DG5 光源）　　　　带蓝色的白光

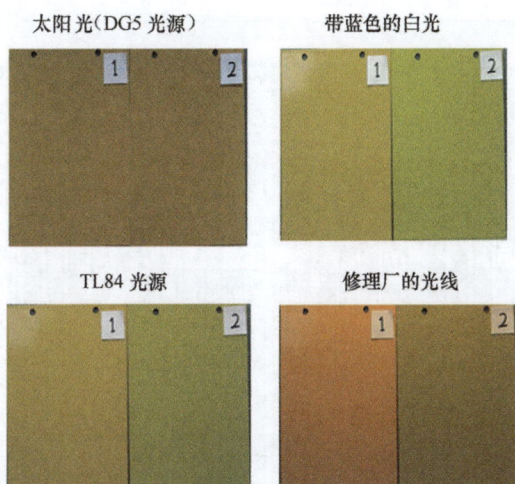

TL84 光源　　　　　　修理厂的光线

图 2-1-18　不同光源下的对比

2. 有色物体（被观察物）

物体受到光的照射，会发生选择性的反射、吸收、透射等光谱特性，如图 2-1-19 所示。这种光谱特性便是物体呈现不同颜色的主要原因。

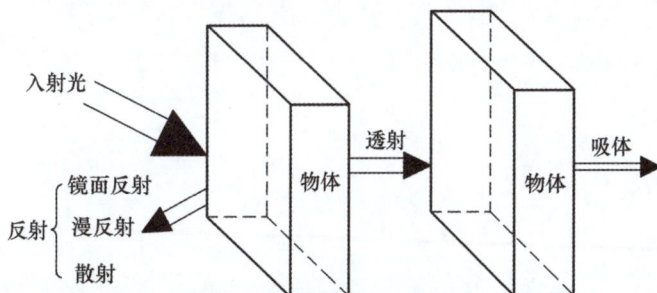

图 2-1-19　物体的光谱特性

物体的颜色是由物体反射或透射的光线的波长决定的。例如，当太阳光（白光）照到物体上时，物体表面会反射一部分光线同时吸收其他部分。如图 2-1-20 所示，阳光下轿车呈现红色，是因为车体表面反射出来的是红色光线，而吸收了黄、橙、绿、青等色的光线。

因为物体反射出来的光线常常不是单一波长的光线，所以物体的颜色会非常多。物体表面对各种可见光的反射率达到 85%～90% 时产生的颜色感觉为白色（见图 2-1-21）；若反射率低于 4%，则产生的感觉为黑色，如图 2-1-22 所示。

图 2-1-20　物体的颜色

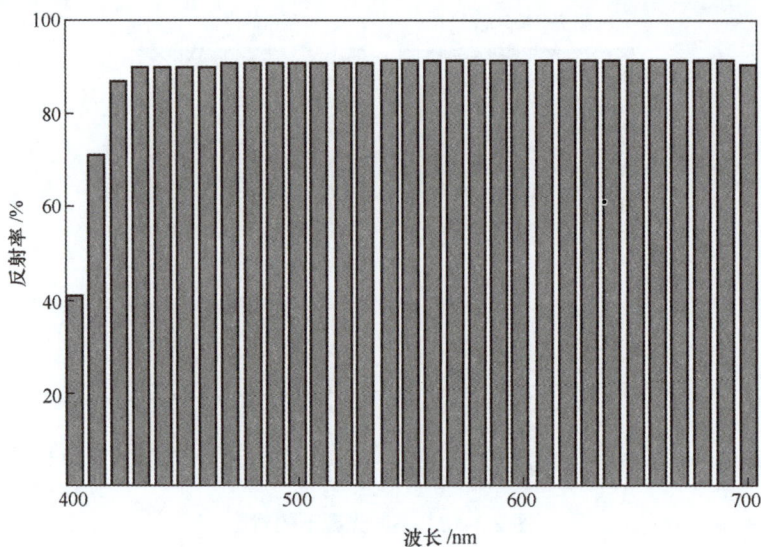

图 2-1-21　白色物体的反射情况

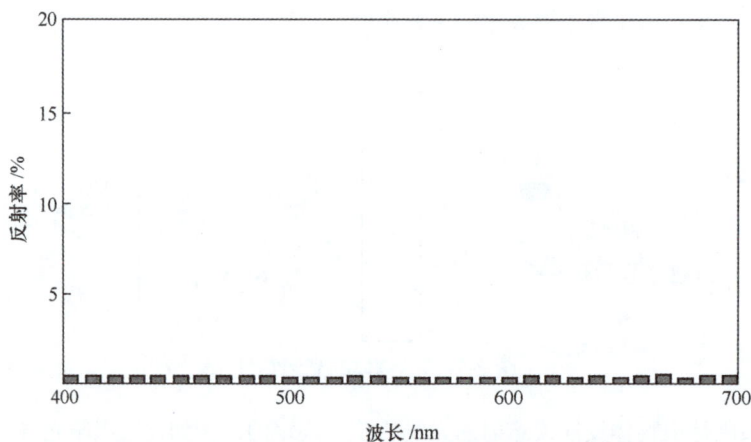

图 2-1-22　黑色物体的反射情况

　　透明物体则不同，因透明物体受白光照射时，反射比较少，主要为吸收和透射光线，它们的颜色是由透射光线的波长来决定的。例如，红玻璃主要透过红色光，人们就感觉它是红色的玻璃。另外一种物体由于透射光线与反射光线的波长不同，该物体就可呈两种颜色。例如，金的薄片（金箔），在光源同侧看，因为它反射黄色光，所以人们感觉它是黄色的，如图 2-1-23（a）所示；反之，如在它的对侧看，因它透过绿色光，人们则感觉它是绿色的，如图 2-1-23（b）所示。

（a）正视色　　　　　（b）透视色

图 2-1-23　金箔的颜色

如果一个物体表面把照射在它上面的白光中的所有组分全部反射出来，则物体呈白色。而白光中的所有组分都以同样的程度被物体所吸收时，物体则呈灰色，被吸收的光量越大，灰色越深，全部吸收时物体便呈黑色。白→浅灰→中灰→深灰→黑一系列颜色便构成了颜色的一类，即非彩色。

如果白光照射在物体上时被有选择地吸收，即吸收了某些波长的光而反射了其余的光，则物体便会呈现那部分反射光的颜色。例如，红光被吸收时，物体呈蓝绿色；绿光被吸收时，物体呈红紫色；黄光被吸收时，物体呈蓝色。反之，当蓝光被吸收时，物体呈黄色。组成光的各组分被选择吸收的结果是物体呈现出红、橙、黄、绿各种颜色，这便构成了颜色的另一类，即彩色。

不同的光谱特性使物体呈现不同的颜色，物体对光线不同的吸收、反射和透射程度，与物体颜色的对应关系见表 2-1-2。

表 2-1-2　　　　　　　　　　　　　物体的光谱特性与颜色

物体的光谱特性			物体呈现颜色
吸收	反射	透射	
无	无	全部	无色透明
无	部分	部分	白色半透明
无	全部	无	不透明白色
部分	无	部分	有色透明
部分	部分	无	有色不透明
部分	部分	部分	有色半透明

白色和黑色，严格地说，都是不存在的。在太阳光下的白色物体，它们是等比例地、几乎全部地反射太阳光线，所以呈白色；如果物体全部吸收太阳光线，那么该物体就呈黑色。实际上，完全反射或完全吸收太阳光线的物体是没有的，因此物体没有"纯白"或"纯黑"的。介于黑白两者之间的，就是灰色。事实上，纯灰色的物体也是没有的，因为物体常常不是等比例地吸收或反射光谱上各种波长的色光。

3. 视觉器官（眼睛和大脑）

人眼不但能辨识物体的形状、大小，而且能辨别各种颜色。这种辨别颜色的能力，叫作颜色视觉，简称色觉。色觉是人生理与心理特性的反应，人形成色觉的结果常带有一定的主观性（受记忆、经验、对比的影响），往往不完全服从物理学规律。如图 2-1-24 所示，实际上一样长的两根竖线，但是感觉好像右边的一条要比左边的长。如图 2-1-25 所示，一样大小的黑色方块，处在不同的位置，感觉大小好像不一样。如图 2-1-26 所示，同样颜色的方块，处在不同的背景下，观察的颜色好像不一样。

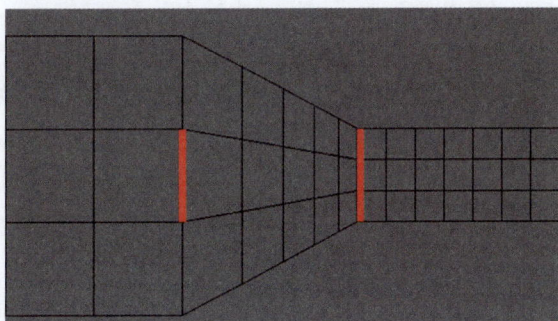

图 2-1-24　实际一样长的两条竖线

图 2-1-25　实际一样大小的黑色方块

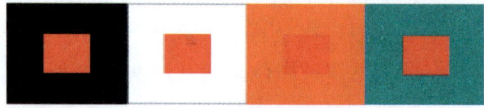

图 2-1-26　实际一样颜色的方块

注意

"眼见为实，耳听为虚"不一定是正确的，颜色会"欺骗"眼睛。

人类眼球的结构，如图 2-1-27 所示。视网膜有两种视细胞，即视杆细胞和视锥细胞。前者对昏暗的光线可做出反应，即所谓暗视觉，能感觉光线的明暗度；后者在明亮光线下感受光线和色彩，即明视觉。这些视细胞主要集中于视网膜的中央凹进处，使得这一部分对光线最敏感，并用于分辨颜色。

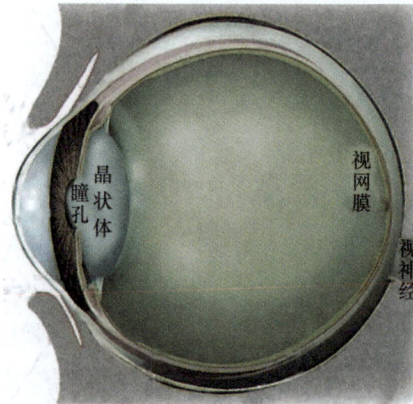

图 2-1-27　人类眼球的结构

视杆细胞分布于视网膜中心窝以外部分，约有 1 亿多个，越到周边数目越多，真正中心凹陷处无视杆细胞。视锥细胞约有 600 多万个，主要分布于视网膜视物最敏锐的黄斑部，越到中心数目越多，真正中心凹陷处只有视锥细胞而无视杆细胞。视网膜各个区域因视细胞分布不同，对颜色感受性也各不相同。正常色觉者视网膜中央部分能分辨各种颜色，其外围部分辨色力就逐渐减弱直至消失。

实验证明，视网膜中有一种视锥细胞对红色有最大敏感性，一种对绿色有最大敏感性，还有一种对蓝色有最大敏感性。

（1）视觉的适应。当眼睛突然变换环境观看不同的色光、明暗的事物时会有一段适应的时间，这就是视觉的适应。视觉的适应有明适应、暗适应和色适应。当人们在漆黑的房间突然打开明亮的灯光，眼前突然一亮的瞬间会什么也看不见，稍过片刻，眼睛就会适应，可以清晰地观看房间里的事物了，这个过程就是明适应。相反，在深夜人们从明亮的房间走出，步入没有灯光的室外，开始时同样什么都看不见，要经过一段适应的时间才能逐渐辨别出周围的环境。这个从明到暗的视觉适应过程就是暗适应。暗适应的时间为 5 ～ 10 min，明适应的时间大约为 0.2 s。同样地，人们从开着带有不同色彩风格灯光的书房进入卧室时，开始会不习惯两个房间的色光差异，通过一段适应的时间，就会适应、习惯，这种适应就是色适应。所以比色时，一定要等观察者色适应之后进行。

（2）视觉的恒常性。

① 大小的恒常性。当人们走在林间的小路上，小路的尽头可以看见起伏的远山，在视网膜上所成的像中近处的树木要大于远处的山，但是人们不会认为远处的山小于近处的树，这就是视觉的大小恒常性。

② 明度的恒常性。当人们把一辆灰色的车放在强烈的阳光下，把一辆白色的车放在极暗的阴影里，虽然阳光里的灰车反射的阳光要比阴影里的白车多很多，比白车亮很多，阴影的白车实际明度已经成了灰车，但人们还是认为原来的白车比灰车亮，眼睛的这种恒常视觉现象就是明度的恒常性。

③ 色相的恒常性。人们首先要知道物体在正常环境下的色相，然后在环境改变、光线改变后，眼睛还会认定该物体是在正常光线下的颜色。如果人们不知道该物体在正常光线下的色相，而且照射物体的光源里没有可反射物体原有色相的色光，那么，色相的恒常性就不能继续维持。如一辆黄色的汽车，在阳光下的阴影里，眼睛都会认定汽车是黄色的；如果在紫光实验室里第一次看见呈黑灰色的这辆汽车，人们就不会再认为它是黄色的。

（3）视觉阈限。视觉阈限指能引起视觉感觉的最小刺激强度与能够忍受的视觉刺激的最大强度之间的范围。两种刺激必须有一定量的差别。达不到视觉阈限就视为相同，只有超过视觉阈限才能区分出不同。眼睛无法分辨出差别过小、面积过小、速度过快、距离过远的物体。任何现象在没有达到视觉阈限时都视为相同、消失而无法分辨。眼睛的这种生理功能为色彩在现实中的设计应用提供了理论依据。

五、色盲与色弱

色盲的概念是赫达特（Huddart，1777 年）首先发表提出的，中国的《列子》与《左仓子》书中也有关于分辨颜色困难的记载。最精细地记述色盲者的则是化学家道尔顿（Dolton，1798 年），他发觉他看光谱的颜色和其他人不同：其他人所见的红色部分，他看到的是绿色；其他人所见的橙、黄、绿部分，在他眼中几乎是一片绯红；他能分辨绿和青之间颜色的移行情况，但对青和紫之间的移行情况不能分辨；他看紫色只觉得比青色浓暗一些而已。道尔顿是红色盲患者，其亲属中也有几个色盲者。因为色盲是道尔顿首先详细论述的，故色盲曾名为道尔顿病。

一个具有正常色彩知觉能力的人，在感受可见光谱时将其看成一系列连续的颜色，其顺序为：暗红、亮红、橙、黄、亮绿、绿、蓝和暗紫。光谱的最明亮部分的波长为540 ～ 570 nm（黄－绿），从该部分的两侧向外明度逐渐降低，直至光谱的两端。肉眼所感觉到的明度变化与其发光功能吻合，该功能在 555 nm 时一般可达到峰值。由于色觉正常的观察者可感受三色，因而能够分辨明与暗，黄与绿、红与蓝以及黄绿和蓝绿、绿蓝和红蓝等。然而，肉眼的分辨能力也会出现缺陷，从而出现了红－绿色盲、黄－蓝色盲和全色盲，其原因是肉眼的圆锥形晶体带有缺陷，由此导致的后果是视力低下及昼盲（昼盲是指亮光视觉下降，而暗视觉相对保留）。色盲是先天性遗传疾病，患病率为：男性 4% ～ 5%，女性 0.16%。

随着年龄的增长，眼睛的倦怠与病痛会影响人的色觉。有色觉缺陷的人不能正确分辨颜色，所以不适宜从事调色工作。由于女性色盲的患病率低，而且对颜色的辨认比男性敏感，同时又具有细心和耐心的特质，所以从事调色这项工作很有优势。

1. 色盲类型

色盲（色觉异常）可分先天性色盲与后天性色盲。

先天性色盲与后天性色盲两者的不同在于前者是一种遗传性眼病，即人在出生后就具有这种眼病。而后者是原本色觉正常的人，因为患某些眼底疾病，如急／慢性视神经炎、视神经萎缩或黄斑病变、青光眼等而引起的，所以患者除了有色觉障碍外，还伴有视力障碍及视野有中心暗点，而且这种色觉异常也常常是一时性的，就是在疾病过程中呈现的暂时性色盲，一旦疾病痊愈，视力恢复，中心暗点消失，则色觉障碍也随之消失。当然，如果疾病未能完全治愈，病变区（特别是眼底中心部）有器质性损害，则色觉障碍也就不能恢复正常而成为永久性色盲了。色觉异常分类见表 2-1-3。

表 2-1-3　　　　　　　　　　　色觉异常分类

色觉异常	先天性	完全色盲（全色盲、一色视）	
		部分色盲（二色视）	红色盲（第一色盲）
			绿色盲（第二色盲）
			紫色盲（第三色盲、青黄色盲）
		部分色弱（异常三色视）	红色弱（第一色弱）
			绿色弱（第二色弱）
			紫色弱（第三色弱、青黄色弱）
	后天性	完全色盲	
		部分色盲	红绿色盲
			紫色盲（青黄色盲）

（1）先天性完全色盲。先天性完全色盲者不能辨别彩色，看物体只有黑、白和灰色的感觉，似色觉正常的人看黑白照片、黑白电视或黑白电影那样。这种病又分为视杆一色视与视锥一色视两型。

① 视杆一色视。这种病例很少见，10 万～ 20 万人中才有一例。他们除不能分辨颜色外，还伴有畏光及眼球震颤，视力常在 4.0 以下。色盲图检时仅能分辨示教图或部分示教图。

② 视锥一色视。视锥一色视的病例也是极少见的，患者也全无辨色力，色盲图只能读出示教图，但与视杆一色视不同的是他们的视力较好，也无畏光与眼球震颤。

（2）二色视。二色视也称为不全色盲或部分色盲。患者除不能辨识某些颜色外，其他与色觉正常的人一样。二色视又可分为红色盲、绿色盲与紫色盲。色觉正常的人、红色盲、绿色盲与紫色盲所见光谱，如图 2-1-28 所示。

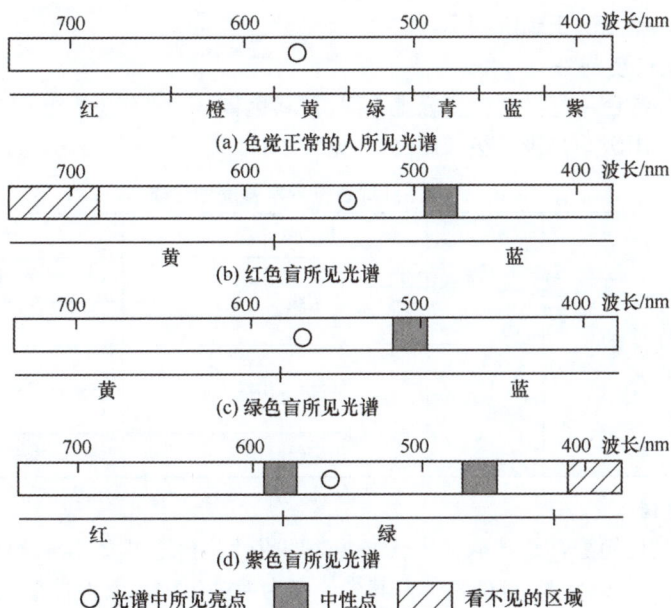

图 2-1-28　不同人所见光谱

① 红色盲。红色盲又称第一色盲或甲型色盲。红色盲者看不见光谱中的红色光线，在他们看来，光谱中的红色端缺了一段，光谱缩短了一段，只能看见由黄至蓝色段，而且光谱的亮度也和色觉正常的人所见不同：色觉正常的人所见最亮的是在黄色部分（波长约在 589 nm），红色盲所见光谱中最亮的部分是在黄绿部分，又在光谱中看见一个非彩色的部位（"中性点"），位置约在波长 490 nm 处。红色盲者看颜色的主要问题是对淡红色与深绿色，青蓝色与绛色、紫色不能分辨。

② 绿色盲。绿色盲又称第二色盲或乙型色盲。患者看光谱并不像红色盲者那样缩短一段，但光谱中最亮部位在橙色部分，中性点约在波长 500 nm 处。全部光谱呈淡黄色、灰色和蓝色。绿色盲者不能分辨淡绿与深红、紫与青；对绛色与青色虽不混淆，但对绛色与灰色则易造成混淆。

③ 紫色盲。紫色盲又称第三色盲或丙型色盲，亦称青黄色盲。紫色盲者看光谱在紫色端有些缩短，光谱上最亮部分在黄色部分，且光谱上有两个中性点：一个在黄色部位（波长约是 580 nm），另一个在蓝色部位（波长约 470 nm）。患者看光谱，似乎只有红与青两种色调；对于黄绿与蓝绿色、绛色与橙红色都不能分辨。紫色盲在二色视中极为罕见，多数为病理性的。

（3）异常三色视。异常三色视分为红色弱（第一色弱）、绿色弱（第二色弱）与紫色弱（第三色弱或青黄色弱）。异常三色视者与正常三色视者之间没有严格的界限，只在辨色能力的程度上存在差别，是色觉障碍中程度最轻的。

色盲者往往不自知有色觉障碍，在颜色不太复杂时，也往往能分辨出红绿等。这种辨色力是从生活体验中得来的。例如，红砖的颜色，在红色盲者看来是土黄色的，但因人们都称它为"红砖"，所以他认为他所看到的土黄色就是"红色"；同样，绿色的草坪，他看到的是黄色的，但因大家称它为"绿草坪"，他也就认为这种黄色就是"绿色"，并且认为他所见到的颜色与别人所见到的颜色是相同的，但在遇到颜色复杂的情况时，例如辨认色觉检查图的色点（图形）时，就无法正确辨别了。

2. 色觉异常程度划分

根据先天性红绿色色觉异常程度轻重不同，可将色盲分为重级（Ⅰ级）与次重级（Ⅱ级），将色弱分为轻级（Ⅲ级）与极轻级（Ⅳ级），见表2-1-4。

表2-1-4　　　　　　　　　先天性红绿色觉异常程度划分表

先天性红绿色觉异常	色盲	重级（Ⅰ级）	红绿色盲
		次重级（Ⅱ级）	红色盲
			绿色盲
	色弱	轻级（Ⅲ级）	红色弱
			绿色弱
		极轻级（Ⅳ级）	极轻型红绿色弱

3. 色盲与遗传

先天性色盲是连锁隐性遗传病（隔代遗传，即男性色盲通过女儿传给外孙），遗传基因带在 X 染色体上。人类有 23 对染色体，其中一对为性染色体。女性性染色体为 XX，男性性染色体为 XY。色盲位点在 X 染色体短臂上，而 Y 染色体较短小，没有相应的等位基因。因此男性性染色体 XY 只要在 X 染色体上有色盲基因就表现为色盲；女性要在两条 X 染色体上都有色盲基因，才表现为色盲，如果只有一条 X 染色体有色盲基因，她就不表现为色盲，而是色盲基因携带者，可以遗传给她的后代。故她被称为媒介者或隐性色盲者。

4. 色盲与职业

有不少职业在工作中需要正确辨认颜色。例如，在化学试验、化工生产中必须正确辨别试剂、溶剂的颜色及反应；在纺织、印染业中，必须进行颜色选择；在冶金、铸造业中，需根据颜色来判断金属熔化物的温度；等等。色盲者辨色有误，当然就不宜从事这些职业。又如飞机、舰船、火车、汽车驾驶人员和交通管理人员，必须正确辨别各种颜色信号，若做出了错误的判断，就可能发生严重事故，使人民生命、国家财产遭受意外损害。此外，彩色印刷、医疗、绘画、工艺美术、照明技术、彩色显示、彩色摄影等行业对辨色能力的要求都很高。随着科学技术和生产力的发展，人们将越来越广泛地应用颜色科学。因此在选录人员和征兵、招收新生时，色觉检查是必需的。色盲者可以胜任的领域，如文学、史地、财经等，相关职业仍是很多的。此外，基础科学中的数学、农业中的农业经济、医学中不需要很高辨色力的工作，色盲者也可以胜任。

5. 色觉检查

（1）检查方法。检查色觉使用《色盲检查图》（人民卫生出版社，俞自萍等绘著），使用方法如下。

① 在明亮弥散光下（太阳光不可直接照到图上），展开检查图。

② 被检者双眼以距离图面 60 ～ 80 cm 为标准，但也可参照具体情况酌情予以增加或缩短，不能超出 50 ～ 100 cm 范围，并不得使用有色眼镜。

③ 一般先用"示教图"教以正确读法。如被检者已知读法，就可任选一组让其读出图上数字或图形，越快读出越好，一般 3s 就可得答案，最长不得超过 10s。

一般体检可采用简单数字组，不识字的成年人可采用简单几何图形组，儿童采用动物图形较好。特殊检查（即较精细的检查，如特种兵体检）可采用较复杂数字组，必要时可采用多组检查。

④ 检查图共分五组：第1、2、3、4组为先天性色觉检查之用，可任选一组进行检查；检查后天性色觉障碍，可采用第5组。第1组为简单数字，共13幅图；第2组为几何图形，共9幅图；第3组为图画，共15幅图；第4组为多位数字，共14幅图；第5组为后天性色觉障碍检查图，共14幅图。

⑤ 遇到有疑问的地方时，不妨停顿一下，再予以仔细检查。色觉正常而反应迟钝的人，有时可能会答错，不能以一图或一字之差就判定其为色盲或色弱。必要时可以采用全部图来检查，或者采用其他色盲检查图来辅助检查。

（2）色盲异常检查实例。

① 如图 2-1-29 所示，色觉正常的人会读出"74"，红绿色盲者会读成"21"。

② 如图 2-1-30 所示，色觉正常的人会读出"2"，有颜色缺陷的人大多数读不出或读错。

③ 如图 2-1-31 所示，色觉正常的人会读出"26"；红色盲和红色弱会读出"6"，如果是中红色弱，"6" 会比 "2" 清楚；绿色盲和红色弱会读出 "2"，如果是中红色弱，"2" 会比 "6" 清楚。

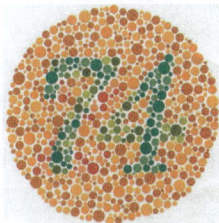 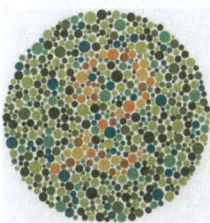 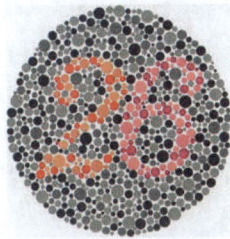

图 2-1-29　色盲检查图例（一）　图 2-1-30　色盲检查图例（二）　图 2-1-31　色盲检查图例（三）

注意

现在一般的色弱是可以通过佩戴矫正眼镜来矫正的。

□ 任务总结 □

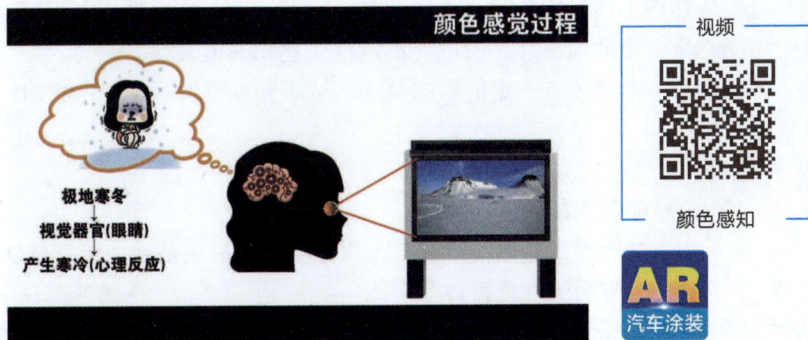

1. 颜色感知的过程

光线照射到有色物体上，反射的光线投射在视网膜上后会形成某种信息，大脑对这种信息进行辨认，产生一种生理感觉，它就是通常人们所称的颜色。

2. 视觉三要素

（1）光。光是电磁波的一部分。

① 眼睛所见到的色彩是由于波长不同而显现的各种色彩。

② 单一波长且不能再分解的色光称为单色光。自然光（太阳光、火光）及人工光源（如白炽灯、钠灯、氙灯等）所发出的光是由不同波长的单色光混合而成的，称为复色光。通常组成复色光的各单色光比例不一，故其光色也不同。

③ 光谱中的红、绿、蓝是基本颜色，因为一切颜色包括白光都能由此三种色光配合而成，所以称为三原色。

④ 凡两种色光能混合成白色的，则称此两色为互补色。

（2）光源。光源指能自行发光的物体。

① 光谱功率分布图：将光源的光谱辐射功率按波长进行分布的图。

② 光源光谱种类：连续光谱、线状光谱、混合光谱。

③ 光源的分类：自然光源和人造光源。

④ 光源的色温。色温以热力学温度（单位为K）来表示，是将一标准黑体（例如铂）加热，温度升高至某一程度时颜色开始逐渐变为红、橙、黄、绿、蓝、紫。如果某光源的光色与黑体的光色相同，其光谱功率分布曲线也相吻合，则将黑体当时的温度称之为该光源的色温度，简称"色温"。

⑤ 光源的显色性。光源对物体的显色能力称为显色性，显色性是通过在与同色温的参考（或基准）光源（如白炽灯）下，对物体外观颜色的比较来判断的。光源显色性的大小用显色指数来评价。

⑥ 观察颜色、分析颜色和调色的最佳时机：日出3h后至日落前3h期间。

⑦ 典型的人造光源：A光源、F光源、D65标准光源。

（3）物体。物体的颜色是由物体反射或透射的光线的波长决定的。

（4）视觉器官。人眼辨别颜色的能力，叫作颜色视觉，简称色觉。色觉是人生理与心理特性的反应，人形成色觉的结果常带有一定的主观性（受记忆、经验、对比的影响），往往不完全服从物理学规律。

① 视觉的适应。当眼睛突然变换环境观看不同的色光、明暗的事物时会有一段适应的时间，这就是视觉的适应。所以比色时，一定要等观察者色适应之后进行。

② 视觉的恒常性：大小的恒常性、明度的恒常性和色相的恒常性。

③ 视觉阈限：两种刺激必须有一定的量的差别。达不到视觉阈限就视为相同，只有超过视觉阈限才能区分出不同。

3. 色盲与色弱

（1）定义：肉眼分辨颜色的能力出现缺陷。

（2）原因：由于肉眼的圆锥形晶体带有缺陷，由此导致的后果是视力低下及昼盲。

（3）类型：先天性色盲与后天性色盲。

① 先天性完全色盲。先天性完全色盲者不能辨别彩色，看物体只有黑、白和灰色的感觉。

② 二色视（不全色盲或部分色盲）。二色视的患者除不能辨识某些颜色外，其他与色觉

正常的人一样。二色视又可分为红色盲、绿色盲与紫色盲。

③ 异常三色视。异常三色视分为红色弱（第一色弱）、绿色弱（第二色弱）与紫色弱（第三色弱或青黄色弱）。

（4）程度划分。根据先天性红绿色色觉异常程度轻重不同，可将色盲分为重级（Ⅰ级）与次重级（Ⅱ级），将色弱分为轻级（Ⅲ级）与极轻级（Ⅳ级）。

（5）色盲与职业。有色觉缺陷的人不适合从事调漆甚至喷漆工作。

□ 问题思考 □

1. 光的实质是什么？人能够感知不同种类的色彩取决于光的哪个参数？
2. 为什么太阳是最佳的光源？
3. 名词解释：光源的色温、光源的显色性。
4. 常用的人造光源有哪几种？分别是模拟哪种光源？
5. 名词解释：视觉的适应、视觉的恒常性、视觉阈限。
6. 什么是色盲？什么是色弱？如何确定某人是否有色觉缺陷？

学习任务二　色彩变化

□ 学习目标 □

1. 能够正确解释色彩的色相、明度和彩度的含义。
2. 能够正确解释三原色、间色、复色、补色、消色的含义。
3. 能够正确描述色立体的作用与种类。
4. 能够正确描述色彩混合方式的种类及其含义。
5. 能够通过色彩推移训练提高色彩辨别能力。

□ 相关知识 □

一、色彩属性

色彩基本属性也称为色彩的三要素，包括色相（Hue）、明度（Lightness）和彩度（Chroma）。

1. 色相

色相就是色彩的"相貌"，是色彩呈现出的不同样子，可以用不同色名来解释。图 2-2-1 中，将三种颜色描述为红色、蓝色和绿色，就是说它们有不同的色相。

色相（也称色调，通常用 H 表示）是颜色之间的区别，是一定波长单色光的颜色相貌，它取决于光源的光谱组成以及物体表面对各种波长可见光的反射率，是表示物体的颜色在"质"的方面的特性。

图 2-2-1　色相的含义

色相是色彩的第一种属性，这一属性使人们可将物体描述为红色、橙色、黄色、绿色、蓝色和紫色等。色彩系统中最基本的色相是红色、黄色和蓝色，它们也称为三原色（亦称三基色），几乎所有的颜色都可以用它们调配出来。而橙色、绿色、紫色又是红、黄、蓝三原色按1:1的比例两两调配出来的，称为三间色。这六种颜色统称为颜色的六种基本色相。把这些色相排列成一个圆环，沿着圆环的周边每向前一步，色相都会产生变化，如图2-2-2所示。

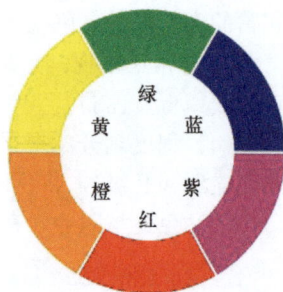

图2-2-2　六基本色相环

若从色光的角度来看，色相又随波长变化而变化，如紫红、红、橘红等都代表红色类中的各个特定色相，这三种红之间的差别就属于色相差别。同样的色相可能较深或较浅。

色相是由波长决定的，不同的色相有着不同的波长。在光谱中，从波长长端到波长短端的顺序为红、橙、黄、绿、蓝、紫。人的视觉对不同波长的感觉度是有差异的：对380～420 nm、530～580 nm、640～720 nm波长阶段的色彩，视知觉迟钝；对其余可视光波内的色彩视知觉敏锐；对红色和绿色的视知觉度最高。因此，一些重要的信号，如警示信号多用红绿色（如交通红绿灯）。正常的视觉可以分辨出100个左右的色相。因为存在色彩视知觉迟钝的波长区域，所以实际的可见光连续光谱在人眼中是断续的（或者说是有递进级差的），如图2-2-3所示。

图2-2-3　色相

色彩的三原色可以配成数不胜数的其他各种颜色。每两种原色混合就可得到一种复色。如黄＋蓝＝绿，红＋黄＝橙，蓝＋红＝紫。两种原色混合时，因比例不同，混合成的复色就带有多原色色相。如黄和蓝混合，当黄色较多时成为黄绿，蓝色较多时成为蓝绿；同理，黄和红混合，会得到黄橙、红橙；红和蓝混合，会得到蓝紫、红紫。而红、黄、蓝混合在一起可成黑色或者深灰色。

以下为混合后的结果颜色。

红＋橙＝橙/红	蓝＋橙＝灰黑	绿＋黄＝黄/绿
红＋黄＝橙	蓝＋黄＝绿	绿＋白＝浅绿
红＋绿＝灰黑	蓝＋绿＝蓝绿	绿＋黑＝深绿
红＋蓝＝紫	蓝＋白＝浅蓝	紫＋红＝浅棕
红＋紫＝浅棕	蓝＋黑＝深蓝	紫＋橙＝赤褐
红＋白＝樱桃红	橙＋黄＝黄/橙	紫＋黄＝灰黑
红＋黑＝棕	橙＋绿＝红褐	紫＋绿＝黄褐
黄＋绿＝绿/黄	橙＋蓝＝灰黑	紫＋蓝＝蓝/紫
黄＋蓝＝绿	橙＋紫＝赤褐	紫＋白＝浅紫
黄＋紫＝灰黑	橙＋红＝红/橙	紫＋黑＝深紫
黄＋红＝橙	橙＋白＝樱桃红	
黄＋橙＝橙/黄	橙＋黑＝棕	
黄＋白＝浅黄	绿＋蓝＝蓝绿	
黄＋黑＝绿	绿＋紫＝黄褐	
蓝＋紫＝紫/蓝	绿＋红＝灰黑	
蓝＋红＝红紫	绿＋橙＝红褐	

颜色有数百万种，但颜色群里有着它们最基本的颜色，即原色。万千个颜色都是以原色按一定规律混合调配而成的成色。成色之间相互交错混合，产生了色的无穷变化。颜色按照其三属性的基本特征，按有彩色与无彩色的规律进行多种变化，形成无数种颜色的组合。

人对颜色的视觉感是光刺激人的眼睛后，由人的视觉生理本能反应的结果，因此，人能看得到各种颜色。光的波长不同，其强度也不一样，同一种光源却能产生不同的颜色，所以辨别颜色仅靠人的眼睛是比较困难的，人们必须找出基本颜色，由此进行混合，才能使配色有规律可循。之所以称红、黄、蓝为原色，是因为这三种颜色是用其他任何颜色都不能调出来的，而以这三种基本色混合可以调出其他无数的颜色。

（1）三原色。红、黄、蓝是三原色。

（2）间色。以等比例的两种原色相配而形成的一种颜色称为间色。间色也只有三种，即红色＋蓝色为紫色，黄色＋蓝色为绿色，红色＋黄色为橙色。

（3）复色。两种间色混调或三原色按不同比例混调而形成的颜色为复色。

（4）补色。两种原色形成一个间色，另一种原色即为补色，如图2-2-4所示，黄色和紫色互为补色，绿色和红色互为补色，橙色和蓝色互为补色。

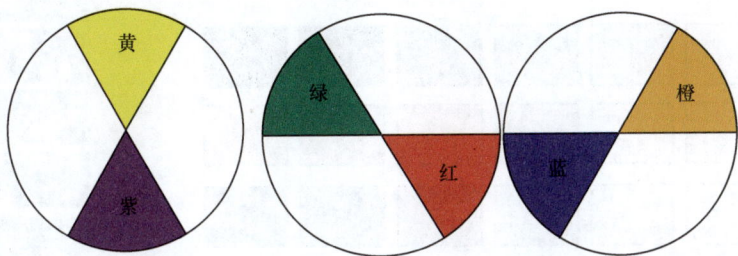

图 2-2-4　三原色的补色

如果混合两种补色，将得到一种灰暗的颜色，即这两种颜色相互减弱对方。所以在实际调色工作中，尽量不要使用补色。

在从事颜色系统的工作时需要用到红色、黄色、蓝色、绿色、黑色和白色，这六种颜色称为基本色。

（5）消色。在原色、复色中加入一定量的白色，可调出粉红、浅红、浅蓝、浅天蓝、淡蓝、浅黄、牙黄、奶黄等深浅不一的多种颜色；加入黑色可调出棕色、灰色、褐色、墨绿色等不同的颜色。由于白色和黑色起到了消色的作用，因此将白色和黑色称为消色。

2. 明度

明度是人们看到颜色所引起视觉上明暗（深浅）程度的感觉（通常用 L 表示），也称作亮度、深浅度、光度或黑白度，用来说明从有色物体表面反射能量的多少，表示物体的颜色在"量"方面的特性。

明度随光辐射强度的变化而变化，是由光波的振幅大小差异决定的。振幅大，明度就高；相反，振幅小，明度就低。明度是色彩的第二个最容易分辨出的属性，它表明某种色彩呈现出的深浅或明暗程度。同一色相可以有不同的明度，如图2-2-5所示，如红色就有深红、浅红之分。

不同色相也有不同的明度，如在太阳光谱中，紫色明度最低，红色和绿色明度中等，黄色明度最高，人们感到黄色最亮就是这个道理（通常把黄色称为安全色，如交警、环卫、特殊工种的制服往往为黄色，就是依据这个理论）。明度可标在刻度尺上，从黑至白依次排列，如图 2-2-6 所示（不同的表色体系，明度尺的级别数是不同的）。越接近白色，明度越高；越接近黑色，明度越低。因此无论哪个颜色加上白色，都会提高混合色的明度；而加入灰色，则要根据灰色深浅而定。

图 2-2-5　色彩的明度　　　　　　图 2-2-6　明度尺

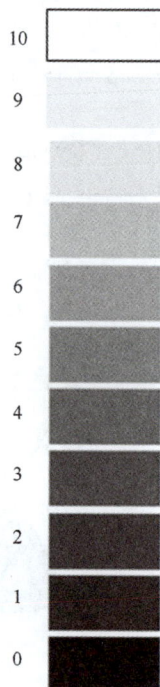

黑色颜料和白色颜料按分量比例递减，就可以制作出无彩色系的明度等差序列。将有色系的某一色彩按分量比例等差加入从黑到白色，就可以制作出该色彩的明度等差序列，如图 2-2-7 所示。在有彩色系列里不同的色彩明度本身也是不同的，以歌德对六色光谱红、橙、黄、绿、蓝、紫的明度比率划分为例，歌德把明度等级确定为九级，六色光谱中不同色相的明度比率为：红 6、橙 8、黄 9、绿 6、蓝 4、紫 3。

3. 彩度

彩度是表示颜色偏离具有相同明度的灰色的程度，是颜色在心理上的纯度感觉（通常以 C 表示）。彩度还有鲜艳度或饱和度之称。彩度是色彩的第三个属性，也是一种不易觉察并经常受到曲解的属性。只有比较同一色相和明度的两种颜色，我们才会意识到它的表现形式。进行这种比较时，我们通常会使

图 2-2-7　色彩的明度等差序列

用"鲜艳"或"黯淡"、"鲜亮"或"浑浊"这样一些词语来进行描述。如图 2-2-8 所示，

在图中央，颜色看上去很黯淡，而在图的外围颜色看上去则更加鲜亮，因此外围的彩度值要比中央处高。

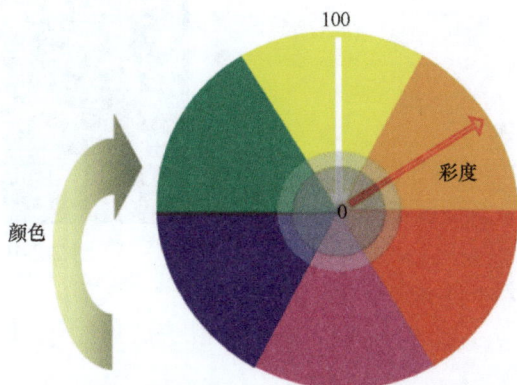

图 2-2-8　彩度表示

从图 2-2-9 中可以明显看出各种颜色的彩度变化。当某一颜色浓淡程度达到饱和，而又无白色、灰色或黑色掺入其中时，即称正色。在正色的基础上，若有黑色、灰色掺入，即为过饱和色；若有白色掺入，即为未饱和色。

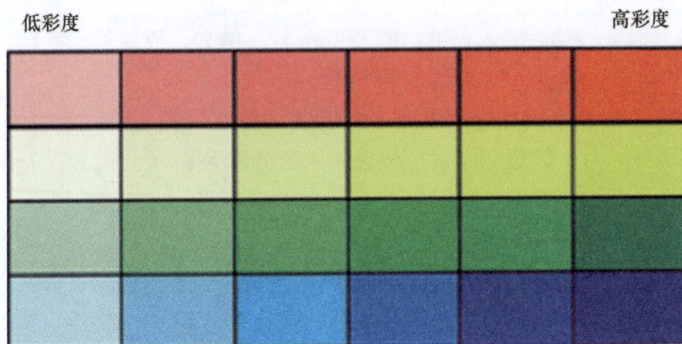

图 2-2-9　彩度变化

物体反射出的光线的单色性越强，物体颜色的彩度值越高。每个色相都有不同的彩度变化，正色（标准色）的彩度最高（其中红色最高，绿色低一些，其他居中），黑、白、灰的彩度最低，被定为零，称为消色或无彩色。除此之外其他颜色称为有彩色。有彩色有色相、明度和彩度变化；无彩色只有明度变化，没有色相和彩度变化。无彩色从白到黑的不同层次为明度等级，从 0 ~ 10 共 11 个等级。

同一色彩加黑、加白在改变该色彩明度的同时，彩度也相应地改变，因此，同一色相的彩度与明度相关，加的黑或加的白越多，彩度就越低。

4. 颜色坐标

为了准确地描述某一个颜色，人们发明了颜色三维坐标，如图 2-2-10 所示。其中 "L" 表示明度，相当于空间三维坐标的 z 坐标，共分 100 个等级；"a" 表示红绿值，相当于空间三维坐标的 x 坐标值；"b" 表示黄蓝值，相当于空间三维坐标的 y 坐标值。这样在颜色三维坐标中的任何一点，均可用 L、a、b 三个具体的数值来表示；同样，任何一组 L、a、b 数值，可确切地表示某一个颜色。

5. 颜色命名

（1）系统命名规则。

① 消色（非彩色）类。

色相修饰语 + 消色基本色名 = 色名

色相修饰语分为：带红的、带黄的、带绿的、带青的、带紫的。

图 2-2-10　颜色三维坐标

消色的基本色名分为下列 5 个等级：白色、明亮的灰色、灰色、暗灰色、黑色。例如，带青的 + 明亮的灰色 = 带青的明灰色。

② 彩色类。

色相修饰语 + 明度及彩度修饰语 + 彩色基本色名 = 色名

彩色的基本色名有 10 种：红色、黄红色、黄色、黄绿色、绿色、青绿色、青色、青紫色、紫色、红紫色。例如，带红的 + 暗灰 + 紫 = 带红的暗灰紫。

色相修饰语有一定的适用范围，一般不能修饰相反色相和相同色相的基本色名。例如，带绿的红色实际不存在，带绿的绿色也不合理。

（2）其他命名方式。

① 习惯命名。以花、草、树木、果实的颜色命名。例如，玫瑰红、桃红、草绿、荷叶绿、橄榄绿、檀紫、竹叶绿、苹果绿、葱绿、橙黄等。

② 以动物的特色命名。例如，鹅掌黄、鼠背灰、鸽灰、孔雀蓝、蟹青等。

③ 以天、地、日、月、星辰、山水、金属、矿石的颜色命名。例如，天蓝、土黄、月灰、水绿、金黄、银灰、石绿、翠绿、钴蓝、铅白、锌白、湖蓝、石青等。

④ 以染料或颜料色的名称命名。例如，苯胺紫、甲基红等。

⑤ 以形容色相的深浅、明暗等的形容词命名。例如，朱红、蓝绿、紫灰、明绿、鲜红等。

⑥ 以古今中外词汇中常用的抽象名词或形容词命名。例如，钴绿、满江红等。习惯称呼的颜色名称有酱紫、肉色等。

> **注意**
>
> 必须了解和掌握颜色属性和特点，清楚两个或多个颜色相加的变化，才能在调色时做到心中有数。

6. 我国漆膜颜色标准样本

我国漆膜颜色标准规定了色漆漆谱的颜色标准及其使用方法。漆膜颜色标准样本适用于色漆生产和使用部门，在配制和选择色漆的颜色时使用。其目的是统一部分色漆产品相同颜色的名称。颜色标准样本包括了目前经常生产和使用的主要色漆产品的颜色，共 51 个，各颜色的编号和名称见表 2-2-1。

表 2-2-1　　　　　　　　　　　　　　我国漆膜颜色标准的编号与名称

编号	颜色名称	编号	颜色名称	编号	颜色名称
P01	淡紫色	BG02	湖绿色	Y04	象牙色
PB01	深铁蓝色	BG03	宝绿色	Y05	柠黄色
PB02	深酞蓝色	BG04	鲜绿色	Y06	淡黄色
PB03	中铁蓝色	G01	苹果绿色	Y07	中黄色
PB04	中酞蓝色	G02	淡绿色	Y08	深黄色
PB05	海蓝色	G03	艳绿色	Y09	铁黄色
PB06	淡酞蓝色	G04	中绿色	Y10	军黄色
PB07	淡铁蓝色	G05	深绿色	YR01	淡棕色
PB08	蓝灰色	G06	橄榄绿色	YR02	赭黄色
PB09	天酞蓝色	GY01	豆绿色	YR03	紫棕色
PB10	天铁蓝色	GY02	纺绿色	YR04	橘黄色
B01	深灰色	GY03	橄榄灰色	YR05	棕色
B02	中灰色	GY04	草绿色	R01	铁红色
B03	淡灰色	GY05	褐绿色	R02	朱红色
B04	银灰色	Y01	驼灰色	R03	大红色
B05	海灰色	Y02	珍珠色	R04	紫红色
BG01	中绿灰色	Y03	奶油色	RP01	粉红色

二、表色体系

表色体系是人们为了让色彩原理在日常生活、设计与生产实践中得到更方便的应用，而对色彩的三要素进行的系统化表述。

人类对于色彩的描述在我国的战国时期和欧洲的古希腊时代就有了，但对于表色体系的表述在欧洲文艺复兴时期才逐步完善起来。1704 年，英国物理学家牛顿（Isaac Newton，1643 年—1727 年）撰写的《光学》中阐述了色彩的问题。在之后的 200 多年里，有许多科学家相继发表文章，提出了对表色体系的看法，这些都成为近代色彩视觉理论的基础。

1. 国际主要表色体系

（1）孟塞尔（Munsell）表色体系。1905 年，美国的色彩学家孟塞尔（H. A. Munsell）创立了色立体的概念，如图 2-2-11 所示，并于 1915 年出版了《孟塞尔色彩图谱》，提出色彩的三要素，其理论影响很大。美国的国家标准局和美国的光学协会分别于 1929 年和 1943 年修订了《孟塞尔色彩图谱》，1973 年出版了 *Munsell Book of Color*（《孟塞尔色彩图册》），其中有 1105 张颜色样品图，成为美国统一使用的色彩手册。这就是人们经常提到的孟塞尔表色体系。

（2）奥斯特瓦德（Ostwald）表色体系。1922 年，德国物理化学家奥斯特瓦德（W. F. Ostwald）创立了奥斯特瓦德表色体系，1931 年出版了《色彩科学》一书，奥斯特瓦德表色体系成为近代的两大表色体系之一。1955 年，德国的光学协会对奥斯特瓦德表色体系做了修订测试，使之成为德国的工业标准色体系，即 "DIN"。

（3）日本 PCCS 表色体系。日本色彩研究所在 1951 年制定出一套新的色彩标准，1964 年，日本色彩研究所对孟塞尔表色体系进行了修订，发布了 PCCS 表色体系（Practical Color Coordinate System），并于 1978 年出版了《色彩世界 5000》。这个色彩系统将孟塞尔表色体系变得更为完善和科学，增加了 8 个色相，将明度的等级差由原来的 1 改为 0.5，色彩的彩度值从原来的 2 改为 1，这样一来，颜色的样品图达到了 5000 张。

目前，欧洲大多数国家使用"DIN"表色体系，美国等一些美洲国家多使用孟塞尔表色体系，而在亚洲地区，不少国家使用日本的 PCCS 表色体系。

2. 色立体

色立体就是借助三维空间把色彩的三要素（即明度、彩度、色相）分别用垂直、水平和不同位置的球面来表示。色立体是不同表色体系的重要组成部分。

如果理想化地把色立体想象为一个标准的球体，那么球体的垂直轴由下至上就是从黑到白的变化，水平最大圆周面就是纯色色相环的位置，由色相环向中心轴色彩彩度逐渐降低，向上方明度逐渐提高，向下方明度逐渐降低，球的中心轴由下到上为无色系的黑色过渡为白色，球心是灰色的，如图 2-2-12 所示。这样，每一种颜色在色立体中就有一个确切的位置；或者说，色立体中的某一确定位置，即代表某一种颜色。

图 2-2-11　孟塞尔色立体　　　　图 2-2-12　色立体示意图

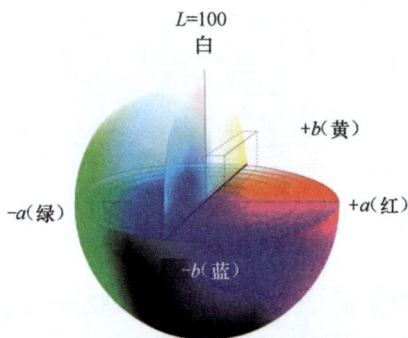

（1）用途。色立体形象地表现了色彩自身的逻辑关系，并能把如此全面丰富的色彩集合在一起进行细微的比较，形象地表明了色相、明度、彩度间的相互关系，有助于色彩的分类、研究、应用，有助于对色彩规律的科学认识和理解，并能启发色彩设计者对色彩的自由联想，以更具有创造性地将色彩搭配在色彩实践中。根据色立体可以对生活中的环境与商业设计的色彩进行任意的调配，便于设计者创作出理想的色彩效果。色立体建立了标准化的色谱，给色彩的使用和管理带来了很大的方便，尤其对颜料制造和着色物品的工业化生产的标准的确立、产品色彩设计、环境艺术设计、空间色彩设计更为重要。

（2）种类。

① 孟塞尔色立体。孟塞尔色立体以红（R）、黄（Y）、绿（G）、蓝（B）、紫（P）为基本色，在相邻的基本色间又增加了 YR（黄红）、YG（黄绿）、BG（蓝绿）、BP（蓝紫）、RP（红紫）5 种间色，形成 10 种核心色相，然后，把每一种色相分为 10 个等差度，并标注从 1 到 10 的序号，构成了 100 种色相。1973 年出版的《孟塞尔色彩图册》采用的是 40 色相环，如图 2-2-13 所示。

孟塞尔色立体中间是一根垂直的轴，体现了明度上的等级差。孟塞尔的明度等级为 11 级，上面是白色，明度为 10 级，下面是黑色，明度为 0 级，中间分为 9 个等级。而每一种色相通过色彩的彩度变化形成一个平面的三角形态，三角形与色相对应的那条边就与中心轴贴在一起。色相与中心轴可以有一个关系，这就是色相的彩度等级序列，越靠近中心轴，色彩的彩度就越低。色相与明度轴的顶端相联系，明度不断提高，而彩度不断降低；色相与明度轴的底端相联系，则明度不断降低，而彩度也不断降低。中心轴的色彩彩度为 0。当某一色相与中心轴的 11 个明度等级按照不同的比例来配色时，就形成了每一色相的彩度渐变三角形。100 个三角形与中心轴相连，便形成一个立体状的结构，如图 2-2-14 所示。

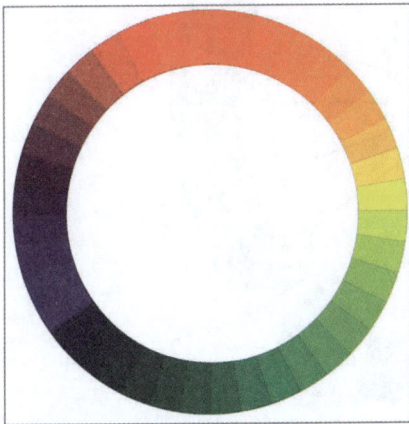

图 2-2-13　孟塞尔 40 色相环

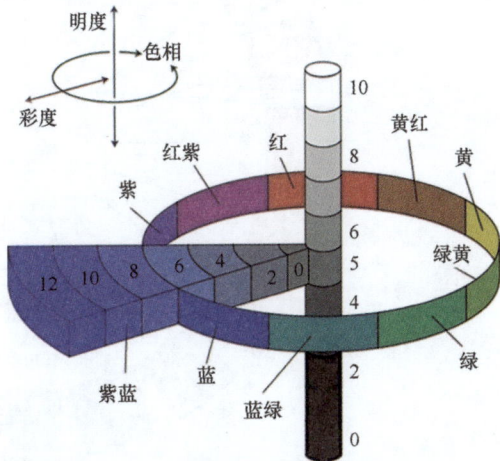

图 2-2-14　孟塞尔色立体构成示意图

由于每一色相的明度是不同的，所以对于中心轴来说，各种不同的色相处在不同的明度水平高度上；由于各种色相的彩度等级不同，因此与中心轴的水平距离也不同。红色的彩度为 14，是彩度等级中的最高值。蓝绿色的彩度值为 6，黄色的彩度仅为 5，如图 2-2-15 所示。所以，这个色立体看起来并不是一个很规则的立体状。为了形象地表示色立体，以便于分析颜色，人们设计制造了色立体模型，如图 2-2-16 所示。

图 2-2-15　颜色的彩度等级

图 2-2-16　孟塞尔色立体模型

在使用孟塞尔表色体系的国家中，颜色的标注方法是"HV/C"，"H"是"Hue"的缩写，表示色相；"V"是"Value"的缩写，表示明度；"C"是"Chroma"的缩写，表示彩度。例如，5RP4/12，指的是色相为纯红紫色，如图 2-2-17 所示，它的明度等级是 4，它的彩度等级是 12。从明度等级上看，纯红紫色明度是不高的，而从红紫色来说，彩度 12 是最高的彩度等级。

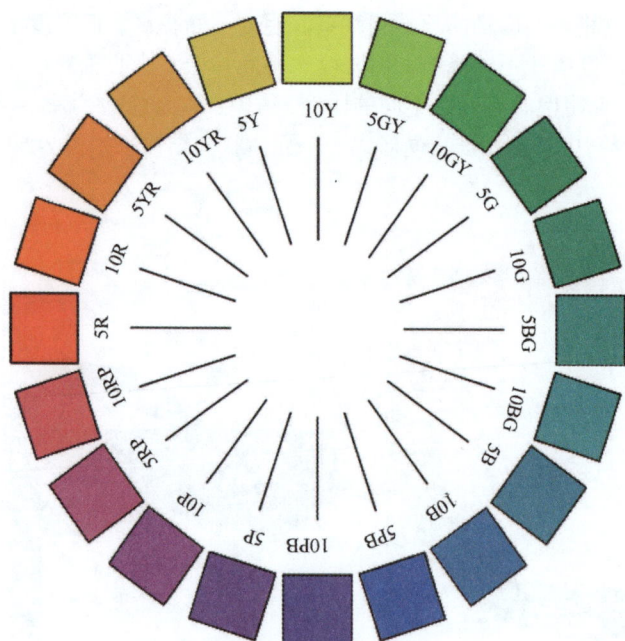

图 2-2-17　色相代号

② 奥斯特瓦德色立体。奥斯特瓦德色立体以赫林的心理四原色黄、蓝、红、绿为基础，将四色分别放在圆周的四个等分点上，成为两组补色对；然后在两色中间依次增加橙、蓝绿、紫、黄绿四色相，总共八色相，色相顺序（顺时针）为黄、橙、红、紫、蓝、蓝绿、绿、黄绿；最后每一色相再分为三色相，成为 24 色相的色相环。色相以逆时针方向排列，按顺时针方向由黄到绿以 1～24 的编号标定色相，如图 2-2-18 所示。

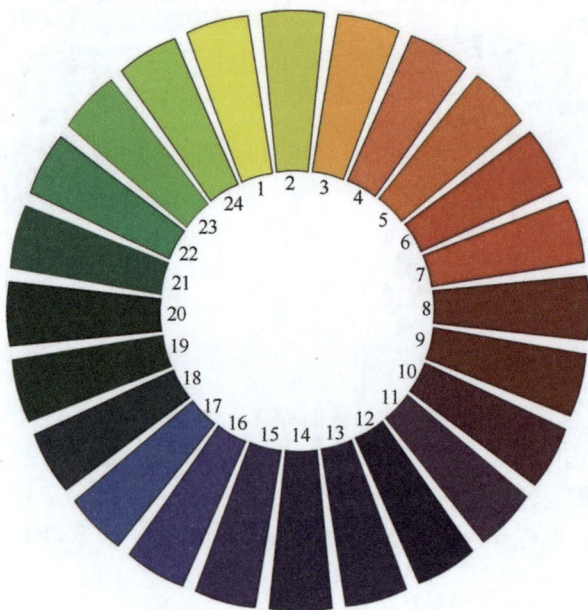

图 2-2-18　奥斯特瓦德色相环

取色相环上相对的两色在回旋板上回旋成为灰色，所以相对的两色互为补色。把 24 色相的同色相三角形按色相环的顺序排列成为一个复圆锥体，就是奥斯特瓦德色立体，其外观规则、整齐，如图 2-2-19 所示。

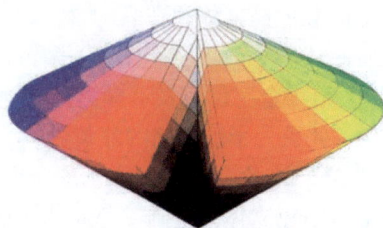

图 2-2-19　奥斯特瓦德色立体示意图

奥斯特瓦德色立体明暗系列中心轴分为 8 级，以字母 a、c、e、g、i、l、n、p 表示，a 为白，p 为黑。不同的字母表示不同的黑白含量，见表 2-2-2。奥斯特瓦德认为在实际的色彩中不存在纯白和纯黑，奥斯特瓦德色立体中的白（a）含有 11% 的黑，奥斯特瓦德色立体中的黑（p）含有 3.5% 的白。

表 2-2-2　　　　　　　奥斯特瓦德色立体中心轴明暗系列等级的黑白含量 （%）

标号	a	c	e	g	i	l	n	p
含白量	89	56	35	22	14	8.9	5.6	3.5
含黑量	11	44	65	78	86	91.1	94.4	96.5

奥斯特瓦德色立体以无色系明度中心轴为三角形的一条边，其对应的顶点为纯色，上边 8 等分为明色，下边 8 等分为暗色，位于三角形中间部分的 28 个含灰色，如图 2-2-20 所示。

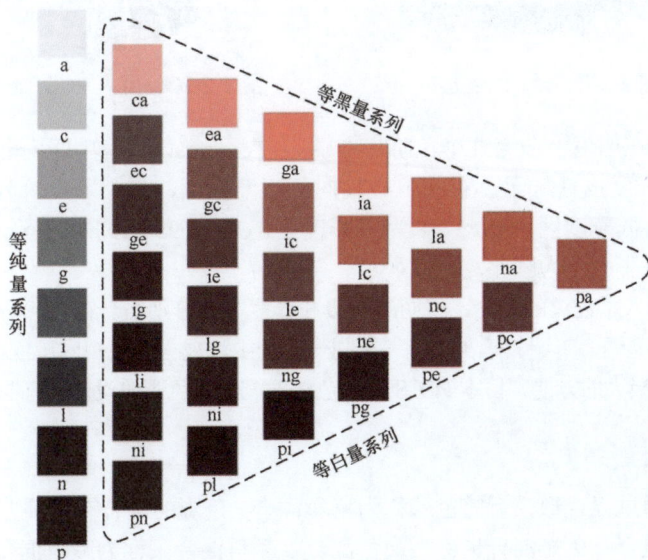

图 2-2-20　奥斯特瓦德色立体立剖面

奥斯特瓦德表色体系的色彩记号表述方法为"色相号／含白量／含黑量"。例如，8ga 表示：8 号色（红色），g 含白量为 22%，a 含黑量为 11%，色标是浅红色；16ga 表示：16 号色（蓝色），g 含白量为 77%，a 含黑量为 11%，色标为浅蓝色。

奥斯特瓦德色立体没有明确的彩度等级，与明度中心轴平行的色彩为等纯量系列，每一色标的彩度高低体现在它的含白、含黑、含色的比例上，计算公式为：含白量＋含黑量＋含色量＝100%。如色标1ia，1为黄色，第一个字母i为含白量，根据表2-2-2得出含白量为14%；第二个字母a表示含黑量为11%，该颜色彩度量（含色量）＝100%–（14%＋11%）＝75%，此色为彩度较高的浅黄色。

③ 日本色立体。日本色彩研究所于1964年正式发布PCCS表色体系，PCCS表色体系以孟塞尔色立体为基础，色立体的形状与孟塞尔色立体极为相似，如图2-2-21所示。

PCCS表色体系以红、橙、黄、绿、蓝、紫为基准，以等间隔色差比例分成十二色，在十二色基础上再以等间隔色差为依据分为二十四色，形成日本PCCS 24色相环，包括红、红味橙、红橙、橙、橙味黄、黄、黄味绿、黄绿、绿味黄、绿、绿青、青味绿、青、青味紫、青紫、紫味青、紫（20P）、紫（21P）、红味紫、紫味红、红紫等24个色相。该色相环强调等差色相，如图2-2-22所示。

图 2-2-21　日本色立体　　　　　图 2-2-22　日本 PCCS 色相环

PCCS色相环在明度上分为九个色阶，上端为白，下端为黑，中间为七个色差相等的渐变灰色。色彩的彩度也是从无色彩的中心轴向外逐渐提高，最大彩度阶为九阶，彩度用S表示，1S～3S为低彩度区，4S～6S为中彩度区，7S～9S为高彩度区。PCCS的表色法以"色相－明度－彩度"为顺序。

日本色立体加入了色调的概念，将明度等级和彩度等级分别组合在一起，形成不同的色调，如浅调、浅灰调、亮调、暗调、暗灰调等。在同一色调中，视觉效果相同，色相不同，这就为实际设计配色提供了极大的方便。日本PCCS的表色法对配色与色彩的设计具有明显的实用价值。

三、色彩混合

不同的色彩通过混合形成新的色彩称为色彩混合。色彩的混合有三种方式，即色光混合、颜料混合和视觉混合。色光混合也称为加色混合，颜料混合又称为减色混合，视觉混合也称为空间混合。空间混合也是颜料混合，但不是颜料间直接调和，而是依靠色点、色线或色块的并置，通过一定的观看距离在视觉中产生的混合。

1. 加色混合

加色混合的结果是色彩的彩度不变，而明度增加。如图2-2-23所示，将色光的三原色中的每两种色光混合透射到白色平面屏幕上，红光和绿光叠射出黄色，红光和蓝光叠射出品红色，蓝光和绿光叠射出青色，黄色、品红色、青色是光色三间色。红光、绿光、蓝光三种色光完全混合，叠射出的是白色。

2. 减色混合

减色混合的结果是彩度降低。颜料混合得越多，色彩的彩度就越低。颜料三原色：蓝（青色，Cyan）、红（品红，Magenta）、黄（Yellow）中两个原色相互混合，调配出颜料三间色：橙色、绿色、紫色，颜料的三原色完全混合调配出黑色，如图 2-2-24 所示。汽车涂装的涂料就是通过减色混合法调色的。

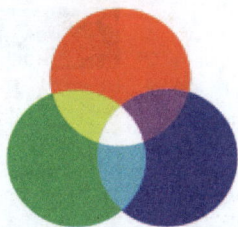

图 2-2-23　加色混合法　　　　　　　图 2-2-24　减色混合法

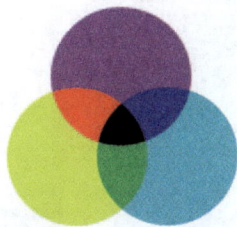

四、色彩推移

色彩的基本属性（也就是色彩的三要素，即色相、明度、彩度）理论上非常简单，容易理解，但是要想把色彩的三要素运用到调色实践中，在色彩设计中轻松自如地驾驭色彩的基本属性，还得需要大量的调色实践，完成一定数量的有针对性的调色任务。色彩的推移训练就是行之有效的学习方法。

色彩的推移是指对色彩的三要素的某一要素进行渐变的表现，通过对该属性的渐变推移绘制，深化对该属性的理解认识。

1. 色相推移

色相的推移就是对色相进行渐变的推移表现绘制。

色相的渐变推移的依据就是色环。虽然不同表色体系有不同的色相环，但是在色相环上相邻的色彩都是按一定等级关系渐变组合的。在完成色相推移任务时，要把握好色相推移渐变的等级关系。在一幅推移画面内不同色相之间的推移级差尽量一致。

色相渐变的调色方法就是逐渐调入邻近色，绘制出多层次色相图，如图 2-2-25 所示。

2. 明度推移

明度的推移就是对色彩的明度进行渐变的推移表现绘制。

明度渐变的调色方法就是在色彩中加入不等量的白色或黑色。目前各国运用的明度等级表主要有三种：11 个等级（孟塞尔表色体系）、8 个等级（奥斯特瓦德表色体系）、9 个等级（日本 PCCS 表色体系）。以孟塞尔表色体系为例，白色的明度为 10，黑色的明度为 0，各种明度的等级差为 1。

改变色彩明度的方法，即参照色彩表色体系的明度等级关系，把无色彩的白色与无色彩的黑色用不等量调和，就能产生不同的灰色。把不等量的灰色按一定的规则排列，就是色彩的明度等级表。

把色彩的各种色相与白色、黑色不等量地调和，就能产生不同颜色的明度等阶，如图 2-2-26 所示。

3. 彩度推移

彩度的推移就是对色彩的彩度进行渐变的推移表现绘制。

改变色彩彩度的方法就是在色彩中加入其他颜色，包括黑色、白色、灰色、间色、复色等，如图 2-2-27 所示。

图 2-2-25　色彩的色相推移　　　　图 2-2-26　色彩的明度推移　　　　图 2-2-27　色彩的彩度推移

□ 任务总结 □

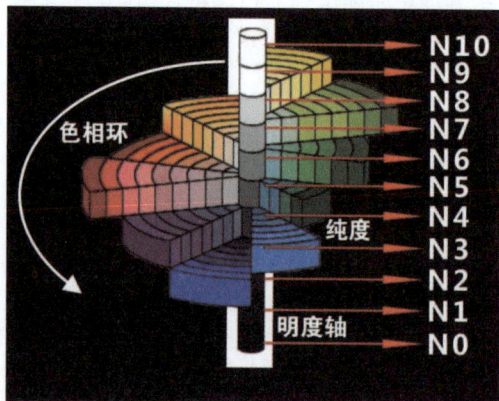

1. 色彩的三要素

（1）色相。色相是颜色之间的区别，表示物体的颜色在质的方面的特性。

① 三原色：红色、黄色和蓝色。

② 三间色：橙色、绿色和紫色。

③ 复色：两种间色混调或三原色按不同比例混调而形成的颜色。

④ 补色：两种原色形成一个间色，另一种原色即为补色。

⑤ 基本色：红色、黄色、蓝色、绿色、黑色和白色，这 6 种颜色叫基本色。

（2）明度。明度是人们看到颜色所引起视觉上明暗（深浅）程度的感觉。

① 每一种颜色的明度都有所不同。

② 颜色加上白色会提高明度，加入灰色会降低明度。

（3）彩度。彩度是颜色在心理上的纯度感觉。

① 物体反射出的光线的单色性越强，物体颜色的彩度值越高。

② 同一色彩加黑、加白可改变明度、彩度。

2. 表色体系

（1）定义：表色体系是人们对色彩原理及色彩的三要素进行的系统化表述。

（2）国际主要表色体系：孟塞尔表色体系、奥斯特瓦德表色体系、日本 PCCS 表色体系。

（3）色立体：借助三维空间来表示色彩的三要素（明度、彩度、色相）的立体球面。

① 用途：色立体表明了色相、明度、彩度间的相互关系。

② 种类：孟塞尔色立体、奥斯特瓦德色立体、日本色立体。

3. 色彩混合

（1）定义：不同的色彩通过混合形成新的色彩。

（2）方式：加色混合、减色混合和视觉混合。

4. 色彩推移训练

（1）色相推移：对色彩的色相进行渐变的推移表现绘制。

（2）明度推移：对色彩的明度进行渐变的推移表现绘制。

（3）彩度推移：对色彩的彩度进行渐变的推移表现绘制。

□ 问题思考 □

1. 什么是色相？三原色指的是哪三种颜色？为什么称其为三原色？

2. 名词解释：间色、复色、补色、消色。

3. 调色时，为什么尽量不用补色？

4. 什么是明度？要想提高涂料的明度，应怎样做？

5. 名词解释：正色、过饱和色、未饱和色。

6. 什么是有彩色和无彩色？它们之间的区别是什么？

7. 什么是表色体系？国际主要表色体系有哪些？

8. 什么是色立体？它有什么用途？

9. 什么是色彩的混合？它有哪几种方式？

学习任务三 色彩对比与调和

□ 学习目标 □

1. 能够正确描述色彩的冷暖感、远近感、轻重感、动静感。

2. 能够正确描述色彩对比的种类及方法。

3. 能够正确描述色彩调和的种类及方法。

4. 能够通过色彩感觉、对比和调和的基本训练和创作实践，掌握色彩对比的基本规律与创作应用方法。

············□ **相关知识** □············

一、色彩感觉

1.冷暖感

冷暖感与色彩的光波长短有关，光波长的给人以温暖感受，为暖色；而光波短的则反之，为冷色。色彩的冷暖感主要是色彩对视觉的作用而使人体感官所产生的一种主观感受。色彩本身无所谓冷暖，只是不同的色彩作用于人的感官，会在每个人的心理上引起一些冷或暖的感觉和反应。

（1）产生原因。当人们在燃烧的篝火旁和看到升起的红日时都会产生温暖的感觉，因此，红色给人类共同的温度感觉是暖；当人们面对蔚蓝的大海和站在晴空下的阴影中时就会产生清新凉爽的感觉，因此，蓝色给人类的共同感觉是冷。

从物理学的角度讲，波长长、动态大的色彩为暖色，如红色、橙色；波长短、动态小的色彩为冷色，如蓝色、蓝绿色。

从色彩本身所导致人的生理反应看，红色、橙色能使人心跳加快、血压升高，让人产生热的感觉；蓝色、蓝绿色使人心跳减慢、血压降低，让人产生冷的感觉。

（2）应用。色彩的冷暖感可以直接应用于人类生活、工作空间及各类商业设计，如工厂车间、学校教室、办公场所、客厅卧室、汽车内饰、产品设计、服装设计、包装设计、广告设计等。经科学实验证明，在一个蓝绿色空间里工作和在一个红橙色空间里工作，人们主观的冷暖感觉相差3℃左右。这就有了较强的实用价值，即可在夏天把工作生活的环境布置成冷色调，在冬日布置成暖色调。

色彩的冷暖不能简单孤立地去评判和应用，冷暖是相比较而言的，是通过色彩的组合相互对比衬托出来的。如同一景物用不同的色彩构成，即产生不同的冷暖感觉，如图2-3-1所示。

(a) 暖色调　　　　　　　　　　　　　　　　(b) 冷色调

图2-3-1　同一景物不同色调冷暖感觉

（3）冷色与暖色。如图2-3-2所示，在色相环上橙红色及相邻区域为暖色区域，蓝色及相邻区域为冷色区域。

橙色为暖极色，就是感觉最暖的色彩；蓝色为冷极色，为感觉最冷的色彩。离暖极色越近的色彩感觉越暖，如红色、黄色；离冷极色越近的色彩感觉越冷，如蓝绿色、蓝紫色。

（4）特点。

① 暖色的特点：暖色具有热烈、扩展、前进、亲和、积极的特性。暖色与阳光、不透明、刺激、稠密、近距离、沉重、干燥、热烈的感觉相关联。

② 冷色的特点：冷色具有镇静、收缩、后退、冷漠、消极的特性。冷色与阴影、透明、稀薄、远距离、轻盈、潮湿、理智、冷静的感觉相关联。

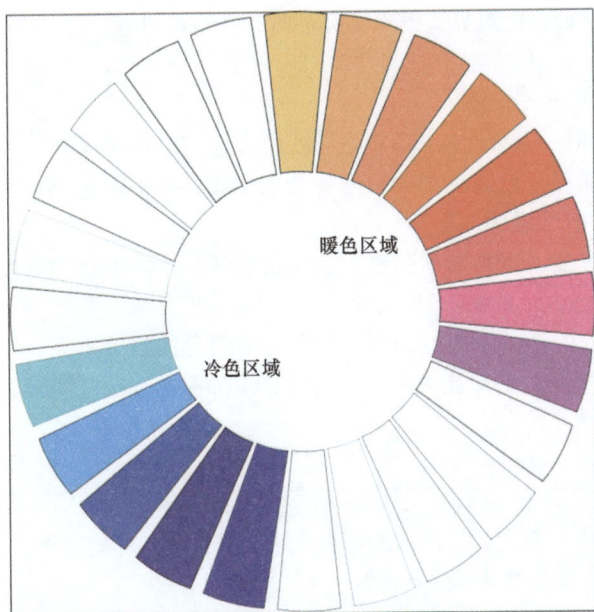

图 2-3-2　色相环中的色彩冷暖区域

思考

　　生活中，有哪些色彩让我们感到冷或暖？例如，在炎炎夏日，走到一个橙红相间的操场中，会是什么感觉？

2. 远近感

　　色彩的远近感是指色相、明度、彩度、面积等多种对比而造成的错觉现象。红、橙、黄等色系看起来有迫近感，称为前进色，青、蓝、绿等冷色系有后退之感，称为后退色。色彩的前进与后退还与背景密切相关，面积对比也很重要。色彩的进退效果在二维画面上可以造成空间感，色彩的远近感能使人产生各种美妙构想，并使画面主题得以突出，如图 2-3-3 所示。

　　（1）产生原因。

　　① 色彩的冷暖。眼睛在同一距离观察不同波长的色彩时，波长长的暖色如红、橙等色，在视网膜上形成内侧映像；波长短的冷色如蓝、紫等色，则在视网膜上形成外侧映像。因此暖色好像在前进，冷色好像在后退。

图 2-3-3　色彩的远近感示意

　　② 色彩的明度。明度高的色彩具有前进感；明度低、色相不明确的色彩具有后退感。

　　③ 色彩的彩度。高彩度的色彩具有前进感，低彩度的色彩具有后退感。

④ 色彩存在的背景。色彩与背景对比强烈时，具有前进感；色彩与所处的环境对比模糊时，具有后退感。

（2）表现方法。

① 改变色彩的冷暖。若想让色彩有前进感就用暖色，若想让色彩产生空间后退感就用冷色。

② 改变色彩的明度。提高色彩的明度就会增加该色彩的前进感，降低色彩的明度就会让该色彩比之前更具有后退感。

③ 改变色彩的彩度。用高彩度的色彩表现前进感，用降低色彩彩度的方法使色彩具有后退感。

④ 改变色彩存在的背景。通过加强主体色与背景色的对比关系，可以强化主体色的前进感；减弱主体色与背景色的对比关系，就可以让主体色的视觉空间有后退感。

思考

色彩表现为调色、改色、汽车彩绘等色彩设计提供了相应的理论基础。这在汽车喷涂和汽车美容中可以为我们带来哪些启发？

3. 轻重感

物体表面的色彩不同，看上去也有轻重不同的感觉，这种与实际重量不相符的视觉效果，称之为色彩的轻重感。感觉轻的色彩称为轻感色，如白、浅绿、浅蓝、浅黄色等；感觉重的色彩称为重感色，如藏蓝、黑、棕黑、深红、土黄色等。

（1）产生原因。

① 色彩的轻重感主要取决于色彩的明度，明度高感觉轻，明度低感觉重。明度相同时，彩度高感觉轻，彩度低感觉重；暖色感觉重，冷色感觉轻。无色系中，白色感觉最轻，黑色感觉最重。在色相环中，黄色感觉最轻，紫色感觉最重。

图 2-3-4　色彩的轻重感示意

② 色彩的轻重感也和色彩存在的背景有关，同一个色彩主体，把它放在明度低于该色彩主体的背景前，就会产生轻的感觉；如果把它放在明度高于该色彩主体的背景前，该色彩主体就会产生重感，如图 2-3-4 所示。

（2）表现方法。

① 改变色彩的明度。提高色彩的明度可以使色彩感觉变轻，降低色彩的明度就会使色彩感觉变重。提高色彩明度的有效方法就是在原有色彩中调入白色或高明度的色彩，降低色彩明度的方法就是在原有色彩中调入黑色或其他低明度的色彩。

② 改变色彩的彩度。在明度相同的基础上，可以通过提高彩度使色彩感觉变轻，降低彩度使色彩感觉变重。

③ 改变色彩冷暖。让色彩变暖可以使色彩感觉更重，让色彩变冷可以使色彩感觉更轻。

④ 改变主体色彩存在的背景。如果想让色彩主体感觉轻，就让背景色彩的明度低于主体色彩的明度；如果想让色彩主体感觉重，就让背景色彩的明度高于主体色彩的明度。

4. 动静感

色彩的动静感也称奋静感，是指人的情绪在视觉上的反映。红、橙、黄给人以兴奋感，青、蓝、绿给人以安静沉着感，绿和紫属于中性，介于两者感觉之间。白和黑以及彩度高的色彩给人以紧张感，灰色及彩度低的色彩给人以舒适感。色彩的动静感是来源于人们的联想，它与色彩对心理产生的作用有密切关系，色彩的动静感影响着画面的色调、气氛与意境，如图 2-3-5 所示。

图 2-3-5　画面的动静感示意

（1）产生原因。

① 彩度高的色彩，运动感强，彩度低的色彩使人感觉安静。

② 暖色运动感强，冷色让人安静。

③ 高明度的色彩运动感强，低明度的色彩具有静止感。

④ 色彩的动静感同样和色彩环境有关：色彩对比强烈，运动感强；色彩统一调和，运动感弱。

（2）表现方法。

① 改变色彩的彩度。提高色彩的彩度可以增强色彩的运动感，减低色彩彩度则容易使人变得安静。

② 改变色彩的冷暖。如果要使色彩具有运动感，可选用橙红系列的暖色，若要表现色彩的安静感就选用蓝绿系列的冷色。

③ 改变色彩的明度。提高色彩的明度，运动感就会增强；降低色彩的明度，色彩就会表现出静止感。

④ 改变色彩的环境。加强色彩间各要素的对比关系，可以表现出强烈的运动感；减弱色彩的对比，让色彩间统一调和，就可以表现宁静的感觉。

5. 季节感

色彩的季节感就是人类对色彩产生的春夏秋冬不同季节的感觉。

（1）产生原因。

春夏秋冬四季的更迭是自然规律，人类生存在地球上不断地感受和体验着季节的变换，在体验之中对不同的季节会形成不同的色彩感觉和印象。

春天万物复苏，充满希望；夏天万物生长，生机无限；秋天万物成熟，收获果实；冬天万物修整，归于沉寂，等待下一个自然的轮回。人们可以把自己对四季的感悟，转化为色彩的世界。

（2）表现方法。

① 以季节本身的自然色彩来表现。

● 春天，万物复苏，除了发芽的种子，还有桃花等浅色花朵的开放，所以浅绿色、浅粉色是春天的色彩，如图 2-3-6 所示。

● 夏天，万物生长，深绿色是夏天大自然的色彩，夏天除了浓重的绿色还有火红的骄阳及牡丹等色彩浓艳的鲜花，所以浓重的绿色、饱和的红色是夏天的色彩，如图2-3-7所示。

图2-3-6　春天的色彩

图2-3-7　夏天的色彩

● 秋天，绿色逐渐消退，果实成熟，金黄色、红色、褐色是秋天的色彩，如图2-3-8所示。

● 冬天，万物休寂，雪花的白色、冰晶的蓝色、土地的本色是冬天的色彩，如图2-3-9所示。

图2-3-8　秋天的色彩

图2-3-9　冬日的色彩

② 以季节蕴涵的意义来表现。

● 春天象征温暖与生命的希望，一切刚刚开始，与人类生命的童年相对应，充满童真、稚趣，高明度的浅纯色是春天的色彩。

● 夏天象征火热与生命的成长，与人类生命的青年相对应，充满生机活力，浓重的饱和色彩是夏天的颜色。

● 秋天象征丰收与生命的收获，与人类生命的中年相对应，是丰收的季节，是收获生命奋斗成果的季节，亮丽的暖色是秋天的色彩。

● 冬天象征寒冷与生命的暮年，与人类生命的老年相对应。高明度的冷色、浓重的黑色都是冬天的色彩。

6. 性别感

男女有别，不仅是生理上的区别，由生理结构所导致的生命分工等一系列男女差异也影响着男女之间对色彩的不同感觉与喜好。男女之间的色彩喜好也会随着年龄的增长而发生变化。把握不同性别色彩喜好的共性、掌握不同性别色彩感觉表现的方法，是色彩应用设计的基础之一。

通常，女性喜欢暖色、亮色，在女性的色彩表现上，多用高明度、高彩度、色相差别大的色彩组合；男性相对喜欢冷色、暗色，在男性的色彩表现上，多用低明度、低彩度、色相差别小的色彩组合。

但是，介绍色彩的性别感并不是要大家形成对颜色的刻板印象，每个人对色彩的喜好按照自己本身的个性选择即可。

男女常见的着装如图2-3-10所示。

图2-3-10 男女常见的着装

7. 年龄感

不同年龄的人对色彩的爱好是不同的，对不同年龄的色彩表现也应该是有区别的。在色彩的商业应用中，可以通过对不同年龄的人进行色彩喜好的调研，了解不同年龄人之间的色彩喜好差异，以此为依据，来设计相应的色彩应用。人生四个阶段如图2-3-11所示。

儿童是人生的春天，对未来充满希望。儿童的色彩应该明亮鲜嫩，以孟塞尔色立体为例，应该位于色立体的上半部分的外层。

青少年是人生的夏季，充满生机与活力。青少年的色彩应该鲜艳夺目，以孟塞尔色立体为例，应该位于色立体的中部的外层。

中年是人生的秋季，随着人生阅历的增加，生命变得厚重。中年的色彩应该厚重、成熟，以孟塞尔色立体为例，应该位于色立体的中下部的外层。

老年是人生的冬季，是自然轮回结束的季节。老年的色彩应该最为沉稳，以孟塞尔色立体为例，应该是位于色立体的垂直中心轴的附近、从上部到下部的低彩度的色彩。

儿童　　　　青少年　　　　中年　　　　老年

图2-3-11 人生四个阶段

8. 环境感

我们现在生活的世界到处都有人工的环境，从生活起居、工作学习到休闲娱乐，人们无法真正逃离钢筋水泥铸就的现实世界而回归大自然的怀抱。人们能做的就是让生活的环境更自然舒适，更符合人的生理与心理需求，色彩就是其中的重要组成部分。

这里所说的环境的色彩不是指环境本身的色彩，而是指对不同环境所产生的色彩感觉。

人在不同的环境中会产生不同的感觉，如学术报告厅和迪斯科舞厅，在色彩的感觉上就有明显的区别，学术报告厅色彩让人感觉安静淡雅，以高明度、低彩度、冷色系为主；迪斯科舞厅色彩让人感觉热烈、前进、运动，应以高彩度、暖色系、强对比的色彩表现为主，如图 2-3-12 所示。

在用色彩表现各种环境之前，要充分了解环境，对环境有尽量准确的把握。在此基础上，把自己对环境的感觉，用色彩准确传递出来。

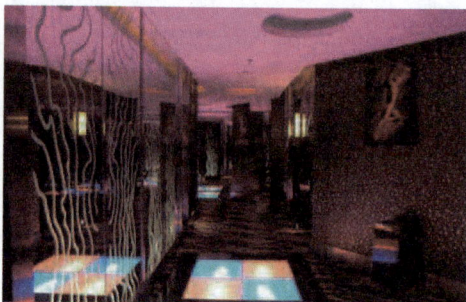

（a）报告厅 　　　　　　　　（b）迪斯科舞厅

图 2-3-12　不同功能建筑色彩的特点

9. 音乐感

发现七色光谱的牛顿就曾提出音乐的音节（1、2、3、4、5、6、7）是和光谱的色阶（赤、橙、黄、绿、青、蓝、紫）相对应的。声波和光波的传输从物理学的角度讲有许多共性。视觉艺术中的形式美法则直接借用了音乐的专业术语，即节奏与韵律，这本身就说明了听觉艺术与视觉艺术之间的内在关联。

抽象艺术大师康定斯基曾经这样把音乐与色彩联系在一起，他认为强烈的黄色就像尖锐的小号发出的音色，浅蓝色就像长笛的乐音，而深蓝色就像低音提琴的奏响。印象主义音乐大师德彪西也是一位把视觉和听觉联系在一起进行艺术创作的先行者，他直接用音乐来表现对色彩的印象。

听出味道，看出音乐，嗅出色彩，这是创造性思维训练的有效手段，通过视觉来表现听觉，把不同风格的音乐，用彩色的音符描绘成不同的色彩世界，让流动的音符在色彩中凝固。

音乐的表现方式与色彩的传达有许多相似之处。音乐与色彩都有调子，不同的调子能传递不同的情绪与感觉。音乐的色彩感觉是通过音乐元素的视觉化传达来实现的。

不同风格的音乐由不同的音节排列方式构成，与音乐相对应的，也应该有一个视觉上的色阶排列组合。音乐通过音节、音高、节奏的变换形成旋律。色彩通过色相、明度、彩度的变化营造视觉的审美意境。

用色彩来描绘音乐，是心灵间的交流，让动人的乐章在色彩表现中定格。

10. 文化感

"文化"是一个含义极广的概念，我国著名学者牟宗三认为文化是"生命人格之精神表现的形式"。"人类学之父"英国学者泰勒给文化下的定义是：文化是一个复杂的总体，包括知识、信仰、艺术、道德、法律、风俗，以及人类在社会里所得的一切能力与习惯。到19世纪末，文化开始意指"一种物质上、知识上和精神上的整体生活方式"。例如，东方文化、西方文化、印度文化、阿拉伯文化、玛雅文化等。

不同民族的文化通过不同的形式呈现出来。这些不同的文化表现形式，构成文化意义的符号，体现出不同文化的内在差异。

色彩也是不同文化的表现形式之一，把握好文化与色彩的整体对应关系，可以把色彩文化准确、有效地应用于生活实践，提升生存品质。

在进行文化的色彩表现时，首先要了解和学习要表现的文化，在学习的过程中通过分析、整理，概括出该文化的整体特征，根据该文化的整体特征找到自己对该文化的整体感觉，然后，把对该文化的整体感觉转化为色彩感觉表现出来。

思考

颜色具有灵性，具有生命感和文化感，对颜色的感觉，是生活习惯、生活阅历和心理活动等综合因素的一种心理感受。就如图 2-3-9 那样冬天的景色，如果将冰树换成翠绿的树木你还会觉得是冬天吗？如果再加点强烈的阳光，你又会觉得是哪个季节呢？

二、色彩对比

将两个或两个以上的不同色彩放在一起时，由于不同色彩的比较而产生的视觉效果差异，就是色彩对比。

对比就是比较两者之间的不同，如大小、长短、黑白、冷暖等。人类的视觉是通过对比作出判断的，例如，当我们把网球和乒乓球放在一起比较时，网球是大球；如果把网球和足球放在一起比较，网球就成了小球。色彩同样可以通过对比来加强或减弱视觉冲击效果。

色彩对比的种类有色相对比、明度对比、彩度对比、冷暖对比、补色对比、同时对比、继时对比、面积对比等。在人们观察色彩组合效果时，以上八种色彩对比都会在不同的程度上发挥独特的作用，它们都是色彩设计的基本手段，也是色彩学应用能力的重点。

1. 色相对比

（1）定义。将以色相的差异为主的色彩对比称为色相对比。

（2）决定因素。色相的差异大小由色相环上色彩的距离决定，二者成正比，如图 2-3-13 所示。

图 2-3-13　色相环距离不同色彩的对比组合

（3）种类（以红色为例）。

① 同类色对比。色相环上 30°以内的色彩对比就是同类色对比，如图 2-3-14 所示。
同类色对比有以下特点：色彩性质统一，色彩差异微弱，视觉和谐统一，但色彩对比极小，色相单调，如图 2-3-15 所示。

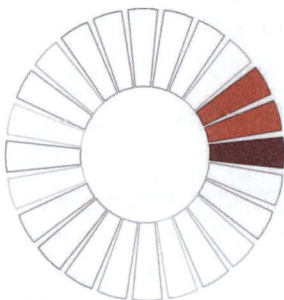

图 2-3-14　色相环上的同类色

图 2-3-15　同类色对比

② 邻近色对比。色相环在 30°～90°区间内的色彩对比就是邻近色对比，也可以叫作中度色差对比，如图 2-3-16 所示。

邻近色对比有以下特点：色彩性质上相近，较同类色比色彩有稍大的差异，整体视觉感受较和谐，但比同类色对比有生气，如图 2-3-17 所示。

③ 对比色对比。在色相环 90°～170°区间内的色彩对比就是对比色对比，如图 2-3-18 所示。

对比色对比（见图 2-3-19）有以下特点：色彩性质上不同，色彩差异较大，视觉感受上对比强烈，充满活力，但是应用不当会出现不和谐因素。

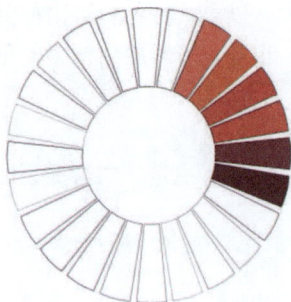

图 2-3-16　色相环上的邻近色

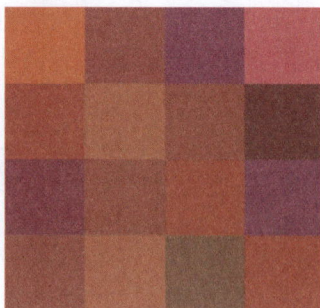

图 2-3-17　邻近色对比

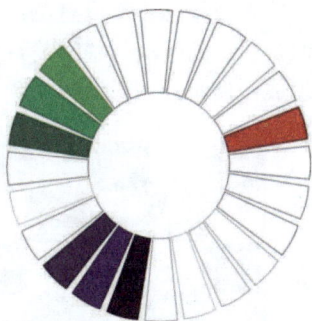

图 2-3-18　色相环上的对比色

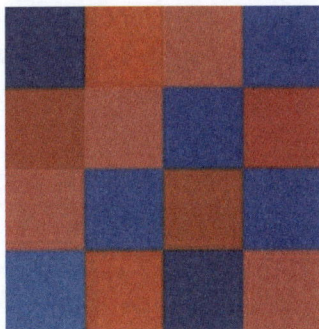

图 2-3-19　对比色对比

④ 互补色对比。如果两种颜料等量调和后产生黑灰色，就把这两种颜色称为互补色，色相环上相隔 180°处相对应的色彩就是互补色。互补色之间的对比就是互补色对比，如图 2-3-20 所示。互补色对比如果在比例上安排得当，两种互补色的强度都会保持不变，产生静止固定的视觉效果。

不同的互补色对比会表现不同的特性。

黄与紫：既是互补色对比，又是强烈的明度对比，如图 2-3-21 所示。

红与绿：是互补色，但明度相同，如图 2-3-22 所示。

蓝与橙：既是互补色对比，又是极强的冷暖对比，如图 2-3-23 所示。

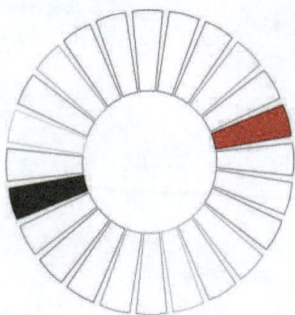

图 2-3-20　色相环上的互补色

图 2-3-21　互补色黄与紫对比

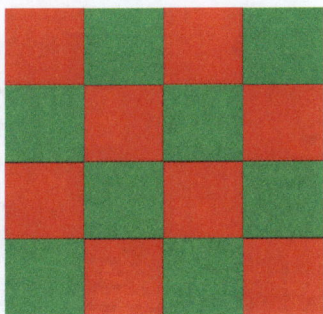

图 2-3-22　互补色红与绿对比

图 2-3-23　互补色蓝与橙对比

2. 明度对比

（1）定义。将以色彩明度的差异为主的色彩对比称为明度对比。

（2）特点。色彩的明度对比要比其他的色彩对比视觉效果强烈，没有色相对比、没有彩度对比，只要有明度对比就可以看到对比强烈的影像，色彩的层次与空间关系完全可以通过色彩的明度对比表现出来。如果把一幅彩色照片处理成黑白照片，丢掉色相和彩度，只保留它的明度对比，会发现照片的对比关系一样强烈，如图 2-3-24 所示。因此，色彩的明度属性具有相对的独立性，学习与掌握色彩的明度对比方法，具有不可替代的应用价值。

（3）种类。通常人们借用音乐术语"调子"来总结归纳色彩的明度。把整体明度高的色彩对比称为高调，把整体明度低的色彩对比称为低调，把整体明度处于中间状态的色彩对比称为中调。在高调、中调、低调中，又根据每个对比内部不同色彩明度跨度的长短再分为长调、中调、短调，这样组合起来，明度对比一共就形成了九种。

图 2-3-24　明度对比

以孟塞尔表色体系为例，明度等级为 0 ～ 10 共 11 级，0 为黑色，10 为白色，0 ～ 3 为低调，如图 2-3-25（a）所示；4 ～ 6 为中调，如图 2-3-25（b）所示；7 ～ 10 为高调，如图 2-3-25（c）所示。

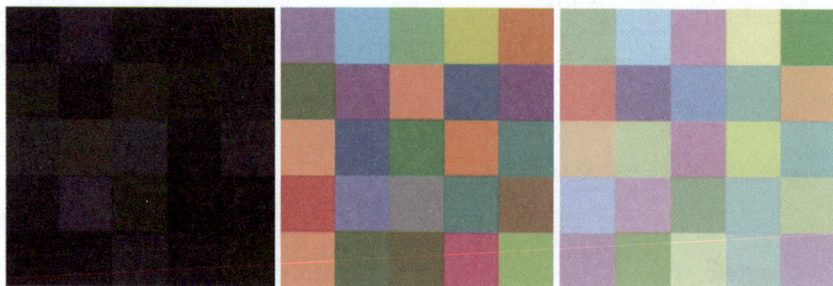

(a) 低调　　　　　　　　(b) 中调　　　　　　　　(c) 高调

图 2-3-25　明度对比的低、中、高调

明度差为 1 ～ 3 级的为短调，如图 2-3-26（a）所示；明度差为 4 ～ 6 级的为中调，如图 2-3-26（b）所示；明度差为 6 级以上的为长调，如图 2-3-26（c）所示。

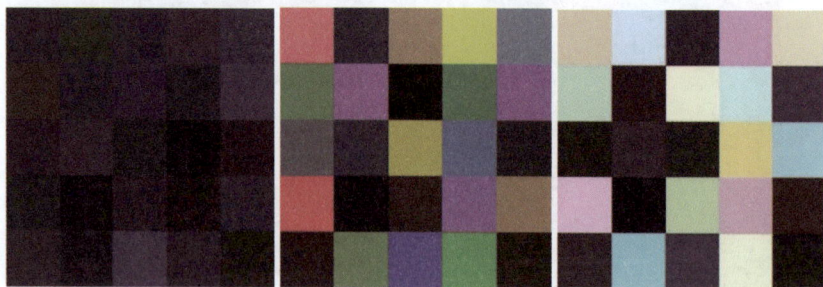

(a) 短调　　　　　　　　(b) 中调　　　　　　　　(c) 长调

图 2-3-26　明度对比的短、中、长调

组合起来，明度对比共分为九种不同的调性，即高长调、高中调、高短调、中长调、中

中调、中短调、低长调、低中调、低短调，如图 2-3-27 所示。

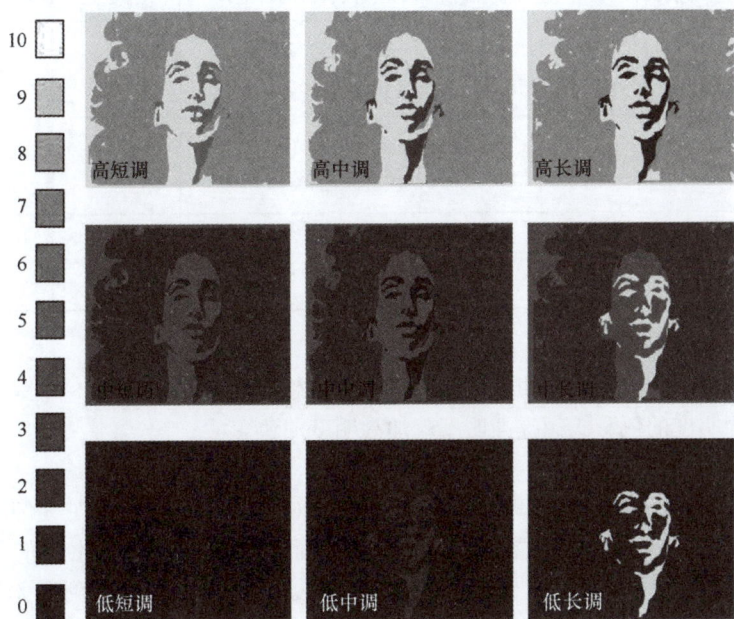

图 2-3-27　九种不同明度的对比调性

（4）不同调性的明度对比的特点。不同调性的明度对比会形成不同的视觉特征，对不同明度对比调性组合方式与视觉特征的把握是色彩设计基本能力。不同调性的明度对比的构成与视觉特征见表 2-3-1。

表 2-3-1　　　　　　　　　　　　　不同调性的明度对比的构成与视觉特征

明度基调	对比关系	明度构成[明度等级（白的含量）]	明度差	视觉特征
高调	高长调	8+9（80%～90%） 1+2（10%～20%）	大	明亮、强烈
	高中调	8+9（80%～90%） 5+6（10%～20%）	中	清晰、鲜明
	高短调	8+9（80%～90%） 6+7（10%～20%）	小	淡雅、柔和
中调	中长调	5+6（80%～90%） 0+1（10%～20%）	大	明快、自然
	中中调	5+6（80%～90%） 2+3（10%～20%）	中	软弱、含蓄
	中短调	5+6（80%～90%） 3+4（10%～20%）	小	模糊、平淡

续表

明度基调	对比关系	明度构成[明度等级（白的含量）]	明度差	视觉特征
低调	低长调	1+2（80%～90%） 8+9（10%～20%）	大	强烈、明确
	低中调	1+2（80%～90%） 5+6（10%～20%）	中	混浊、低沉
	低短调	1+2（80%～90%） 2+3（10%～20%）	小	沉闷、灰暗

（5）改变色彩明度的方法。

① 在色彩中加黑或加白。想提高明度就加白，想降低明度就加黑。

② 加不同明度的色彩。想提高明度就加高明度的色彩。

3.彩度对比

（1）定义。将由于色彩的彩度差别而形成的色彩对比称为彩度对比。它是纯净色彩中含黑、白、灰多少的对比。从色立体上看，它又是色立体表面到中心轴不同彩度位置的色彩对比。

（2）彩度对比的种类。为了便于理解色彩的彩度对比，可以把色彩明度对比的分类方法运用到色彩的彩度对比中。把整体彩度高的色彩对比称为高调，把整体彩度低的色彩对比称为低调，把整体彩度处于中间状态的色彩对比称为中调。在高调、中调、低调中，又根据每个对比内部不同色彩彩度在色立体上的对比跨度的长短再分为强调、中调、弱调，这样组合起来，色彩彩度对比也可以像明度对比一样形成九种对比形式。

以孟塞尔表色体系为例，彩度等级为 0～14 共 15 级，0 为色立体中心轴从黑到灰到白的无色系，1～14 为不同彩度的色彩，0～5 为低调，6～9 为中调，10～14 为高调。彩度差为 1～5 级的为弱调，彩度差为 6～9 级的为中调，彩度差为 10 级及其以上的为强调。

为了更便于理解，可以直接把彩度对比分为 0～10 共 11 级，0～3 为低调，4～6 为中调，7～10 为高调。彩度差为 1～3 级的为弱调，彩度差为 4～6 级的为中调，彩度差为 6 级以上的为长调。这样就和明度对比形成了一个对应关系。组合起来彩度对比也像明度对比一样共分为了九种不同的调性，即高强调、高中调、高弱调、中强调、中中调、中弱调、低强调、低中调、低弱调。当然这种分法是为了帮助人们更好地理解色彩的彩度对比。由于色彩的彩度对比不像明度对比那样相对独立性较强，因此，在学习和实践训练中，要尽量排除明度对比与色相对比的干扰。

（3）不同色彩彩度对比的特点。

① 不同彩度对比的基调特点。彩度对比的基调分为高彩度基调、中彩度基调和低彩度基调，不同彩度基调的色彩组合所表现出的不同特点如下。

● 高彩度基调。高彩度基调的色彩对比色相感强，色彩饱和、鲜艳、活跃也易杂乱，如图 2-3-28（a）所示。

● 中彩度基调。中彩度基调的色彩对比含色量适中，色彩柔和、典雅又不失丰富，如图 2-3-28（b）所示。

● 低彩度基调。低彩度基调的色彩对比含色量低，色彩凝重、模糊，运用不当会产生沉闷、脏污与无力的感觉，如图 2-3-28（c）所示。

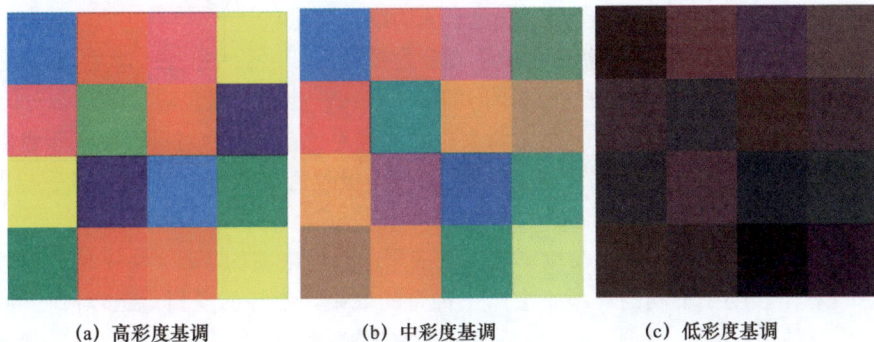

(a) 高彩度基调　　　　　(b) 中彩度基调　　　　　(c) 低彩度基调

图 2-3-28　彩度对比的基调

② 不同强弱的彩度对比特点。彩度强弱对比分为强彩度对比、中彩度对比和弱彩度对比，特点如下。

● 强彩度对比。彩度级差大，效果鲜明，高彩度色彩在低彩度色彩的对比下，会感觉彩度更高，如图 2-3-29（a）所示。

● 中彩度对比。彩度级差适中，效果温和舒适。它可以分别组成高中调、中中调、低中调，视觉效果是变化中有统一，统一中有变化，如图 2-3-29（b）所示。

● 弱彩度对比。彩度级差小，效果模糊，柔弱，视觉效果统一。有一点需要明确，弱彩度对比不一定是低彩度基调的对比，这里的"弱"指的是高彩度与低彩度之间的跨度大小，和高低彩度基调无关，高彩度基调同样有弱彩度对比，如图 2-3-29（c）所示。

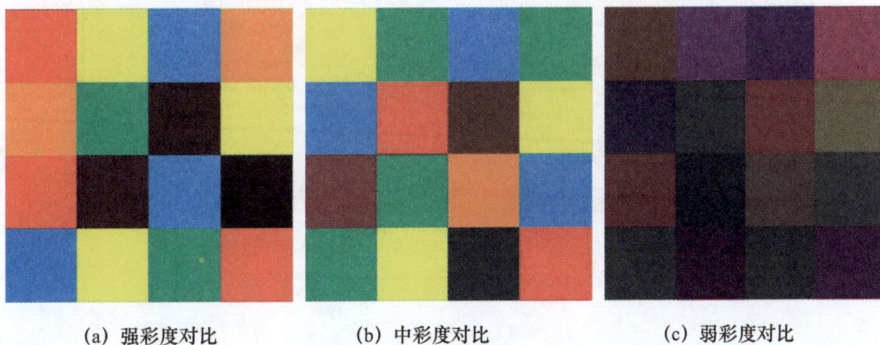

(a) 强彩度对比　　　　　(b) 中彩度对比　　　　　(c) 弱彩度对比

图 2-3-29　彩度的强弱对比

（4）改变色彩彩度的方法。

① 改变色彩彩度最直接的方法就是在色彩中调入黑色、白色或灰色，色彩中调入的黑色、白色或灰色的分量越多，彩度就会变得越低。

② 在高彩度的色彩中调入互补色也可以降低色彩的彩度。

③ 在高彩度的色彩中按不同的比例同时调入三原色同样可以降低色彩的彩度。

4.冷暖对比

（1）定义。将以色彩冷暖的差异为主的色彩对比称为冷暖对比。

在色彩冷暖对比的实践应用中，要根据色彩所处环境、色彩之间的互相关系来判定色彩的冷暖。既要看主体色本身的冷暖，也要看周围色彩的冷暖，还要看不同色彩总的冷暖面积的比例。色彩明度和彩度的变化也会影响色彩间的冷暖变化。

（2）种类。如果人为地在色相环上把色彩分为极暖色、暖色、中间色、冷色、极冷色的话，不同冷暖等级的色彩组合就会形成强弱不同的冷暖对比。冷暖的极色对比是超强对比；极冷色与暖色的对比、极暖色与冷色的对比属于冷暖的强对比；中间色与极暖色、暖色的对比，中间色与极冷色、冷色的对比，属于中等对比；暖色与极暖色、暖色与中间色、冷色与极冷色、冷色与中间色的对比，属于弱对比。

（3）作用。色彩的冷暖对比在色彩的实践应用中具有丰富的表现力，不同的冷暖色调、不同的冷暖对比强度在不同的环境下会产生神奇的效果。炎热的夏日走进以冷色为主的环境空间会感觉清爽；相反，如果进入红色为主的室内空间，就会感觉温度升高，烦躁不适。色彩的冷暖变化还会影响画面及环境的空间关系。暖色具有扩张、前进的感觉，冷色具有收缩、后退的感觉。冷暖色对比是绘画、视觉传达设计、环境设计中空间表现的重要方法。

（4）改变色彩冷暖的方法。除了色相本身的冷暖之外，还可以通过以下方法来改变色彩的冷暖。

① 改变色彩的明度。一种暖色在提高了它的明度后，其暖色的程度就要降低，如图 2-3-30（a）和图 2-3-30（b）所示。而一种冷色在减弱了它的明度后，其冷色就会向暖转化，如图 2-3-31（a）和图 2-3-31（b）所示。

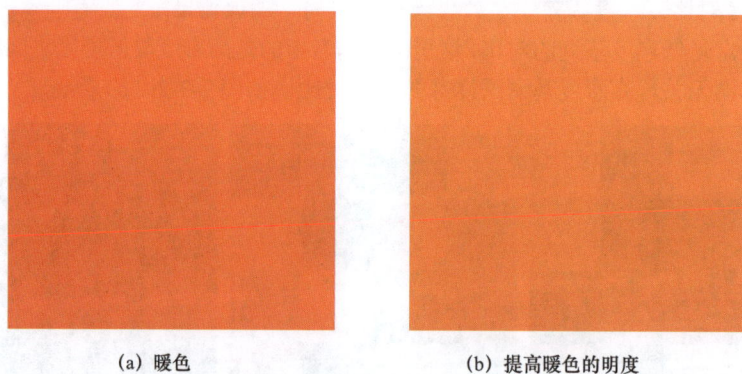

(a) 暖色　　　　　　　　　　　(b) 提高暖色的明度

图 2-3-30　暖色明度改变对冷暖的影响

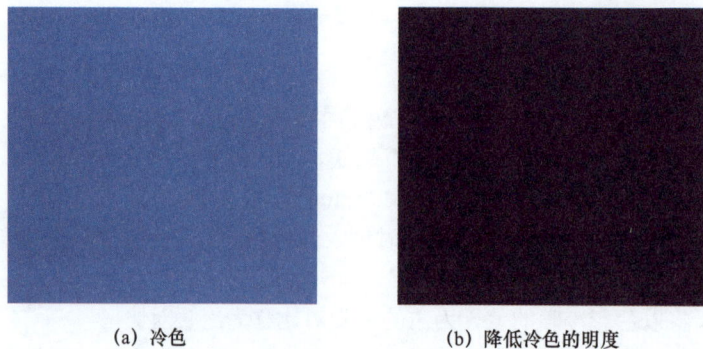

(a) 冷色　　　　　　　　　　　(b) 降低冷色的明度

图 2-3-31　冷色明度改变对冷暖的影响

② 改变色彩的彩度。高彩度的色彩比低彩度的相同色相的色彩要显得冷一些，色彩的彩度降低了，冷暖关系也会发生变化，如降低绿色的彩度，就会使该色感觉变暖，如图 2-3-32 所示。

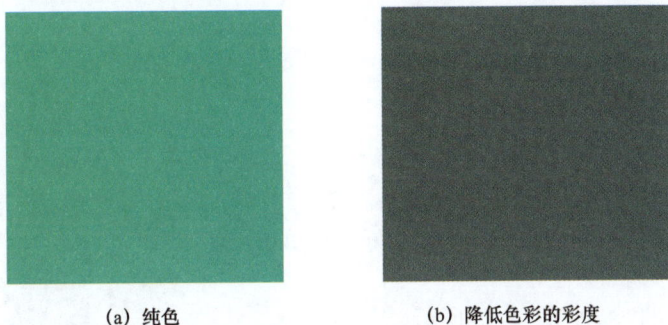

（a）纯色　　　　　　　　　　（b）降低色彩的彩度

图 2-3-32　色彩的彩度改变对冷暖的影响

③ 改变色彩的环境。在以冷色为主的色彩环境下，暖色也会显得"冷"，如图 2-3-33（a）所示；相反，在以暖色为主的色彩环境下，冷色也会显得"暖"，如图 2-3-33（b）所示；只有在冷暖均衡的环境条件下，才能真正表现出各色彩正确的冷暖感觉，如图 2-3-33（c）所示。

（a）冷色为主的冷暖对比　　　（b）暖色为主的冷暖对比　　　（c）冷暖均衡对比

图 2-3-33　色彩环境改变对冷暖的影响

三、色彩调和

1. 定义与作用

（1）定义。色彩的调和是指两个或两个以上的色彩配合得适当，能够相互协调，达到和谐。

（2）作用。色彩的调和首先是一个审美的概念，就是让色彩的组合和谐、美观，给观赏者以视觉与心理的审美享受，色彩组合是否和谐，是人能否产生视觉愉悦的关键。从另一个角度讲，色彩的调和是一种配色方法，一种能够让色彩达到和谐美观效果的方法。

学习色彩调和的理论，就是要通过对色彩属性的进一步认识，掌握色彩设计的用色技巧和配色原则与方法，为日常生活环境、生存空间提供符合人的生理与精神需求的色彩设计方案，提升生存空间中色彩环境的品质。

2. 种类

色彩调和的种类有色相调和、明度调和、彩度调和、折中调和和面积调和等。

（1）色相调和。

① 定义。色相调和就是以运用色相为主的色彩调和，让整体的色彩组合在色相上一致或类似。

② 方法与特点。

a. 同色相调和，如图 2-3-34 所示。

● 选择同一种色相，改变它的明度。

● 选择同一种色相，改变它的彩度。

● 选择同一种色相，改变它的明度与彩度。

同色相调和的色相单纯柔和，处理不好易显单调，是最简单有效的色彩调和方法。

b. 类似色相调和，如图 2-3-35 所示。

● 选择色相类似的色彩组合建立色彩的调和。

● 选择色相类似的色彩组合改变不同色相的明度与彩度。

图 2-3-34　同色相调和（不同明度）

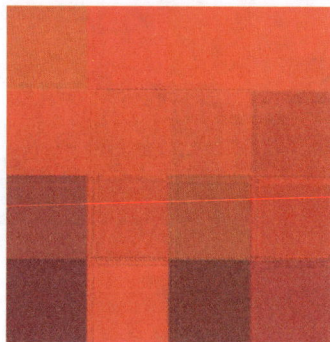

● 选择色相类似的色彩组合并把不同色彩的明度调成一致或类似，只改变色彩的彩度。

● 选择色相类似、彩度类似的色彩组合，只改变色彩的明度。

(a) 类似色相，相同明度，不同彩度　　　　(b) 类似色相，相同彩度，不同明度

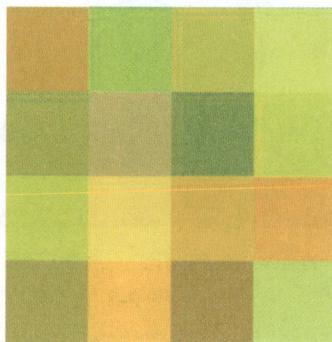

图 2-3-35　类似色相调和

类似色相调和的色相有一定的变化，比同色相调和更加丰富，处理不好还是容易产生单调感。

c. 对比色相调和，如图 2-3-36 所示。

在不改变色相的前提下，建立一种色彩的秩序，就是色彩构成的节奏、韵律和呼应关系。

对比色相调和的色相差异较大，色彩丰富，有一定调和难度。需要增加彩度与明度的共性，通过色相的一致性来促进调和。

同色相调和、类似色相调和是在统一中求变化，对比色相调和是在变化中求统一。

（2）明度调和。

① 定义。将以运用色彩的明度属性为主的色彩调和称为明度调和，就是让整体的色彩组合在明度上一致或类似。

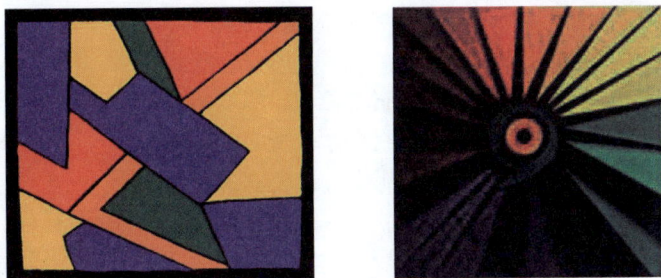

(a) 色相不同，明度相同，彩度相同　　　(b) 色相不同，彩度不同，明度不同

图 2-3-36　对比色相调和

② 方法与特点。

a. 同明度调和，如图 2-3-37 所示。

● 选择同一明度，改变它的色相、彩度。

● 选择同一明度、同一色相，改变它的彩度。

● 选择同一明度、同一彩度，改变它的色相。

同明度调和的明度保持一致，是最简单有效的色彩调和方法之一。

b. 类似明度调和，如图 2-3-38 所示。

● 选择类似的明度，改变它的色相、彩度。

● 选择类似的明度、类似的色相，改变它的彩度。

● 选择类似的明度、类似的彩度，改变它的色相。

图 2-3-37　同明度调和　　　　　图 2-3-38　类似明度调和

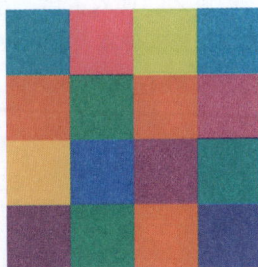

类似明度调和在明度上保持类似，在色相与彩度上进行变化而得到调和，比同明度调和增加了明度上的微差，色彩更加丰富。

（3）彩度调和。

① 定义。将以运用色彩的彩度属性为主的色彩调和称为彩度调和，就是让整体的色彩组合在彩度上一致或类似。

② 方法与特点。

a. 同彩度调和，如图 2-3-39 所示。

● 选择同一彩度的色彩组合，改变它的色相、明度。

● 选择同一彩度、同一色相的色彩组合，改变它的明度。

● 选择同一彩度、同一明度的色彩组合，改变它的色相。

同彩度调和彩度保持一致，画面色彩组合关系均衡。

b. 类似彩度调和，如图 2-3-40 所示。

● 选择类似彩度的色彩组合，改变它的色相、明度。

● 选择类似彩度、类似色相的色彩组合，改变它的明度。

● 选择类似彩度、类似明度的色彩组合，改变它的色相。

图 2-3-39　同彩度调和　　　　　　图 2-3-40　类似彩度调和

类似彩度调和在彩度上保持类似，在色相与明度上进行变化而得到调和，画面更加生动。

（4）折中调和

① 定义。在对比强烈的色彩之间通过加入其他色彩而得到的色彩调和就是折中调和。

② 方法。

a. 相近色隔离调和。在两个对比色之间加入它们都包含的某一色彩，如在紫色与绿色之间加入蓝色，在绿色与橙色之间加入黄色，在橙色与紫色之间加入红色，也就是要找出不同色彩之间有共同亲缘关系的色彩来隔离对比较强的色彩，而达到色彩调和的目的，如图 2-3-41 所示。

b. 无色系隔离调和。在任何色彩之间加入无色系的黑、白、灰色，都可以达到色彩调和的目的。如在红色和绿色之间加入白色、把红色与绿色放在灰色与黑色的背景上都会达到色彩调和的目的，如图 2-3-42 所示。

图 2-3-41　相近色隔离调和　　　　　图 2-3-42　无色系隔离调和

（5）面积调和。

① 定义。通过不同色彩的面积大小以及各自所占整体的比例的变化而得到的色彩调和，就是面积调和。

色彩的调配过程中除了色彩的三要素外，色彩的面积也是非常重要的因素。不用改变色彩的三要素。只改变构成画面色彩的面积比例，就可改变整个画面的色彩关系。

② 方法。

a. 对比色调和。在对比强烈的色彩组合中，调整对比色的面积与整体比例的大小，使对比色的组合形成一种视觉平衡，从而达到色彩调和的目的。

b. 歌德面积调和。一个高彩度色彩的视觉张力是由它的明度与面积决定的，歌德把红、橙、黄、绿、蓝、紫明度进行了简单的数字比例确定，具体比例为：红 6、橙 8、黄 9、绿 6、蓝 4、紫 3，黄色明度最高，紫色明度最低，转换成和谐的面积比例就是：红 6，橙 4，黄 3，绿 6，蓝 8，紫 9，如图 2-3-43 所示，这个面积调和比例成立的前提是各个色彩的彩度都是最高的。

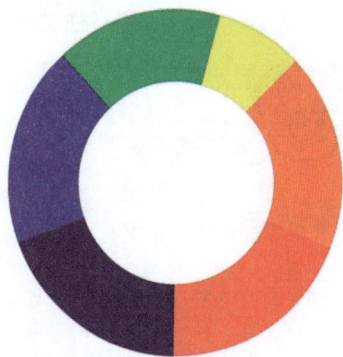

图 2-3-43 色彩的面积调和

互补色的面积调和比例为：

红 6：绿 6 = 1：1 =（1/2）：（1/2）[见图 2-3-44（a）]；

黄 3：紫 9 = 1：3 =（1/4）：（3/4）[见图 2-3-44（b）]；

蓝 8：橙 4 = 2：1 =（2/3）：（1/3）[见图 2-3-44（c）]。

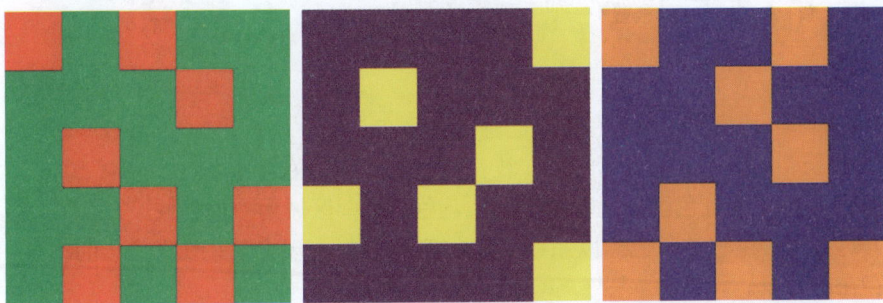

(a) 色彩的红与绿面积调和　　(b) 色彩的紫与黄面积调和　　(c) 互补色橙色、蓝色组合面积调和

图 2-3-44 互补色的面积调和

三原色的面积调和比例为：红 6，黄 3，蓝 8，如图 2-3-45 所示。

三间色的面积调和比例为：橙 4，绿 6，紫 9，如图 2-3-46 所示。

图 2-3-45 色彩的三原色面积调和　　图 2-3-46 色彩的三间色面积调和

在色彩的面积调和的实际应用中，有时很难把不同的色彩面积归纳为简单的数字比例，

只要达到了希望的色彩视觉效果，就要相信自己的眼睛。

> **注意**
>
> 色彩调和知识在色彩调配与喷涂驳口和彩绘的色彩搭配中使用频繁。

□ 任务总结 □

明度调和

紫+青=靛蓝+白=淡蓝

视频

色彩对比与
调和

AR 汽车涂装

1. 色彩感觉

（1）冷暖感：把温度的感觉和色彩的感觉联系在一起。

① 波长长、动态大的色彩为暖色。波长长、动态小的色彩为冷色。

② 在色相环上橙红色区域为暖色区域，蓝色及相邻区域为冷色区域。

（2）远近感：将感觉和色彩联系在一起的空间感。表现方法：改变色彩的冷暖、明度、彩度、存在的背景。

（3）轻重感：将重量的感觉和色彩的感觉联系在一起。表现方法：改变色彩的明度，选择不同轻重感的色彩，改变色彩的彩度、冷暖，主体色彩存在的背景。

（4）动静感：是色彩运动与静止的感觉。表现方法：改变色彩的彩度、冷暖、明度、环境。

（5）季节感：是人类对色彩产生的春夏秋冬不同季节的感觉。

① 产生原因：人类对不同的季节会形成不同的色彩感觉和印象。

② 表现方法：浅绿色、浅粉色代表春天，浓重的绿色、饱和的红色代表夏天，金黄色、红色、褐色代表秋天，白色、蓝色、土地的本色代表冬天。

2. 色彩对比

（1）定义：将两个或两个以上的不同色彩放在一起比较而产生的差异的视觉效果。

（2）种类：色相对比、明度对比、彩度对比、冷暖比对比、补色对比、同时对比、继时对比、面积对比等。

（3）色相对比。

① 定义：将以色相的差异为主的色彩对比称为色相对比。

② 决定因素：色相的差异大小由色相环上色彩的距离决定。

③ 种类：同类色对比、邻近色对比、对比色对比、互补色对比。

（4）明度对比。

① 定义：将以色彩明度的差异对比称为明度对比。

② 种类：高长调、高中调、高短调、中长调、中中调、中短调、低长调、低中调、低短调。

③ 改变色彩明度的方法：在色彩中加黑或加白；加不同明度的色彩。

（5）彩度对比。

① 定义：将色彩的彩度差别对比称为彩度对比。

② 种类：高强调、高中调、高弱调、中强调、中中调、中弱调、低强调、低中调、低弱调。

③ 改变色彩彩度的方法：色彩中调入黑色、白色或灰色；加入互补色、三原色可以降低色彩的彩度。

（6）冷暖对比。

① 定义：将以色彩冷暖的差异对比称为冷暖对比。

② 种类：超强对比、强对比、中等对比、弱对比。

③ 改变色彩冷暖的方法：改变色彩的明度、彩度、环境。

3. 色彩调和

（1）定义与作用。

① 定义：指两个或两个以上的色彩配合得到所需颜色的工艺过程。

② 作用：通过对色彩属性的进一步认识，掌握色彩设计的用色技巧和配色原则与方法。

（2）种类：色相调和、明度调和、彩度调和、折中调和和面积调和等。

① 色相调和。

定义：色相调和就是以运用色相为主的色彩调和方法。

方法种类：同色相调和、类似色相调和、对比色相调和。

② 明度调和。

定义：将以运用色彩的明度属性为主的色彩调和称为明度调和。

方法：同明度调和、类似明度调和。

③ 彩度调和。

定义：将以运用色彩的彩度属性为主的色彩调和方法称为彩度调和。

方法：同彩度调和、类似彩度调和。

④ 折中调和。

定义：在对比强烈的色彩之间通过加入其他色彩而得到的色彩调和的方法就是折中调和。

方法：相近色隔离调和、无色系隔离调和。

⑤ 面积调和。

定义：通过不同色彩的面积大小及所占整体的比例的变化而得到的色彩调和方法。

方法：对比色调和、歌德面积调和。

□ 问题思考 □

1. 什么是色彩感觉？有哪些种类？

2. 哪些颜色为冷色？哪些颜色感觉远？哪些颜色感觉轻？哪些颜色感觉静？

3. 什么是色彩对比？有哪些方法？

4. 什么是色彩调和？学习色彩调和的目的是什么？色彩调和有哪些方法？

学习任务一 调色设备与工具认知

1. 能够正确解读色母特性图。
2. 能够正确描述调色所需设备与工具的种类。
3. 能够正确描述调色所需设备与工具的用途。

一、调色资料

1. 色母特性图

为了调色方便，涂料生产商都会提供配套的色母特性图（也称为色母挂图）。各涂料生产商提供的色母特性图形式不一样，但其基本原理是一样的。图 3-1-1 所示为 PPG "Aquabase PLUS" 水性漆色母特性图。色母特性图中既有色母代号，又有颜色显示，是最全面、最直观的颜色查询资料。

PPG "Aquabase PLUS" 水性漆色母特性图观察方法说明如下。

① 色母编号定位点处于的区间，表示该色母的色相（例如 P994-8917 色相为蓝）。

② 色母编号定位点越靠圆心，彩度越低；越靠外，彩度越高（例如 P994-8917 彩度偏高）。

③ 处于相同区间的色母可以相互比较其彩度和色相差异，以确定所需色母（例如 P994-8917 是蓝色母里面彩度最高的色母）。

图 3-1-1 所示的色母特性图，对于一个确定的颜色表示并不是很全面，如对颜色的彩度表示得不是十分清楚，所以最好采用图 3-1-2 和图 3-1-3 所示的色母特性图。

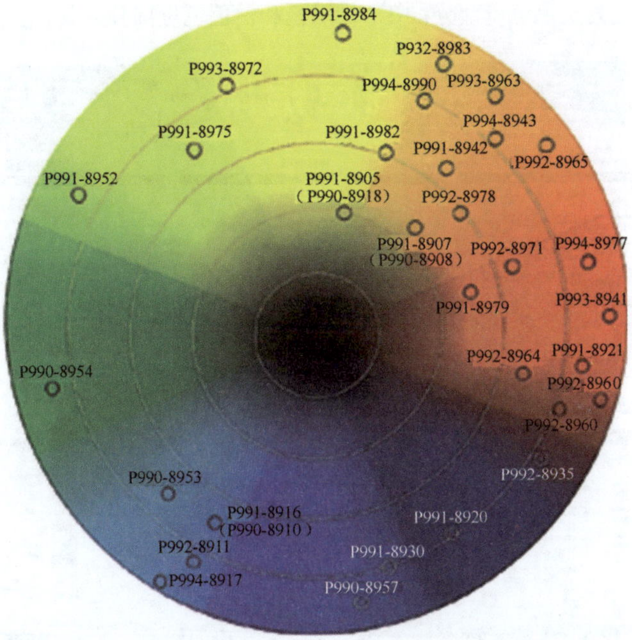

图 3-1-1 PPG "Aquabase PLUS" 水性漆色母特性图示例 (一)

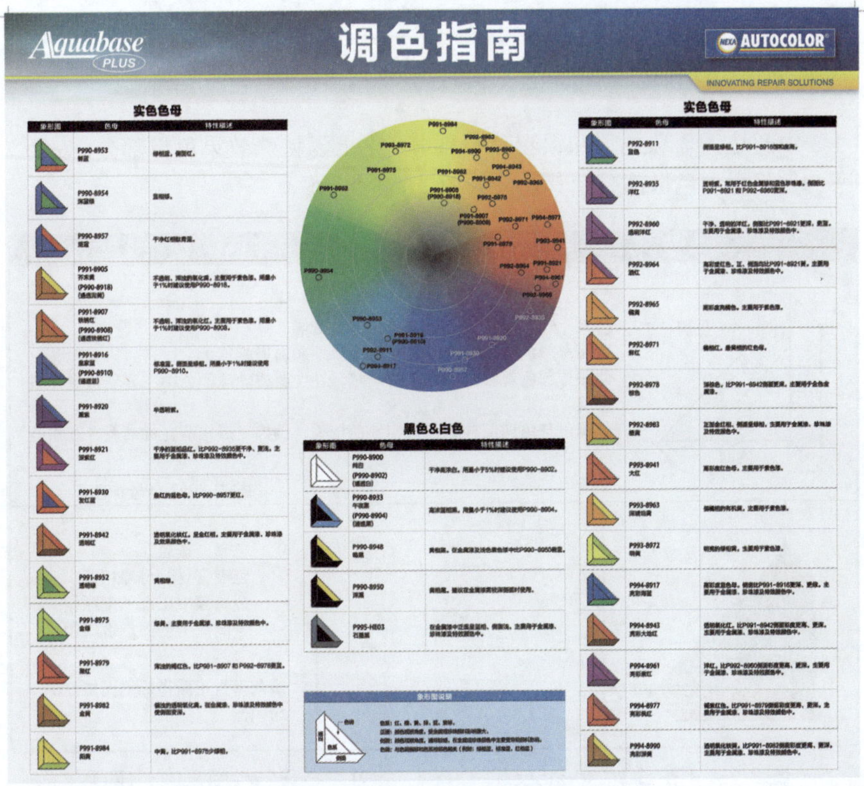

图 3-1-2 PPG "Aquabase PLUS" 水性漆色母特性图示例 (二)

图 3-1-2 中两边为实色色母部分；中下为黑色和白色色母部分，其含义如图 3-1-3 所示。

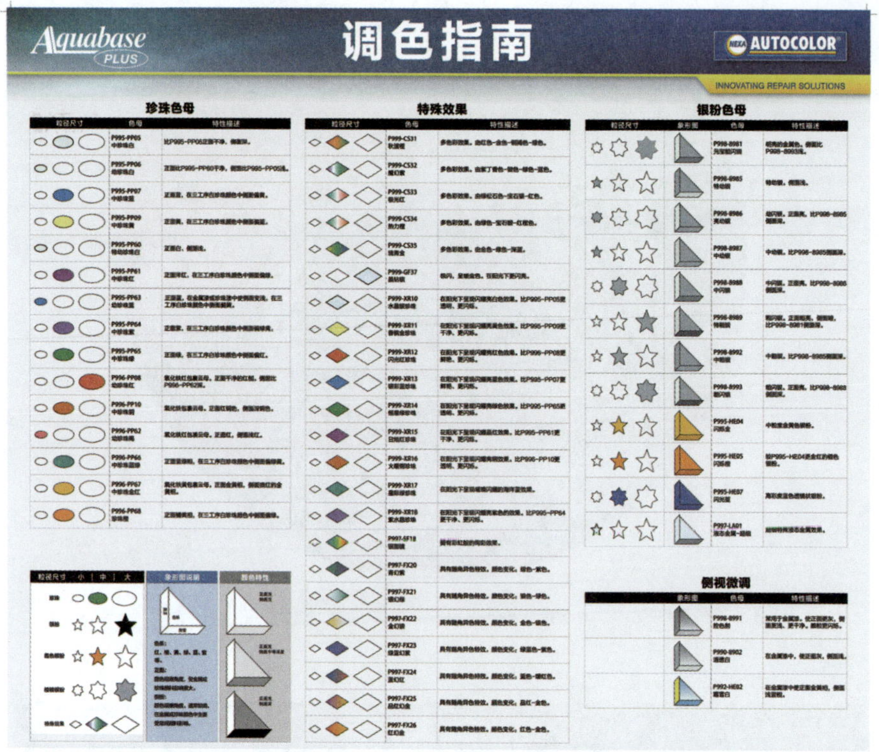

图 3-1-3　PPG "Aquabase PLUS" 水性漆色母特性图示例 （三）

图 3-1-3 中两边为珍珠色母和银粉色母部分；中上为特殊效果色母部分；左下为象形图说明；右下为侧视微调色母部分，其含义如图 3-1-4 所示。

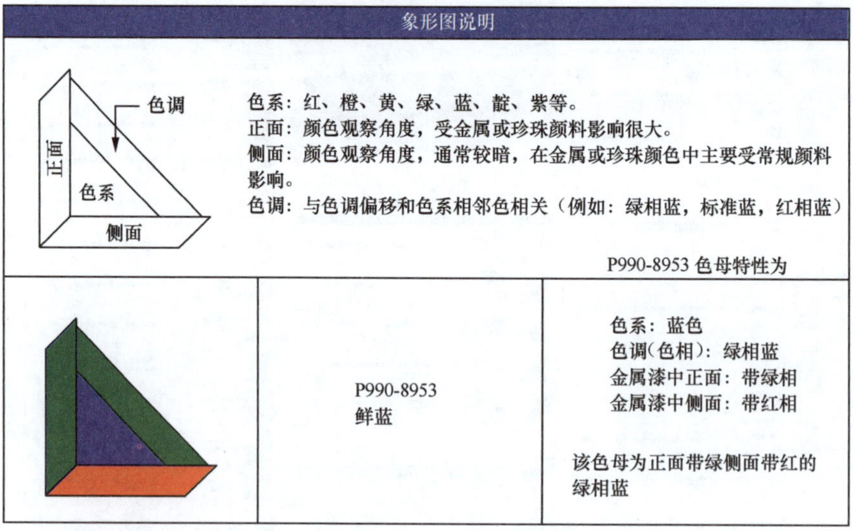

图 3-1-4　PPG "Aquabase PLUS" 水性漆色母特性图示例 （四）
注：图中 "色调" 即指 "色相"。

涂料生产商有时还会将色母特性制成卡片，其表示的内容与色母特性图一致。图 3-1-5 所示为 P993-8941 色母特性卡。其特点与色母特性图相似，但需要翻页查找，相对比较费时间。

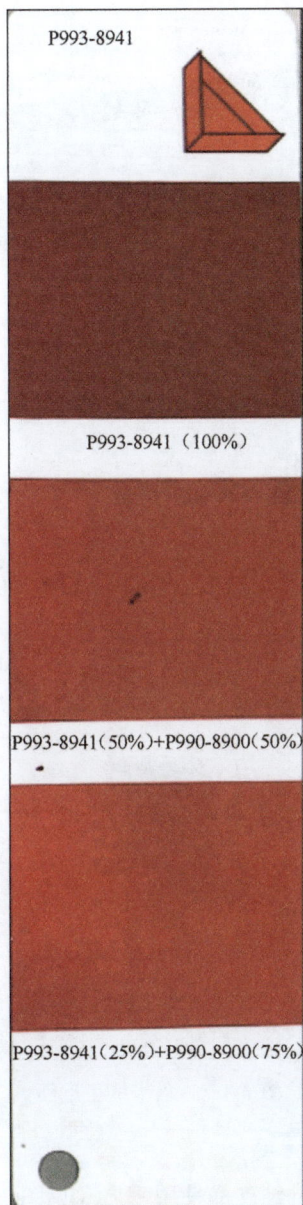

图 3-1-5　P993-8941 色母特性卡

2. 标准色卡

色卡根据车辆的产地分成几册，如国产车色卡、欧美车色卡、日本车色卡等。图 3-1-6 所示为 PPG 公司提供的汽车色卡册（也称色卡扇）。每一册又根据车辆制造商或颜色组别分类，例如国产车色卡根据厂名分为上海大众车色卡、一汽丰田车色卡、北京现代车色卡等。

这样，根据车型就可查到需要的颜色。色卡的正面是色片和颜色基本信息，包括原厂品牌、颜色名称、色号、标准色／差异色、页码；色卡背面有配方条形码，扫描条形码即可打开正确配方相关资料，如图 3-1-7 所示。

图 3-1-6　色卡册

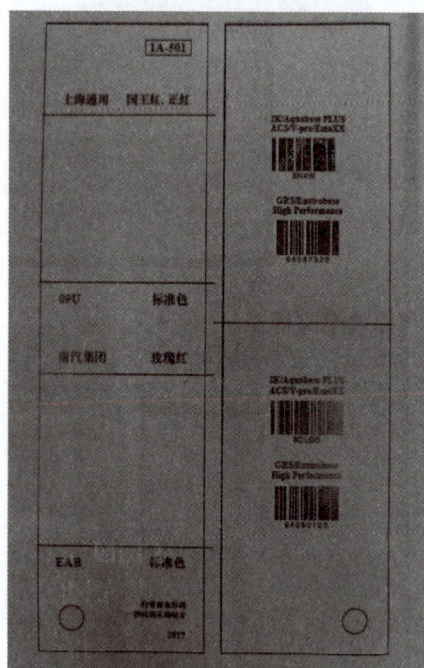

图 3-1-7　色卡的正反面

3. 其他资料

（1）产品使用手册。汽车修补漆产品使用手册（见图 3-1-8）是由涂料生产商提供的有关其生产系列配套产品的技术使用说明资料。其内容涵盖产品应用说明、健康和安全防护、涂装系统（底漆、原子灰、中涂漆、面漆的配套体系）、底处理要求、产品间配套性说明、色母颜色说明和各类产品详细使用说明等，是涂装和调色必须参考的资料。

（2）涂料设备、工具培训手册。涂料设备、工具生产商为使其产品客户能够正确使用其产品，会进行定期的培训，编制各种形式的培训资料（见图 3-1-9），这些资料也是涂装与调色工作者需要不断学习的。

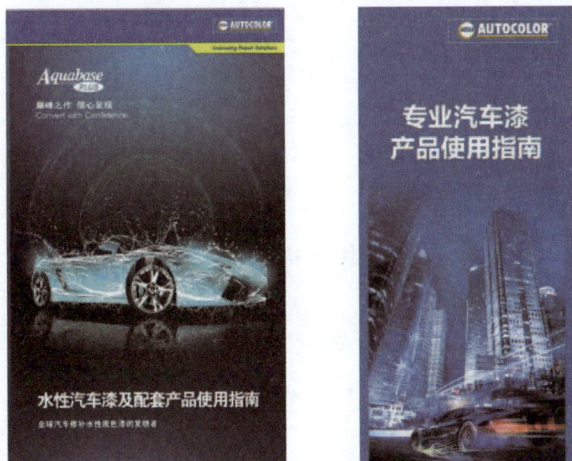

图 3-1-8　涂料产品手册

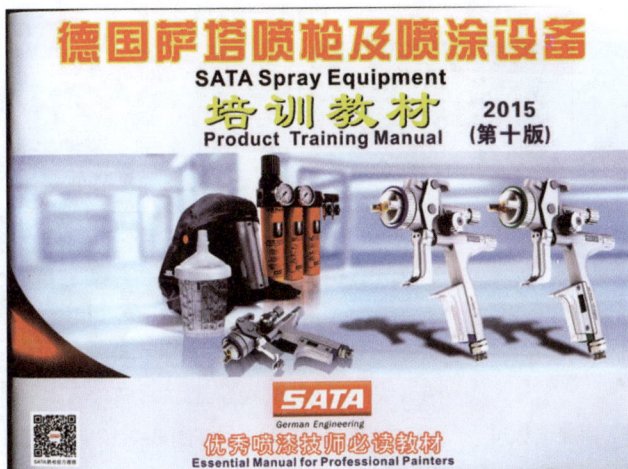

图 3-1-9　涂料设备、工具培训手册（萨塔喷涂设备）

> **注意**
>
> 　　调色不仅要熟记色母特性等资料，还要熟知产品使用要求，这样才不会出现车身喷涂和调色试板喷涂的颜色不一致的情况。

二、调色工具与设备

1. 电子秤

　　电子秤为精确的称量工具，调色时利用电子秤称量颜色配方中各色母的质量，其一般精确到小数点后两位数；另外为了保证电子秤的精度，每年都必须对其进行年检校正，如图 3-1-10 所示。

图 3-1-10　电子秤

2. 试板

为了进行颜色对比，需要喷涂试板。汽车维修业常用扑克牌作为试板，但因扑克牌是纸质材料，与实际车身板件相差较大，而且面积太小，故易产生调色误差。标准的试板也有不同的形式，其材料均为钢板，表面已喷涂了底漆，并且有黑色条纹（有的为黑白相间的方格），如图 3-1-11 和图 3-1-12 所示。

喷涂试板时，最好选择有条纹的一面，要求喷涂面漆的厚度要达到完全遮盖的效果，即以正、侧面观察看不出底漆的黑白颜色为准。

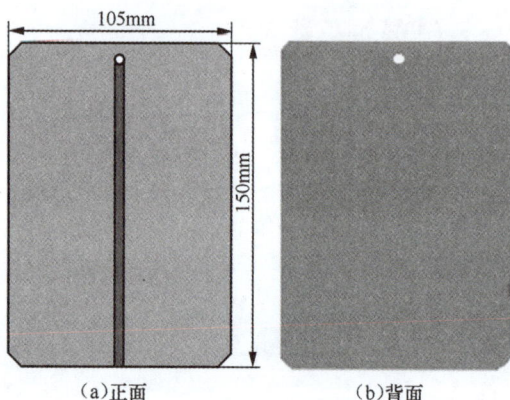

（a）正面　　　（b）背面

图 3-1-11　标准试板样　（一）

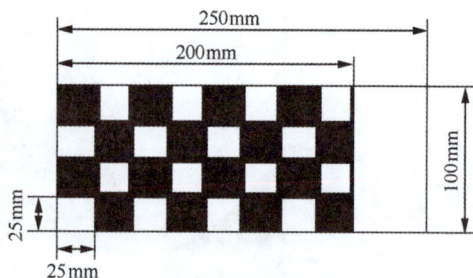

图 3-1-12　标准试板样　（二）

3. 配色灯与标准比色灯箱

车间的光线有时不能满足比色的需要，因此，调漆间有必要配备配色灯。配色灯以标准光源制作，形式有多种。图 3-1-13 所示为简单的配色灯外形图。

精确的比色，需要将试板与标准板（车身板）在不同的标准光源下对比，所以还应配备标准比色灯箱，如图 3-1-14 所示。

图 3-1-13　配色灯

图 3-1-14　标准比色灯箱

4. 计算机调色工具

计算机调色工具由颜色光盘、光盘读取器、终端、专用电子秤、分光测色仪等组成。

（1）颜色光盘由涂料生产商提供，光盘内包含所有本品牌涂料的颜色说明、调色配方以及国际代码 / 厂商代码 / 生产代码等颜色信息，并且会定期更新，以适应车身颜色变化的需求。

（2）光盘读取器读取光盘内的数据，连接终端。

（3）终端连接光盘读取器，显示操作界面，选择产品系列和涂料数量，指导调色。

（4）专用电子秤与终端相连，通过终端确定分量，也可以单独称量。

计算机调色过程如图 3-1-15 所示。调好的颜色还要使用分光测色仪对色彩进行分析。

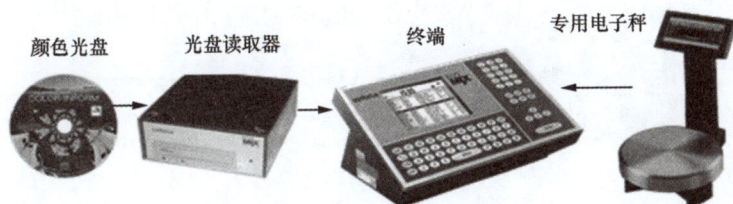

图 3-1-15　计算机调色过程

> **注意**
>
> 计算机技术的发展使得上述设备逐渐小型化、单一化，如笔记本电脑，甚至手机 App 即可。

（5）分光测色仪。如图 3-1-16 所示，分光测色仪是一种性能优越、用途广泛而又操作简便的测色仪。它适用于测量各种物体的反射色及透射色，可以测试物体的白度、色度以及两种物体间的色差。仪器的照明接收方式为国际照明委员会（CIE）规定的 d/0（漫射照明 /0° 接收）。它可以显示可见光波段（380～780nm）中物体的反射比与透射比，并可通过接口与计算机通信，给出物体反射色的光谱曲线，大大方便了对物体色彩的分析。

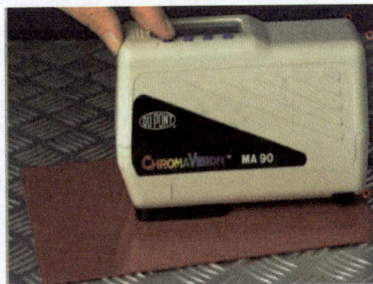

图 3-1-16　分光测色仪

5. 其他调色工具

调色时，为了喷涂试板，还需要用到调漆杯（罐）、调漆比例尺、搅拌棒、烘箱等工具。

（1）调漆杯（罐）。调漆时，调漆杯（罐）用来盛装涂料。调漆杯（罐）最好使用铁质或塑料材质制作，且高度方向为上下等粗，如图 3-1-17 所示。但如果调漆杯的外表面带有容积刻度，一般制成上口大、底部小的形状，如图 3-1-18 所示。

图 3-1-17　调漆杯　（罐）

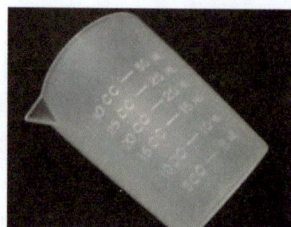

图 3-1-18　带容积刻度的调漆杯

（2）调漆比例尺。调漆比例尺用于涂料调制时，控制主剂、固化剂和稀释剂的加入量，如图 3-1-19 所示。

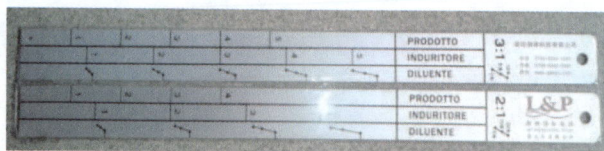

图 3-1-19　调漆比例尺

（3）搅拌棒。搅拌棒用于搅拌涂料，专用的搅拌棒（或钢直尺）如图 3-1-20 所示。

（4）烘箱。烘箱是一种强制烘干试验样板的烘干设备，如图 3-1-21 所示。

图 3-1-20　搅拌棒与钢直尺

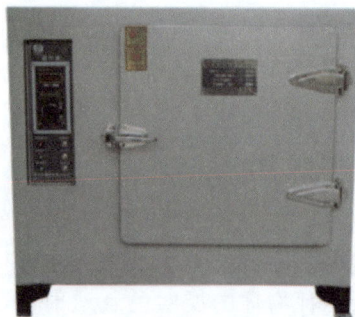

图 3-1-21　烘箱

□ 任务总结 □

视频

调色设备与
工具认知

1. 调色资料

（1）种类：色母特性图，标准色卡，产品使用手册，涂料设备，工具培训手册等。

（2）色母特性图：用于查找各个色母的特性，有图、卡等几种表现形式。

（3）标准色卡：根据车辆的产地分成几册，用于查询颜色配方。

（4）产品使用手册：是涂装和调色必须参考的资料。

（5）涂料设备、工具培训手册：是涂装与调色工作者需要不断学习的首要参考资料。

2. 调色工具与设备

（1）电子秤：调色时利用电子秤称量颜色配方中各色母的质量。

（2）试板：为了进行颜色对比，需要喷涂试板。

（3）配色灯：车间的光线有时不能满足比色的需要，因此，调漆间有必要配备配色灯。

（4）标准比色灯箱：用于进行精确的颜色对比。

（5）计算机调色工具：包括颜色光盘、光盘读取器、终端、专用电子秤、分光测色仪等，用于完成配方查询、称量色母、指导调色、颜色色彩分析等。

（6）其他调色工具：调漆杯（罐）、调漆比例尺、搅拌棒、烘箱等。

□ 问题思考 □

1. 调色相关的资料有哪些？各资料的用途是什么？

2. 调色时，喷涂试板的目的是什么？为什么不能用扑克牌作试板？

3. 计算机调色工具有哪些？各自的作用是什么？

4. 说明调漆杯（罐）、调漆比例尺、搅拌棒、烘箱的用途。

学习任务二　素色漆手工调色

□ 学习目标 □

1. 能够正确解释素色漆的含义及其光谱特性。
2. 能够正确解释同色异谱现象。
3. 能够规范进行调色的劳动保护工作。
4. 能够规范进行调色试板的准备工作。
5. 能够正确查找颜色代码。
6. 能够正确使用色卡确定颜色配方。
7. 能够正确喷涂试板。
8. 能够正确进行颜色微调。

□ 相关知识 □

一、素色漆

1. 素色漆的光谱特性

在汽车涂装中，汽车面漆的颜色可分为两大类：素色（也称为本色、纯色）和金属色（也称为闪光色）。素色按其色彩又可分为有彩色（指红、黄、蓝、绿等带有颜色的色彩）和无彩色（指白、灰、黑等不带颜色的色彩）。金属色也可细分为金属闪光色、珠光色和幻彩色。

素色面漆是用一般着色颜料配制的面漆，其着色均匀，漆膜不透明。涂料的树脂内含有足量的且已经充分分散的颜料，光线照射到素色漆漆膜表面，颜料对其选择性吸收后，再经过颜料颗粒散射到各个方向，使其在 30 ～ 50 μm 的正常膜厚下呈现一种完全一致的颜色。如图 3-2-1 所示，在各角度观察，颜色几乎一致。一般取 45°作为对比颜色的观察角度。

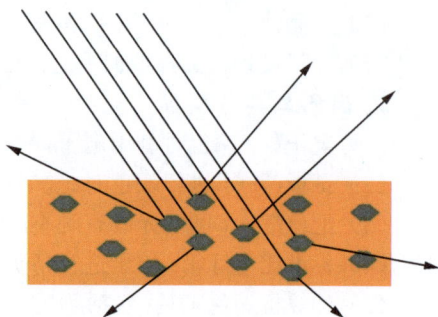

图 3-2-1　素色漆光谱特性

2. 素色漆膜的分类

素色漆膜分为单工序漆膜和双工序漆膜两种。单工序漆膜是只喷涂色漆即可，所用的涂料为 2K型；双工序漆膜是在喷涂完色漆（称为底色漆）后，加喷一层清漆，主要目的是提高漆膜的光泽度。单工序素色漆和双工序素色漆的调色方法是一样的，只不过采用的色母不同，另外双工序素色漆需要在喷涂清漆后比色。

二、颜色的同色异谱现象

颜色的同色异谱现象也称为颜色异构现象或条件等色。当一对颜色样板（简称色板）在某一光源下所呈现的颜色是相同的，而在另外的光源下，却呈现颜色差异时，此现象称为同色异谱（也称为照明体同色异谱）。如果颜色不匹配是由观察者的变化所引起，则产生的现象称为观察者同色异谱；如果只是在某一检测角度下相匹配，但角度改变则不相匹配，这现象称为几何同色异谱。例如，在 D65 光源下对比两块板，颜色一致，而在荧光灯下却出现了明显的色差，如图 3-2-2 所示，这便是典型的照明体同色异谱现象。与调色相关的同色异谱主要指照明体同色异谱。所以，以下提到的同色异谱均指照明体同色异谱。出现同色异谱现象的主要原因是两块色板中的颜色构成不同，如缺少某一色母或同一种色母的加入量不同（观察者同色异谱现象除外）。

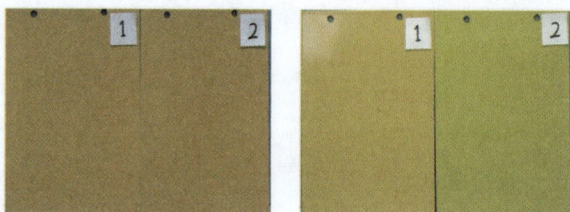

(a) 在 D65 光源下　　　　　　　　(b) 在荧光灯下

图 3-2-2　同色异谱现象

物体常处在各种不同光源的照明下，最重要的光源是太阳光和灯光。照明光源不同，物体的颜色可能会有差异，所以需要在不同的光源下进行比色，两块色板只有在各种光源下的颜色均相同，才可确定是相同的颜色。为了统一测量标准，CIE 规定了标准光源。CIE 对颜色的评价是在它规定的光源下进行的。D65 光源、A 光源、F 光源等为 CIE 规定的标准光源。所以在天气情况良好的前提下，调色的最佳时间是上午 10 点到下午 3 点这段时间。当太阳光线的条件不具备，但还需要调色时（或需要精确比色时）就要使用 CIE规定的标准光源（标准比色灯箱）进行颜色对比，使所调配的颜色尽可能准确。物体在太阳光下呈现的颜色为标准色。

案例

一辆黑色奥迪 A3 轿车在外地把左前门下方擦伤，有比较明显的凹位。车主觉得凹位不大，时间又比较紧，所以就在当地的一家修理厂维修了。维修好后因车主赶时间，取车时没有仔细看就开走了。可是过了两天，车主发现在阳光下，新喷涂的地方的颜色与旁边的有些不一样，就开去奥迪 4S 店要求看看是怎么回事，取车时是一样的，怎么现在颜色不一样了。

车主在车间说明情况以后，奥迪 4S 店的喷涂人员在不同的光线下进行检查后，告知车主该问题不是材料质量引起的，而是因为奥迪车的黑色是由两种黑色加别的颜色调配的，修理厂的人员由于经验不足，修补的颜料中就只用了一种黑色，少用了一种透明黑，所以使颜色在光线不是直射的车间看是一样的，而在灯光或者阳光下看时又变成了另外一种颜色。原因就是颜料有有机颜料和无机颜料的区别，有机颜料遮盖力差，是半透明或者透明颜料，加入时侧面颜色改变较大；无机颜料遮盖力就比较强，加入时正面颜色改变比较大。所以在车间看是一种颜色，在灯光或者阳光下面又变成了另外一种颜色。

三、调色工艺

调色的工艺流程如图 3-2-3 所示。

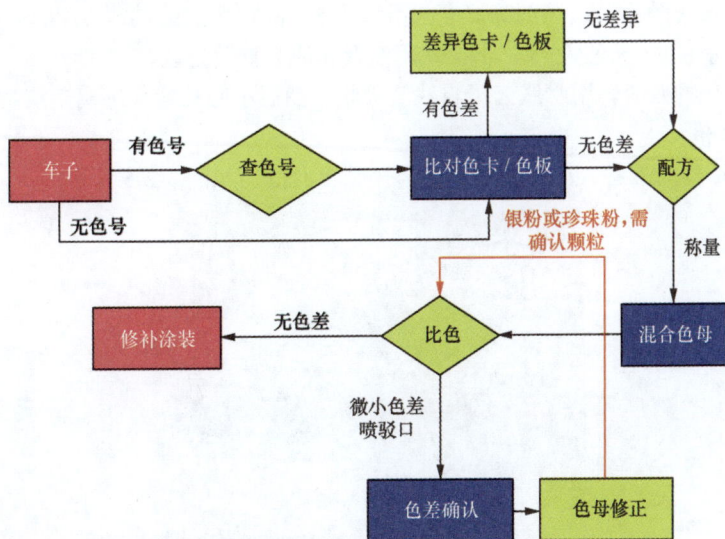

图 3-2-3 调色的工艺流程

1.劳动安全与卫生

（1）防火安全措施。

① 每个工作人员都应会使用防火设备，懂得各种灭火方法。

② 涂装场地严禁烟火，不准携带各种火种进入施工现场。

③ 擦拭涂料用的脏污棉丝、棉布等物品应集中，并妥善存放在装有清水的密封桶中，

不要放置在暖气管或烘房附近或者和原子灰废弃物放置一起，以免引起火灾。

④ 施工操作时，应避免铁器之间敲打、碰撞、冲击、摩擦，以防产生火花而引起火灾。

⑤ 易燃物品如涂料、稀释剂等，应存放在储藏柜内，施工场地不得储存。

⑥ 清洗工具用的稀释剂，在清洗完工具后应集中存放，不得倒入下水道或随意乱倒。

⑦ 各种电气设备开关不得随意操作，应有专人定期检查和维修。

⑧ 确保紧急通道、门窗等出口畅通。

⑨ 工作区域内不要存放太多的涂料，一般够半天使用的量即可。

（2）个人劳动保护。喷涂底漆时应佩戴的劳动保护装备如图 3-2-4 所示。

（3）发生意外情况的应急处理。

① 着火。在安全距离内用灭火器灭火，或者使用防火沙进行扑灭。不可以用水进行灭火。

② 涂料撒落。将撒落的涂料用膨胀云母（蛭石、珍珠岩）吸收，然后用塑料板铲除，最后用大量的水冲洗。

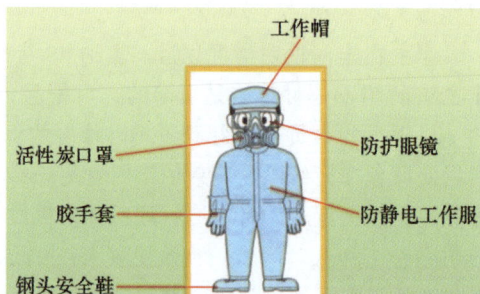

图 3-2-4　喷涂底漆时应佩戴的劳动保护装备

③ 皮肤接触涂料、溶剂等。先用洗手膏清洗皮肤，再用肥皂水彻底清洗，并涂抹羊毛脂的护肤膏。

④ 眼睛和嘴接触涂料、溶剂等。立刻用水或 5% 的抗坏血酸钠或 2% 的苏打水冲洗接触部位，然后找医生进行专业处理。不要使用油膏和油类物质处理。

⑤ 有过氧化物残渣。用膨胀云母将残渣吸收，然后小心焚毁（远离建筑物和可燃物）。

2. 准备工作

（1）喷烤漆房的准备。典型的喷烤漆房控制箱面板，如图 3-2-5 所示。

图 3-2-5　喷烤漆房控制箱面板

1—电压表 ； 2—温控仪 ； 3—烘烤时间设定 ； 4—电源指示灯 ； 5—升温指示灯 ；
6—喷漆指示灯 ； 7—烤漆指示灯 ； 8—照明指示灯 ； 9—电源开关 ；
10—急停开关 ； 11—喷漆开关 ； 12—烤漆开关 ； 13—照明开关

① 使用喷烤漆房时首先要打开电源开关 9，电源指示灯 4 点亮，电压表显示 380V。

② 打开照明开关 13，照明指示灯 8 点亮，喷烤漆房内的光线达到施工要求。

③ 常温喷漆时，顺时针旋转喷漆开关 11，需要加温喷漆时，逆时针转动喷漆开关 11，同时调整温控仪 2，设定恒定的喷涂温度到 18℃即可。

注意

喷漆完毕后风机再工作 5 min，使喷烤漆房内的漆雾彻底排净。

（2）试板准备。

① 如果试板有涂层或有锈蚀等，需用 P600 砂纸打磨。

② 对试板进行除尘与除油操作。

（3）电子秤准备。

① 水平放置电子秤，避免高温、振动和明显空气流动，将电子秤的电源插头插入相应的插座内。

② 打开电子秤总电源开关，按下电子秤电源键，暖机 5 min，如图 3-2-6 所示。

③ 按下归零键（作用同其他类型电子秤的"去皮"键），如图 3-2-6 所示。

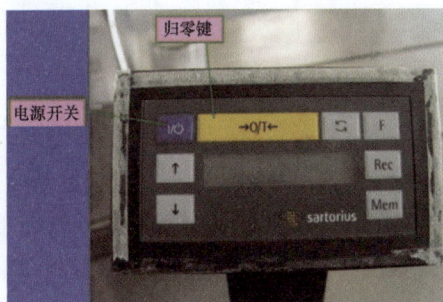

图 3-2-6　电子秤准备

（4）电子秤菜单代码设置。为了适用于不同的使用环境，调漆用电子秤一般都具有环境代码设置功能，以使电子秤的设置适合当前使用环境。电子秤生产商会在说明书中给出典型环境的代码，表 3-2-1 就是典型的例子。

表 3-2-1　　　　　　　　　　　不同环境状态的代码

环境状态	代码
非常稳定	111
稳定（出厂时设定）	112
不稳定	113
非常不稳定	114

如果要根据使用环境设置菜单代码，则按下述操作进行（见图 3-2-7）：

① 关机，再开机，仪器进入自检程序，如图 3-2-7（a）所示。

② 在仪器自检时按一下 →0/T← 键，显示数字"1"，如图 3-2-7（b）所示。按 →0/T← 键改变数字大小。根据表 3-2-1，此时不需要改变数字大小，即仍保持数字为"1"。

③ 按 键显示出第二位数字，如图 3-2-7（c）所示，按 →0/T← 键改变数字大小。根据表 3-2-1，此时不需要改变数字大小，即仍保持数字为"1"。

④ 再按 键显示出第三位数字，如图 3-2-7（d）所示，按 →0/T← 键改变数字大小。此时要根据具体使用环境确定是否将原厂设定的稳定状态代码数字更改为其他数字。

⑤ 按住 ▦ 键 2 s，直到显示 "。"，说明新代码已设置完成。

⑥ 再按住 →0/T← 键 2 s，直至仪器开始自检，松开按键，新代码已被储存。

（5）色母和工具准备。

① 将色母搅拌均匀。

② 准备足够数量的色母。

③ 保证调配涂料的罐是干净的。

④ 准备好搅拌棒、颜色资料及喷涂设备与工具。

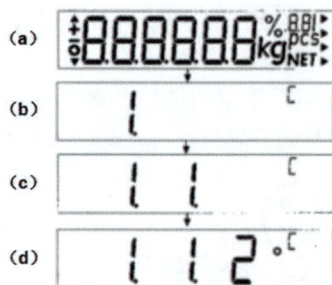
图 3-2-7 电子秤的菜单代码设置

3. 确定调色样板

因为有的汽车原厂漆膜已褪色，有的已喷涂过其他颜色，因此在确定修补部位的调色样板之前，一定要清洗、抛光，去除旧面漆上的粉尘和氧化层，最好将样板色与车身颜色对比一下，找到比较统一的颜色作为调色样板，或根据车主的要求指定汽车某部位作为调色样板。

4. 查找颜色代码

对于部分车型，可以通过原厂提供的涂装资料，来确定涂料的品种、涂层层次关系，确定与之相配套的修补所需涂料及涂装工艺等；但对于部分车型尤其是大部分进口车型，由于品种复杂，车身涂层资料往往很难获得。

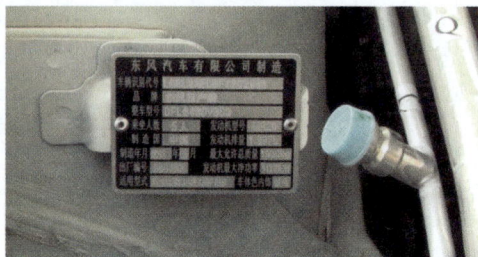
图 3-2-8 汽车铭牌上的油漆颜色代码（车体色内饰）

大部分车型，特别是进口车型，其车身铭牌上都标有颜色代码，如图 3-2-8 所示。颜色代码标明了该车车身及某些部位的颜色代码。根据这一代码通过色卡或计算机资料即可找到颜色信息。所以在进行调漆之前，都要在车中找到所需颜色的编号。

各汽车公司生产的不同型号汽车，其油漆颜色代码标志的位置也不相同。大部分车型会在车身多个位置标示油漆颜色代码，但各位置所标示的代码代表车身不同位置的油漆颜色。表 3-2-2 列举了部分进口（包括合资）汽车油漆颜色代码的位置，其中的漆码位置如图 3-2-9 所示。

表 3-2-2 　　　　　　　　　色号位置实例

车厂车牌	对应中文	漆码位置	车厂车牌	对应中文	漆码位置
Alfa Romeo	阿尔法·罗密欧	5-7-8-18-19	Lotus	莲花	3-9-10
Dacia	达契亚	7-10-19	Mazda	马自达	2-3-5-7-10-15-21
BMW	宝马	3-4-8	Mercedes Benz	奔驰	2-3-8-10-12
Chrysler	克莱斯勒	4-7	Mitsubishi	三菱	2-3-7-8
Citroen	雪铁龙	3-4-7-8-10	Nissan	日产	2-4-5-7-8-10-15
Daewoo	大宇	2	Opel	欧宝	2-3-4-7-8-10-19
Daihatsu	大发	1-2-7-10	Peugeot	标致	2-3-4-7-8-9
Ferrari	法拉利	2-5-8-14-18-19	Porsche	保时捷	5-7-10-12-14-15
Fiat	菲亚特	2-3-4-5-10-18-19	Renault	雷诺	3-4-5-7-8-10-19
Lancia	蓝旗亚	2-4-5-7-10-12-18	Rolls-Royce	劳斯莱斯	8

续表

车厂车牌	对应中文	漆码位置	车厂车牌	对应中文	漆码位置
Ford	福特	2-3-7-8-10-15-22	Saab	萨博	4-8-10-16-17-20
GM	通用	19	Seat	西雅特	8-10-17-18
Honda	本田	3-10-15-18	Skoda	斯柯达	8-10-17
Hyundai	现代	7	Ssangyong	双龙	6
lsuzu	五十铃	2-7-10-13-15	Subaru	斯巴鲁	1-2-3-8-10
Jaguar	捷豹	2-5-12-13-15-22	Suzuki	铃木	3-4-7-8-10-21
Kia	起亚	10	Toyota	丰田	3-4-7-10-19
Lada	拉达	4-5-17-18	Volkswagen	大众	1-2-11
Land Rover	路虎	2	Audi	奥迪	14-17-18-19
Lexus	雷克萨斯	10	Volvo	沃尔沃	2-3-4-6-7-10

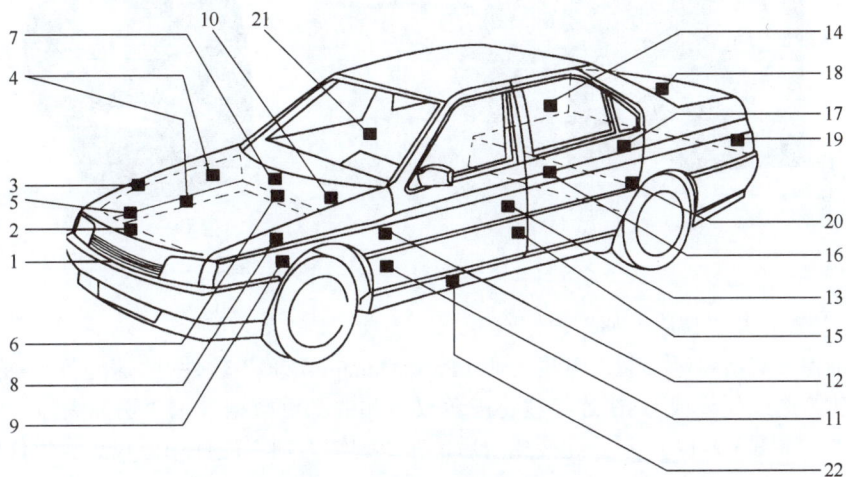

图 3-2-9　漆码位置号标示示意图

　　例如，宝马汽车油漆颜色代码，通常在发动机舱内及左（右）前纵梁附近或水箱支架上，如图 3-2-10 所示，从图上可以看到其油漆颜色代码为 303。

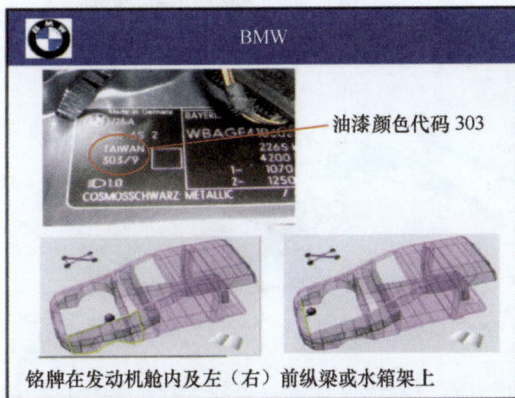

图 3-2-10　宝马车的油漆颜色代码标注位置

　　同一辆车上，可能会在不同的位置均能找到油漆颜色代码，查找时应仔细观察。通常在汽车铭牌上的油漆颜色代码为主车身颜色代码，其他位置可表示车身其他部位的颜色代码（如保险杠、内饰、仪表台等）。

5. 颜色配方获得方法

　　（1）使用快配色（PPG 超级万能配色仪）快速获得配方。在修补区域周围较平整处进行清洁处理，使用快配色读取 5 次获得颜色信息，如图 3-2-11 所示。

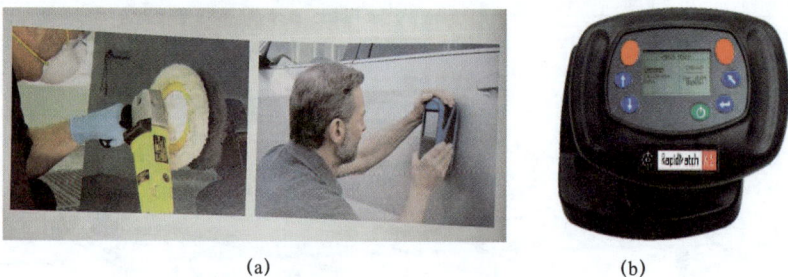

(a)   (b)

图 3-2-11　修补区域清理及获取颜色信息

　　（2）快配色与"调漆大师"软件连接。

　　① 确保计算机已经安装"喷漆大师（PaintManager XI）"软件、快速配色（RapidMatch XI）驱动，通过无线或 USB 连接线将配色仪所测的颜色数据导入"调漆大师"软件进行配方匹配，如图 3-2-12 所示。连接成功后，在"调漆大师"软件中寻找到测色仪单击链接即可。

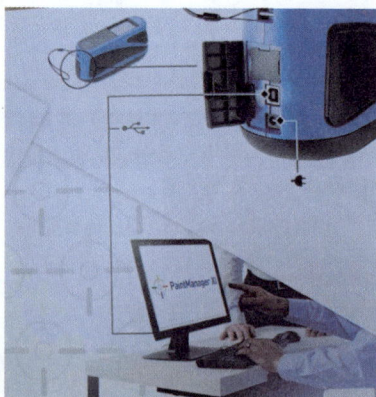

图 3-2-12　快配色与 "调漆大师" 软件连接

　　② 设置方法。执行"设置→测色仪设置→查找连接的测色仪"命令，如图 3-2-13 所示。

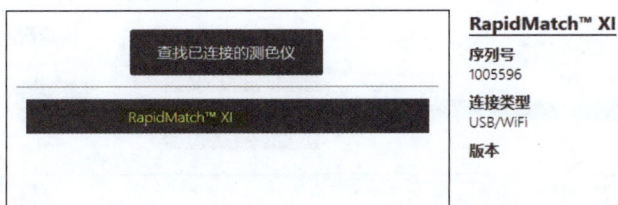

图 3-2-13 "调漆大师" 软件设置

③ 填写颜色信息。

a. 颜色代码：已知色号，输入原厂色号，用于精准查找差异色配方；未知色号，不输入也可查询。

b. 来源类型：选择"汽车制造商"。

c. 生产厂家：可修改或填写汽车厂商。

d. 油漆品牌：选择所需油漆品牌配方。

填写完成后，单击"查找"按钮，进入图 3-2-14 所示的界面。

④ 选择颜色配方。单击"搜索"按钮，界面显示匹配颜色配方列表，匹配值按从小到大排序。

a. 如果输入有效色号，帮助评估匹配结果。

b. 如果未输入有效色号，则不会出现绿色和黄色的标记提示。

c. 匹配度值是一个数字指标，代表系统搜索的配方与目标颜色的精准度。匹配值越小，配方准确性越高。珍珠漆 / 金属漆，数值必须小于 15，数值越小，准确性越高（如图 3-2-14 所示的黄色 4T8 配方数值最小是 7，如果有多个数值 7，应选择与汽车生产制造商相匹配的配方）；素色漆数值必须小于 10，数值越小，准确性越高。

d. 粗细度（EC 列）：提供更详细的珍珠漆 / 金属漆的颜色信息，帮助区分颜色。其中，OK 表示匹配，F 表示偏细，C 表示偏粗。在选择珍珠漆 / 金属漆颜色信息时要考虑颗粒粗细度（EC 列）是否匹配，应该选择匹配度数值小、颗粒粗细度"OK"的颜色配方。

图 3-2-14　颜色配方匹配

　　⑤ 配方匹配。如图 3-2-15 所示，选择匹配度是 7、粗细度是 OK、汽车制造商是 TOYOTA 的一项并确认，单击所选颜色得到配方。

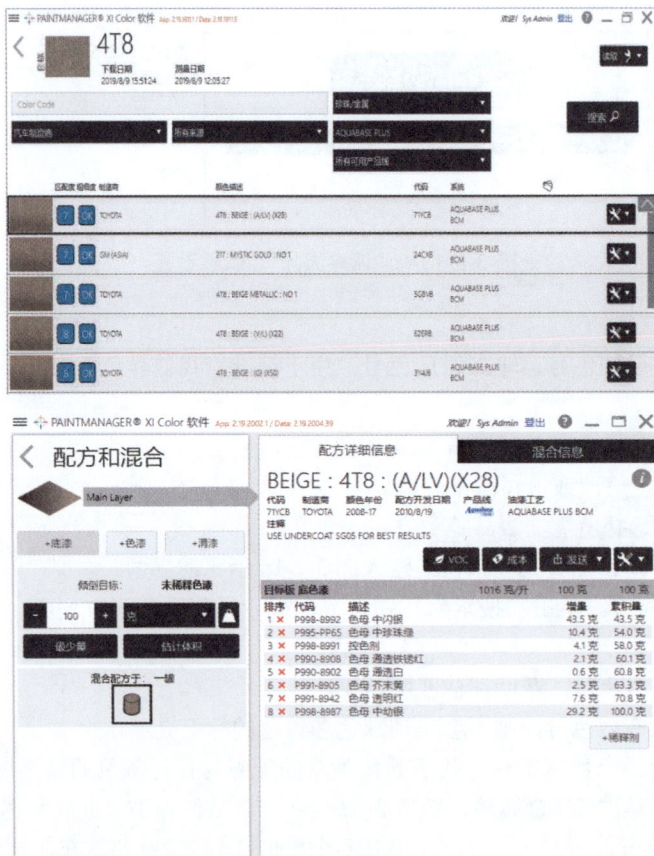

图 3-2-15　颜色配方

　　⑥ 向配方中添加稀释剂。单击"＋稀释剂"按钮，输入添加比例配方中会显示出稀释剂添加量，如图 3-2-16 所示。

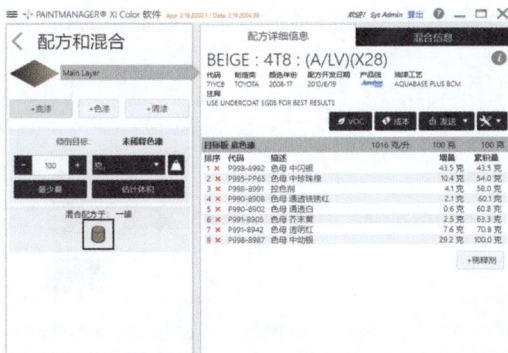

图 3-2-16　添加稀释剂

如果需要打印：单击"发送"按钮，如图 3-2-17 所示。找到标签或配方进行打印，将配方打印到 PPG 专用标签纸，粘贴到样板或油漆罐上。

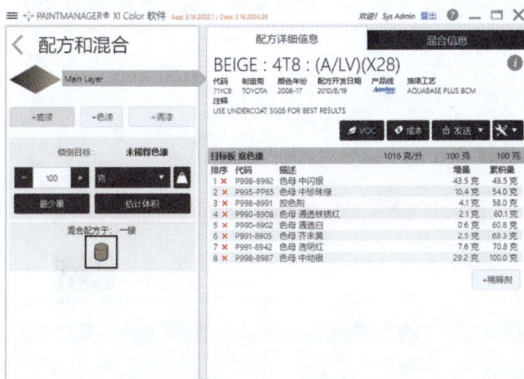

图 3-2-17　打印配方

⑦ 可视化的调配过程。通过电子秤连接安装"调漆大师"软件的计算机。"调漆大师"软件可以进行可视化调配，实现称量、色母选择提醒、加入过量自动换算、油漆用量实时统计等功能。

如图 3-2-18 所示，获得配方后，单击打开"混合信息"选项卡进行调配。

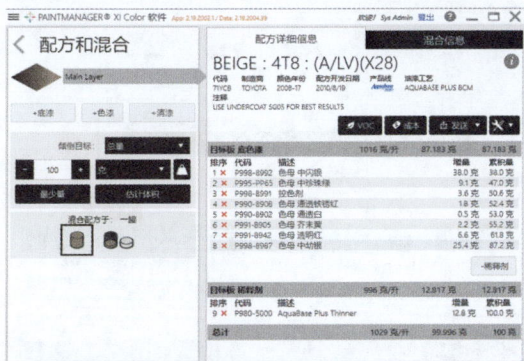

图 3-2-18　配方调配

a. 比如 P995-PP65 多添加了 0.3g，红色柱显示"过量倾倒 0.3 克"，如图 3-2-19 所示。

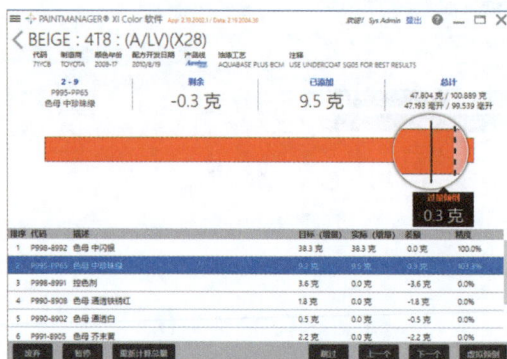

图 3-2-19　过量显示

b. 这时候需要单击左下角的"重新计算总量"按钮进行重新调配，如图 3-2-20 所示。

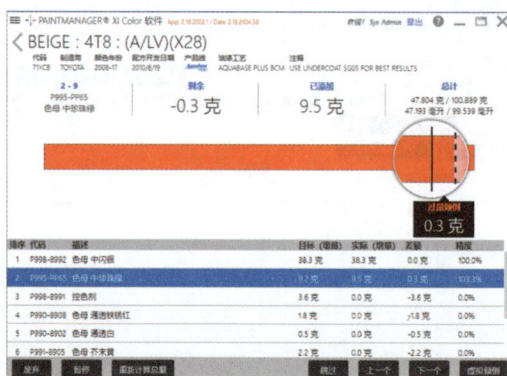

图 3-2-20　重新调配

c. 系统会自动显示计算出第一个色母（P998-8992）还需要再添加 1.4g 才能平衡 p995-PP65 多的量，如图 3-2-21 所示，最后单击"虚拟倾倒"按钮，完成调配。

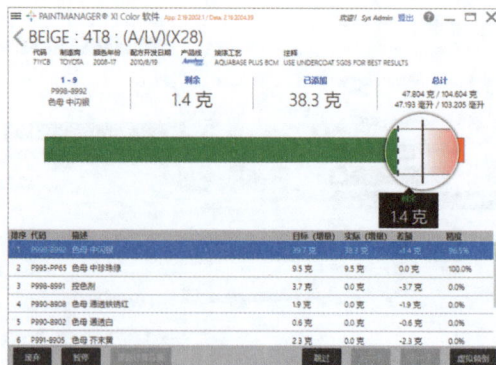

图 3-2-21　色母添加量

（3）扫描色卡条形码一键查配方。

"调漆大师"软件可以通过扫描"中国乘用车市场车色万用色卡"条形码，准确获取差异色配方，避免色号查询结果过多而无法准确匹配色卡对应颜色的困扰。

硬件设备需要的条形扫描枪，如图 3-2-22 所示，无须额外安装驱动。

a. 在"调漆大师"软件的主菜单中执行"查找→代码"命令，进入代码查找页面。

b. 使用条形扫描枪读取色卡背面条形码，直接获得对应的配方，确保配方的准确性，如图 3-2-23 所示。

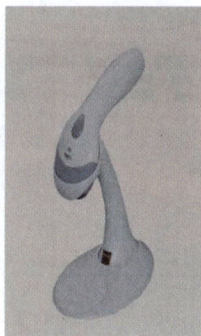

图 3-2-22　条形扫描枪

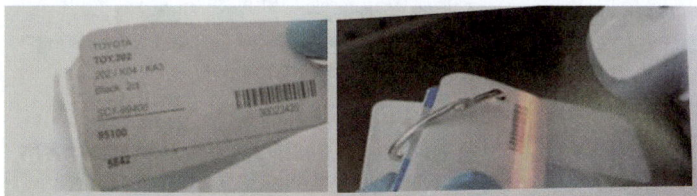

图 3-2-23　扫描获得颜色配方

6.喷涂试板

（1）试板选择。当面漆喷涂在灰度值相同的灰色中涂底漆上或者灰色底漆上时，面漆遮盖力最好且用量最为节约。为了节约面漆，确保喷涂试板和喷涂车辆的条件一致，在调色时最好使用已喷涂好不同灰度中涂底漆或具有灰色底漆的试板。喷涂车辆时也要使用相同灰度的灰色底漆，以避免底漆颜色不同，色漆喷涂遍数不同造成调色和喷涂车辆颜色出现差异，如图 3-2-24 所示。

图 3-2-24　具有灰色底漆的试板

如果使用纸质试板喷涂样板比色，要选择不易吸收涂料的纸质试板，否则试板和车身的喷涂效果会不同，导致判断颜色差别和添加色母失误。另外还要注意由于很多纸质试板通常只有白色，容易使调色者误以为已经遮盖，而事实上下面的白色未被完全遮盖，从而使颜色较浅，误导调色者加入更多色母去微调。这时可以使用带黑白格的试板或在白色试板上贴黑白格遮盖力测试胶带，以使调色者喷板时能够判断颜色是否已经完全遮盖。最好还是使用不同灰度的纸质试板来喷板比色。

素色漆调色可以用调漆比例尺把湿涂料拉出来与车身样板比色，湿态的素色涂料比其样板颜色更鲜艳、明亮些，漆膜干燥后，亮度和彩度都会降低一些，要注意湿色与干色的差别。涂料从湿色干燥后，颜色会变深。原因是搅拌好的涂料，较重的色母来不及沉降，如图 3-2-25 所示。所以所调配好的湿色应比车色（或样板色）稍浅。

A：白色　B：黑色　C：蓝色　　A：干燥后　B：刚施涂后

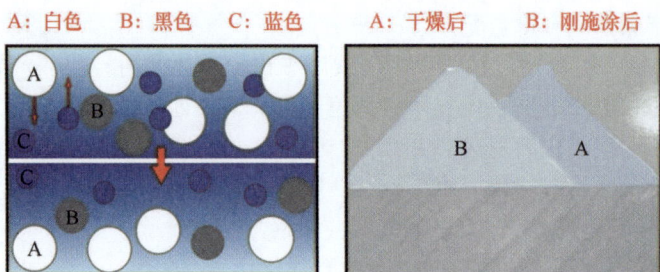

图 3-2-25　湿色与干色差异的原因

湿比色误差较大，所以精确的配色不能用湿比色为最终结果，通常只用于判断混合的均匀程度，并粗略判断需微调的成分，做到心中有数，而不必进行微调。所以，即使对于素色漆，也建议在调色的最后阶段采用喷板比色以准确判断颜色的差异，防止判断不准导致返工。金属漆、珍珠漆调色时，则从一开始就需要喷涂试板进行比色。

注意

湿比色时，不能在色漆里添加稀释剂进行稀释。

（2）试板喷涂。喷枪的调配及喷涂试板的手法和喷涂车辆的操作完全一致，通常先喷涂两层，再喷涂一层雾喷层即可，并且要等涂料试板干燥后再比较颜色，如图 3-2-26 所示。清漆也要按照喷涂车辆同样的喷法，喷涂同样层数，以避免因为清漆膜厚、亮度、流平不同影响对颜色的比较。

图 3-2-26　喷涂试板

注意

喷涂试板时，可选用小型喷枪，并完全按照涂料生产商建议的喷涂参数进行，如喷涂气压、距离、层数等，各道工序之间应有技术说明建议的闪干时间。

在调色的最初阶段，对于不会存档的试板，为了提高效率，可以使用不添加固化剂的清漆喷涂，烤干至可指触时比色。有的涂料厂商开发有自喷罐调色清漆，可以直接喷涂试板比色，节省调配清漆及清洗喷枪的时间。

（3）烘干试板。

① 插好烘箱的电源线。

② 打开烘箱门，将喷涂好的试板放在栅架上，关好门。

③ 打开电源开关，如图 3-2-27 所示。

图 3-2-27　典型烘箱的操作面板

（4）设定烘烤温度。如图 3-2-28 所示，将"测温/预置"按钮按下，调节"设定/调节"旋钮同时观察温度显示窗，直到调整到需要的温度（参考涂料的说明书，通常为 70 ℃），然后再按一次"测温/预置"按钮，使按钮处于高起位置（测温位置），此时温度显示窗显示当时烘箱内的温度，并随时间逐渐增长到所设定的温度（"恒温"指示灯点亮）。

（5）打开鼓风机开关和加热开关进行加热烘烤。通常达到"恒温"后再烘烤 10 min 即可。

（6）关闭"加热"开关，等稍微冷却一段时间后，打开烘箱门，取出试板。

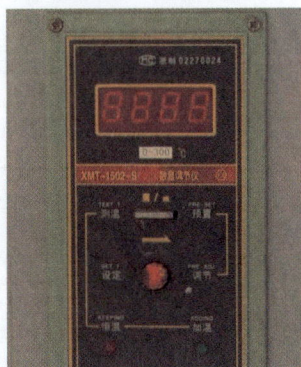

图 3-2-28　设定烘箱温度

> **注意**
>
> 不要立刻关闭鼓风机开关和电源开关，以使烘箱有足够的冷却时间。在取出试板时，需戴手套，以防烫手。

7. 比色

在自然光下或者标准光源比色灯箱里比较颜色差别，根据颜色差别及色母特性图、色母色环图判断选择合适的色母，加入色漆对颜色进行微调。

不要在阳光直射处或者在很暗的光线下比色，也不要在普通荧光灯等非标准光源下比色。不合适的光源会导致颜色产生变化，误导对颜色差别的判断，导致调色不准确。对于银粉漆、珍珠漆，要从以下三个角度比较颜色。

① 正面，即与色卡成 90°～120° 角。

② 半侧面，即与色卡约成 45° 角。

③ 侧面，即与车身约成 180° 角以确保各个角度下的颜色准确。

在用试板与车身颜色（或样板）进行对比时，一定要认真仔细，最好在自然光下进行。如图 3-2-29 所示，如果需修补的板块曾经做过漆膜修补，且颜色与周边原始板块有差异，则应按原厂漆板块的颜色进行比色。

如果太阳光源不足（如阴天），则需要借助配色灯比色，如图 3-2-30 所示。精确的比色可在比色灯箱内进行，要在几种标准光源下对比，以确定是否存在颜色异构现象。

图 3-2-29 利用自然光比色
A—试板 ；B—修补过的板块 ；C—原厂漆的板块

图 3-2-30 用配色灯比色

对颜色的感觉会受到被观察物体周围环境的影响，如将一块灰色纸片放在白色背景中会看起来发暗，而放在黑色背景中会看起来发亮；同时也会受到观察者观察前眼睛观看过其他颜色历史的影响（很短时间以前的历史）。例如，刚看过鲜红色，移开眼睛至白色底板上，就会感觉看到原物体绿色的影子。因此，在做汽车涂料调色工作时，一定要保证比色时没有受到环境的影响，所看的颜色是真实的，是有实际参考价值的，这一点非常重要。图 3-2-31 中白车的右后部需修补，对于调色工作，其中有 6 处错误，分别是：调色人员黄色的工作服，后部的蓝色墙面和黄色的发动机罩，左侧红颜色的汽车，红外线烤灯以及选取的对比颜色的位置。

8. 调色指南挂图的使用方法

（1）使用调色指南时，我们可以采取以下步骤。

① 首先评估车身颜色与样板颜色的差别。

② 查看样板颜色的配方，并了解各个色母在配方中的作用。

③ 明确能使颜色向正确方向移动的色母（这可以通过查看调色指南挂图上相应色母的本色及稀释后的色块，了解相应的颜色走向；如果是银粉和珍珠色母，还可以通过查看小色轮图，了解其在不同色系中的色调特性）。

④ 加入相应的色母，进行调配。

（2）下面我们来举例说明，假设车身色：红色银粉漆，比试板稍蓝，如图 3-2-32 所示的两块色板（A 色板涂有红色银粉漆，B 色板为调好色的试板）。

图 3-2-31 环境对调色的影响

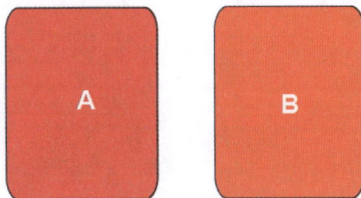

图 3-2-32 两种颜色的差异

颜色调配最大的困难是如何确定颜色之间的差异。颜色差异包括颜色的三个要素，即色相、明度和彩度。对比应该得出的颜色差异结论见表 3-2-3。

表 3-2-3　　颜色差异的描述

三要素	差异	差异描述：目标色板A的颜色
色相	红 / 绿，蓝 / 黄等	更蓝或者更黄
明度	白度 / 黑度	更白或者更黑
彩度	纯净度 / 浑浊度	更纯净或更浑浊

对于色相，如果差异描述为更蓝，则需要在微调时加入蓝色母；如果描述为更黄，则需要加入黄色母。对于明度，如果差异描述为更白，则需要加入黑色母；如果更黑，则需加入白色母。对于彩度，如果描述为更纯净，则需添加能提高纯净度高的色母；如果描述为更浑浊，则需加入能降低纯净度的色母。

① 具体操作方法如下所述。

a. 查看样板的配方，明确各色母的作用，见表 3-2-4。

表 3-2-4　　样板配方及色母作用表

色母	质量/g	色母的作用
P425-987	26.4	银粉颗粒度，有助于调节颜色的深浅
P429-923	52.8	清澈、蓝相的栗色
P425-948	6.6	黑色用于使颜色变脏、深
P425-976	13.2	蓝相紫红

b. 由于我们需要把颜色调蓝些，所以在查看了配方，发现有两个呈蓝色调的色母（P429-923 和 P425-976）后，再查看调色指南上相应的色块和小色轮图，如图 3-2-33 所示。

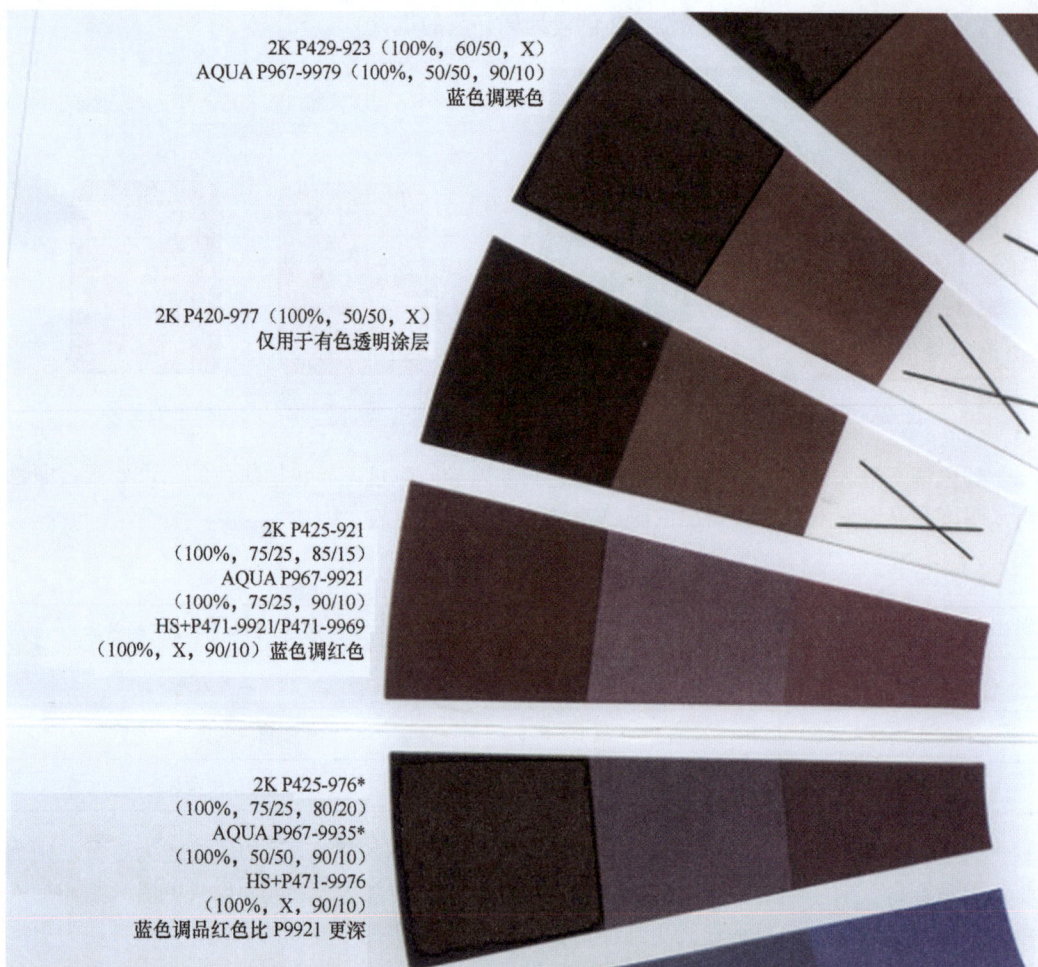

2K P429-923（100%，60/50，X）
AQUA P967-9979（100%，50/50，90/10）
蓝色调栗色

2K P420-977（100%，50/50，X）
仅用于有色透明涂层

2K P425-921
（100%，75/25，85/15）
AQUA P967-9921
（100%，75/25，90/10）
HS+P471-9921/P471-9969
（100%，X，90/10）蓝色调红色

2K P425-976*
（100%，75/25，80/20）
AQUA P967-9935*
（100%，50/50，90/10）
HS+P471-9976
（100%，X，90/10）
蓝色调品红色比 P9921 更深

图 3-2-33　配方特定色母色块图

　　c. 我们可以发现 P425-976 接近蓝区，如图 3-2-34（a）所示；而 P425-923 在深红区，如图 3-2-34（b）所示。

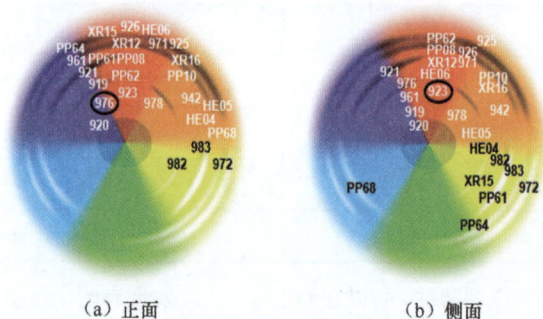

（a）正面　　　　　　　　　（b）侧面

图 3-2-34　色轮图

　　d. 很明显，在上述例子中应该加入少量 P425-976。

e. 最后加入少量所需要的色母到油漆内，喷涂样板，再检查颜色。

② 在决定进行调整之前应当确认以下事项。

a. 是否喷过试板？喷试板的方法是否与修补时一样？

b. 车身的哪个部位需要配色？修补区域周边是否已经抛光处理？

c. 是否已经达到遮盖能力？

d. 色漆是否正常干燥？

e. 调漆设备是否运行良好？

f. 配色时加入量是否准确？

g. 是否已检查过差异色？

h. 过渡喷涂可以解决吗？

i. 是否真的需要调整这个颜色？

在排除上述任何干扰因素，并确定不能用过渡喷涂的方式解决色差后，才能确定需要微调。

> **注意**
>
> 微调应作为色差校正的最后手段，即如果可以用过渡喷涂技术校正色差就不需要微调。假如必须要做微调，则微调到可以通过过渡喷涂消除色差为止。对于调色和喷漆人员，过渡喷涂是解决色差问题的最有效的工具。

9. 微调色母选择

要确定微调的成分，必须对配方中的全部色母的颜色特性有充分的了解。

我们可以用不同的色母调配出近似的颜色，且在同一种光线下颜色很接近，即配方不同颜色相同。但是当把上述两种不同配方调出的颜色置于其他光源下，则它们可能又存在颜色差异，这就是条件等色，又称作颜色异构。为避免条件等色，微调颜色时要尽量使用原配方中所用到的色母。如需加入配方外的色母，必须在不同光源下比较颜色，即除了自然太阳光，还应该使用比色灯箱，在至少两种不同的光源下进行色彩对比。如果在两种光源下，色漆颜色都相同，基本可排除颜色异构。

如果发现颜色异构严重，则主要是由于色母选用不当。油漆厂商所提供的调色配方是已经在实验室里以不同的光源测试无误后，才被认可使用。所以，在调色时只要使用配方中所含色母进行微调，就可避免颜色异构。

> **注意**
>
> 在进行微调时，最好每次以 100g 的量添加色母，并做好所加的每一种色母及质量的详细记录。当微调完成后，便获得了一个新的配方。在正式喷涂需大量调漆时，按此配方调色即可。这样积攒的配方多了，可以把它们装订成册，作为自己的色卡使用，方便快捷，调色准确。

10. 6S 工作

清洗喷枪，清理工作台及使用的工具。

注意

调色是反复重复的进行色母类型、数量计算、喷涂试板、比对颜色的过程。需要对颜色敏感、细心、有耐心才能很好地完成。如在颜色比对时，只有前 3s 是最准的，看得越久就越不准确，而且还会多次反复地进行试板对比，时间长了就要停下来休息一下缓解眼睛疲劳，才能继续进行试板比对。

□ 任务总结 □

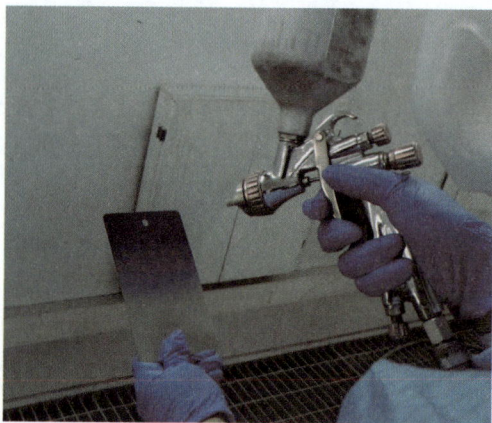

视频

素色漆手工调色

1. 概述

（1）素色漆的光谱特性。素色面漆是用一般着色颜料配制的面漆，其着色均匀，漆膜不透明。

（2）同色异谱现象。

① 定义：当一对色板在某一光源下，所呈现的颜色是相同的，而在另外的光源下，却呈现颜色差异，这种现象即同色异谱。

② 原因：出现同色异谱现象的主要原因是两块色板中的颜色构成不同。

③ 解决方法：在多种光源下比色，用标准比色灯箱比色。

（3）颜色配方。

① 定义：调配某种颜色所需要的色母种类和数量称为这种颜色的配方。

② 用途：指导调色。

③ 标准配方：混合 1L 涂料需要的配方。涂料生产商提供的颜色配方均为标准配方。

2. 调色工艺

查色号→对比色卡与色板确定色卡→查找配方→按配方混合色母→喷涂试板比色，确定微调成分及量→形成新配方→修补涂装。

（1）色号位置：汽车维修资料、车身铭牌。

（2）查阅配方：按所查得的油漆颜色代码找到相应的色卡组，通过对比确定色卡，从色卡的背面读取配方。

（3）喷涂试板：按配方混合色母，喷涂试板。

（4）比色微调：试板干燥后对比颜色，在充分了解配方中各色母特性的基础上，确定微调成分及量。

（5）形成新配方：将微调后的配方恢复的 1 L 标准配方，保存。

（6）按微调后的配方进行实车修补喷涂。

□ 问题思考 □

1. 什么是素色漆？它的光谱特性是什么？

2. 什么是同色异谱现象？产生这种现象的原因是什么？调色时如何避免出现这种现象？

3. 在调色时，应佩戴的劳动保护装备有哪些？

4. 在调色时，可能出现哪些特殊情况？如何进行相应的应急处理？

5. 对于调色试板，应做好哪些准备工作？

6. 确定颜色配方时，为什么要用到差异色？

7. 如何确定调色样板？

8. 如何查找车身颜色代码？如果查不到颜色代码怎么办？

9. 为什么不建议采用湿比色？

10. 素色漆比色时，应重点关注颜色的哪方面？

11. 如何确定微调色母的用量？

学习任务三　银粉漆手工调色

□ 学习目标 □

1. 能够正确描述金属漆的特点。

2. 能够正确解释随角异色效应及其原因。

3. 能够正确描述银粉漆最佳调色步骤。

4. 能够正确描述银粉漆比色要点。

5. 能够正确描述调色时的注意事项。

6. 能够正确进行银粉漆的调色。

7. 能够正确描述银粉漆颜色微调要点。

□ 相关知识 □

一、金属漆

金属色漆也称为金属闪光色漆，简称为金属漆，包括银粉漆和珍珠漆两种。金属漆是在物件表面均匀地涂覆含有铝粉等金属颜料的涂料，从而得到有金属光泽的涂层。

汽车面漆涂装要求高装饰性（高鲜映性、高亮度、高闪光、彩色化），银粉漆和珍珠漆作为面漆的汽车逐年增多，在轿车涂装中已超过 50%（有的国家和厂家涂金属面漆的车已超过 70%，并且还在逐年增加）。涂金属面漆汽车的价格虽然较素色漆汽车的价格要贵，但却发展得很快，普及应用到微型车、中巴、大客车车身的涂装，重型汽车驾驶室采用金属面漆的也占有一定的比例。

汽车车身用的金属面漆漆膜一般是由含有随角异色效应的颜料（最典型代表是铝粉，也称为银粉，如图 3-3-1 所示）的底色漆层和罩光清漆层组成。罩光清漆层又有透明无色清漆层和着色透明清漆层两种。为提高底色涂料的遮盖性，有时

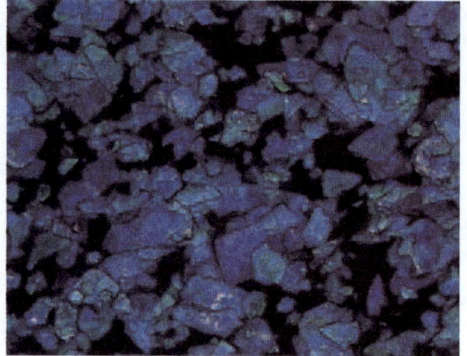

图 3-3-1　含有铝粉的漆膜

在涂底色涂料之前涂装与底色涂料的颜色相近似的中涂涂料（又称色封底中涂）。根据上述的多种组合，可形成色彩多样化的、漂亮灿烂的金属闪光色。

二、随角异色效应

随角异色效应也称为颜色的方向性，即随观察角度的变化而呈现不同明亮度及色彩。如图 3-3-2 所示，在观察金属漆膜的场合，随目视点从 A 向 B 移动，会产生明度差。这种变化的程度称之为随角异色效应性（FF 值）。目视点 A 是正面反射光，明度高（称为最大亮度），目视点 B 的反射光明度低（称为底色），其落差就为 FF 值。

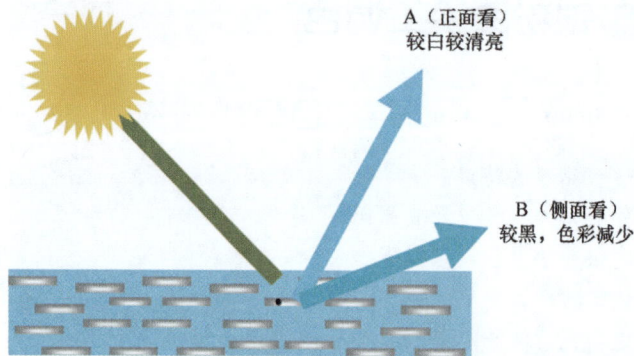

A（正面看）
较白较清亮

B（侧面看）
较黑，色彩减少

图 3-3-2　随角异色效应示意图

1.金属漆膜的光学特性

金属漆膜的光学特性如图 3-3-3 所示，透过清漆漆膜层的入射光经颜料选择性吸收、颜料颗粒的散射、镜面反射和金属与珠光片的边缘发生漫反射后，到达人眼，而得到闪耀的金属光泽感。

金属色与素色的不同点是金属漆膜的扩散反射光少，正反射光强，随着观察角度变化，

漆膜的颜色随之变化，具有颜色的方向性（随角异色性）。而素色漆膜是以在漆膜内部多次反射的散射光为主体。

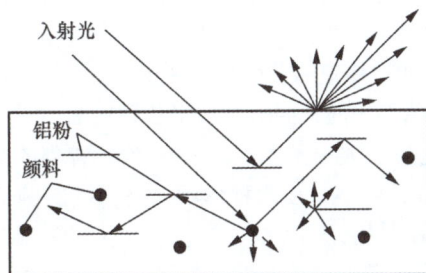

图 3-3-3　金属漆膜的光学特性

2. 颜色方向性的原因

具有方向性的金属漆，往往正视色和侧视色有所差别。如图 3-3-4 所示，正面看呈偏紫的银灰色，侧面看呈现粉红色。

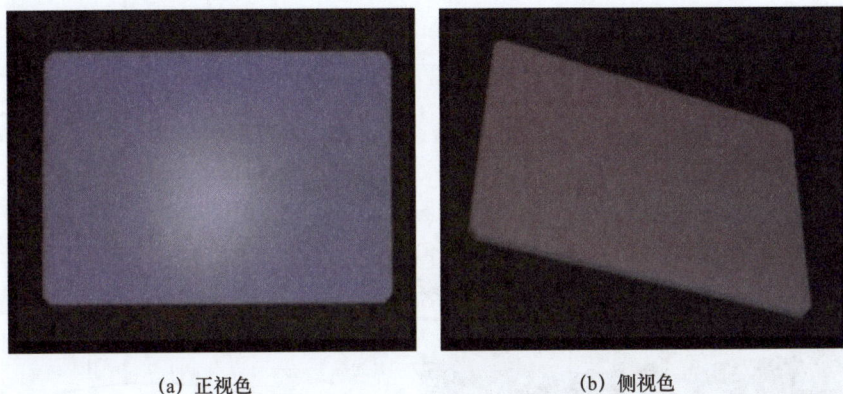

(a) 正视色　　　　　　　　　　　　　(b) 侧视色

图 3-3-4　金属漆的方向性实例

金属漆的调色之所以难，是因为随观察方向的变化，已经调得一致的颜色会呈现出色差。如图 3-3-5 所示，将一辆涂装了橄榄色和绿色调制的金属漆膜的汽车置于阳光下，A 处朝阳，B 处背阴。在这种情况下，A 处看起来红中带黄，B 处看起来是绿色。如果对此漆膜进行修补，采用的颜料组合是印第安红和正绿，调出的色彩在 A 处符合，在 B 处却完全不符合，或者在 B 处符合在 A 处完全不符合。这是由于原来的漆膜所用原色方向性强，而修补的原色方向性弱所致。

同样的现象，在某种蓝色金属漆中也存在。橄榄色＋绿色金属漆膜在阳光直射下，带很浓的绿色感，背阴处又有很强的红色感，这种现象还随蓝色原色的不同，以及与其组合的其他原色的不同，出现某种程度的差异。

引起金属漆产生方向性的根本原因是存在金属粒子。铝粉粒子的平面部分有强烈的镜面反射效果，而侧面却只有很少的反射。

影响金属漆方向性的因素很多，如颜料颗粒的形状、大小，颜料的种类，原色的种类，涂料的种类及涂装方法等。

（1）颜料颗粒的形状。有机颜料颗粒的大小为直径 0.01 μm 左右，而形状有的是球状，有的是柱状，有的是扁平状，各不相同。下面我们以球状颗粒 A 和扁平状颗粒 B 为例进行分析。如图 3-3-6 所示，照射到球状颗粒 A 的光线，朝各个方向的反射量基本上是相同的，而所谓某物质是某种颜色，是与其光的反射量相关的。无论向哪个方向都反射同样量的光，也就是不论以哪个方向看颜色都相同。照射到扁平状颗粒 B 的光线，在 X 和 Z 处反射的光，与在 Y 处反射的光相比，光量的大小不相同。故在 Y 处看到的颜色与在 X、Z 处看到的颜色不同。B 就是方向性强的颜色。A、B 两种形状只是极端的例子，实际使用的颜料或多或少有一点方向性。而黄色类所采用异吲哚满（橙、有机黄等）、特殊偶氮系（绿黄色）、酞菁系（酞菁蓝、不褪蓝、正蓝等）颜料，方向性尤其强。其中的酞菁类颜料，随制作方法不同，有的基本没有方向性，有的方向性很强，因此对于酞菁类的各种颜料，必须弄清其特点才便于使用。

黄系原色除方向性外，色相还存在带红、带绿之别。有的用于单色相时耐候性好，用于金属闪光色时却出现变色等，各种原色具有不同特点，必须根据需要区别使用。

图 3-3-5　橄榄色＋绿色金属漆膜的方向性

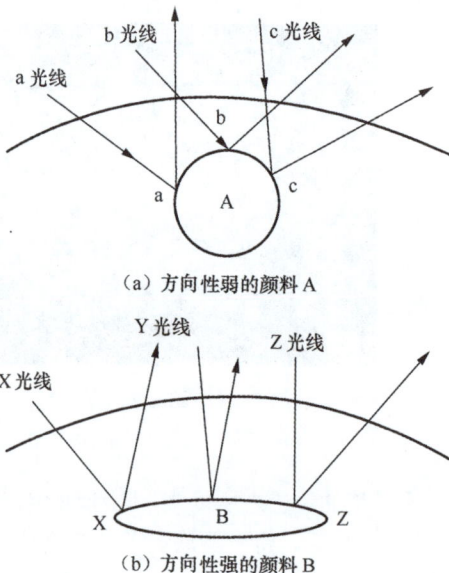

（a）方向性弱的颜料 A

（b）方向性强的颜料 B

图 3-3-6　颜料颗粒形状对反射性的影响

即使都是扁平状铝粉（银粉）颗粒，由于侧面形状不同，其反射性也会出现差异，如图 3-3-7 所示。A 组铝粉边缘不整齐，呈锯齿状，在 a、b、c 和 d 处的反光强度不同；而 C 组铝粉颗粒边缘整齐，在各处的反光强度相近。

（2）银粉粒子的大小。在金属漆膜中，还出现了一种被称之为"魅力色"的漆膜，白色相很强，网孔显得很大，闪闪发光。这种强烈的金属感是怎样产生的呢？银粉漆实际上是由透明涂料加入金属铝粉和颜料形成的，金属感来自铝粉，而色相由颜料和铝粉所决定。为叙述方便起见，可把透明涂料和铝粉的混合称为银粉闪光基料。

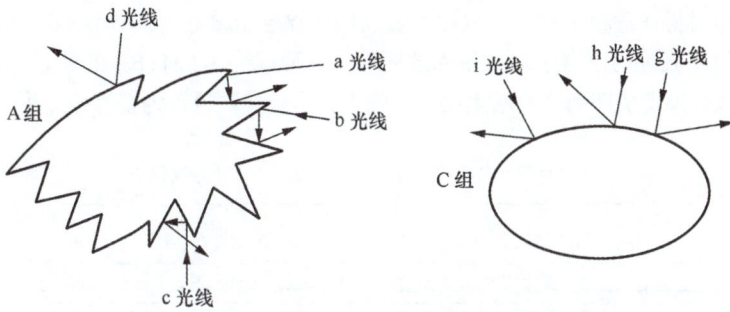

图 3-3-7 铝粉边缘形状对反射性的影响

如图 3-3-8 所示，铝粉粒子各种大小的都有，只是各自所占的比例不同而已。这可以用粒度分布曲线来描述，如图 3-3-9 所示。

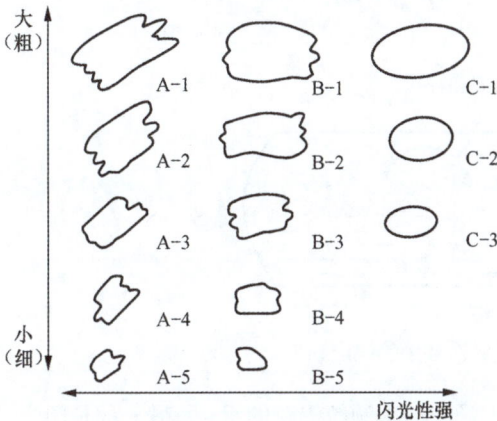

图 3-3-8 铝粉粒子的种类和大小

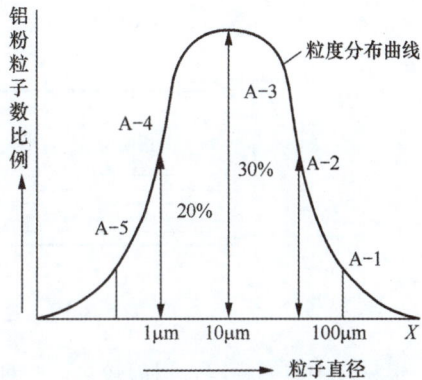

图 3-3-9 银粉闪光基料中的粒度分布曲线

虽然铝粒子的种类只有有限几种，但通过不同的组合，可以形成银粉闪光基料达几十种。但作为汽车修补涂装涂料，要准备几十种银粉闪光基料是比较困难的。通常的做法是准备粗、中、细三种不同平均粒度的基料，这三种基料的粒度分布如图 3-3-10 所示。使用时，可以将其中两种或三种按不同比例混合，得到所需的各种不同平均粒度的银粉闪光基料。

图 3-3-9 所示的金属铝粒子中，A-1 最大，A-5 最小。实际上银粉闪光基料中含有比 A-1 大和比 A-5 小的粒子，大约各占 0.5%。比 A-1 大的粒子，可以在使用前的杂质过滤器中，与杂质一同除去，而比 A-5 小的粒子往往会带来麻烦。

若银粉闪光基料中有比 A-5 小的颗粒，往往易引起"金属雾斑"，如图 3-3-11 所示。这种小的颗粒

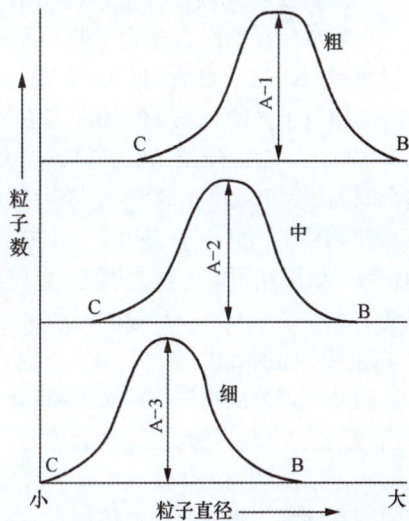

图 3-3-10 各种银粉闪光基料的粒度分布

虽数量不多，却极易在漆膜中移动。只要在金属闪光涂层上喷涂含溶剂量多的清漆，就会产生图 3-3-12 所示的涡流运动，将小颗粒带入透明层内，形成图 3-3-11（b）的情景。要获得满意的金属闪光感，就必须设法抑制这种涡流运动，使大、小金属颗粒较为整齐地排列在金属涂层内。

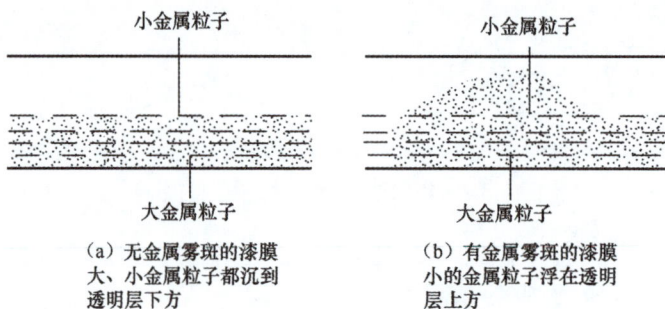

（a）无金属雾斑的漆膜　　　　　（b）有金属雾斑的漆膜
大、小金属粒子都沉到　　　　　小的金属粒子浮在透明
透明层下方　　　　　　　　　　层上方

图 3-3-11　银灰色金属闪光涂装中金属雾斑产生的机理

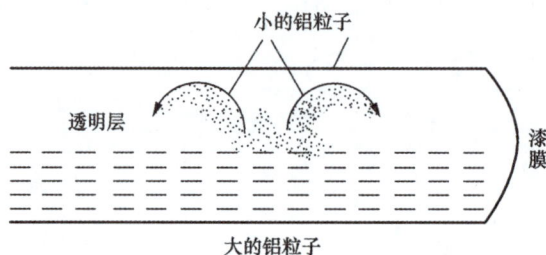

图 3-3-12　金属闪光涂装中的涡流现象

银粉漆中有两种组合用得较多，一种是大颗粒与小颗粒铝粉的组合；另一种是闪光性强的铝粉（外表形状圆滑）和小颗粒铝粉的组合。

为什么要将大颗粒与小颗粒相组合？直接换用中等粒度铝粉是否可行？事实上，采用大、小颗粒铝粉的组合是为了兼顾银粉漆的金属感和遮盖力而采取的措施。铝粉颗粒越大，金属感越强，这一点我们已经了解。而铝粒子大小与遮盖力的关系如图 3-3-13 所示。当铝粉大小接近于光的波长（0.1 μm 左右）时，遮盖力最强。

实际上，前面所谈无机颜料遮盖力强也是这个原因。大于或小于此值，遮盖力都会下降。小颗粒铝粉的大小正好是 0.1 μm 左右，遮盖力最强。如果换用中等粒度铝粉，金属感足够，但遮盖力不足。大、小颗粒的组合，则同时满足了这两方面的要求。

闪光性强的铝粉与小颗粒铝粉相组合，其作用与上述类似，是为了提高遮盖力，减小涂装次数，以降低施工作业成本。另外，小颗粒铝粉还有抑制漆膜方向性的作用。

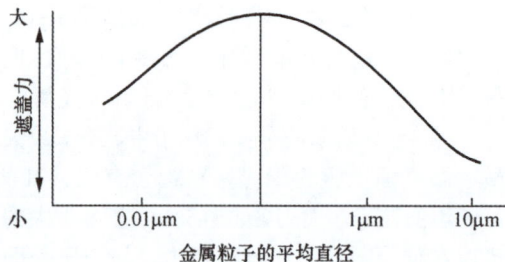

图 3-3-13　铝粒子大小与遮盖力的关系

汽车修补涂料常用的铝粒子有三种形状，其特性见表 3-3-1。

表 3-3-1 常用的三种铝粒子的特性

类型	标准类型	白色	高度闪光
设计形状			
特性	比其他两种类型暗	从任意角度看时均发出强的闪光	• 直接看时发出耀眼的闪光 • 比其他两种类型亮

由表 3-3-1 中的三种形状铝粒子，做成不同大小的颗粒，即可形成铝粒子系列，进而制成系列银粉色母。表 3-3-2 为 "PPG" 涂料的银粉色母特点，在进行颜色微调时，必须对其有充分的了解，才能调出满意的颜色。

表 3-3-2 "PPG" 涂料的银粉色母特点

粒径尺寸	象形图	色母	特性描述
		P998-8981元宝相闪银	明亮的金属色。侧面比P998-8993浅
		P998-8985特幼银	特幼银。侧面浅
		P998-8986亮幼银	幼闪银。正面亮，比P998-8985侧面深
		P998-8987中幼银	中幼银。比P998-8985侧面深
		P998-8988中闪银	中闪银。正面亮，比P998-8986侧面深
		P998-8989特粗银	粗闪银。正面粗亮，侧面深，比P998-8981侧面深
		P998-8992中粗银	中粗银。比P998-8985侧面深
		P998-8993粗闪银	粗闪银。正面亮，比P998-8988侧面深
		P995-HE04闪烁金	中粒度金黄色银粉
		P995-HE05闪烁橙	较P995-HE04更金红的橙色银粉
		P995-HE07闪光蓝	高彩度蓝色透镜状银粉
		P997-LA01液态金属-超细	超细特殊液态金属效果

（3）颜料的种类。图 3-3-14 所示是在方向性很强的原色颜料中加入无机颜料后的颜料颗粒状态图。由此图可以看到，由于无机颜料颗粒大，挡住了光线，到达有方向性颜料颗粒的光线减少；另外方向性颜料的反射光也被其阻挡，抑制了方向性的发挥，例如绿黄色和橙色类方向性很强的原色，若加入白色无机颜料或赭色无机颜料，方向性就会减弱或消失。所以，有时向银粉中加入白色，这并非使色彩呈白色而是为减弱其方向性。因为如果方向性太强，在制造厂的生产流水线上，很难完成漆膜修整工作，有时还会产生金属闪光色不稳定的问题。修补涂装中向银粉漆中加入白色母，也可能是为了调整方向性。

不过上述方法并不总是适用。例如银灰色漆膜，这种颜色带很强的色相。这是因为在这种银粉漆中，使用的都是带白色的颜料，如果调色时再加入白色就会导致光的透过性变差，使漆膜失去金属闪光感。

在调配银粉漆时，首先必须弄清其颜色方向性的强弱，这可以通过原漆膜向光面和背光面的颜色对比进行判断，这种判断方法多加练习可熟练掌握。

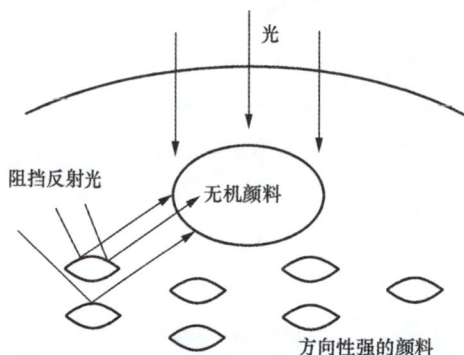

图 3-3-14　方向性强的颜料中加入无机颜料后的效果

（4）原色的不同。一般来说呈透明状的有机颜料都具有不同程度的方向性，尤其是前面提过的绿、黄、橙、有机黄和蓝色类，带较强黄色相的酞菁类等原色。因此使用这些原色调出的绿色、橄榄色、金黄色、棕色、蓝色等金属闪光色，大多具有强方向性。

之前，调制橄榄色用的是印第安红和绿色相组合。随着异吲哚满系颜料的开发，大多改用异吲哚满系颜料中的黄原色与黑色相组合，调出橄榄色。因为后一种组合方向性强，具有鲜明的金属闪光感，而且适宜局部修理。印第安红和绿色的组合，之所以不适宜用于局部修补，是因为一种是有机颜料，另一种是无机颜料，颗粒大小差异大，密度不同，尤其是当加入稀释剂较多时，密度小的上浮，密度大的下沉。当用于局部修理时，在修补部位的边缘处就会出现"色分"现象，分成黑的、铁红的、蓝的几种颜色。而黑原色与异吲哚满系黄原色颗粒大小相同，不易出现上述现象。

涂料是否有"色分"现象，可以通过一个简单的试验判明。如图 3-3-15 所示，若修补漆膜与旧漆膜的交界区域 B 不出现"色分"，则说明这种涂料适宜用于局部修补涂装。

总之，为了避免金属漆涂装不致因方向性而失败，首先应弄清所要与之吻合的颜色的方向性强弱，然后可参照表 3-3-3，选择与之方向性相当的原色进行调色，就能达到所期望的效果。

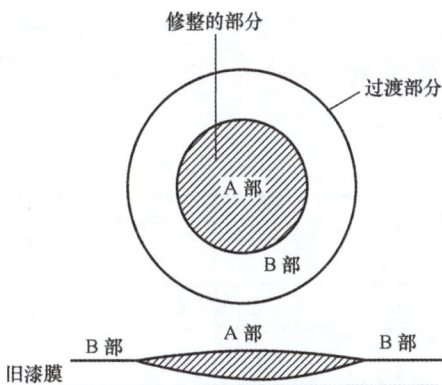

图 3-3-15 局部性修补判定

表 3-3-3 各种原色方向性程度

	A组	B组	C组
方向性的大小	大	中→小	能消除方向性
颜料颗粒的形状与大小	扁平状较小颗粒	圆状细小颗粒	椭圆状大颗粒
颜料的分类	异吲哚满系、特殊偶氮系等	其他有机颜料、透明状氧化铁	无机颜料
原色名	橙、有机黄、绿黄等	锌红、橘黄、其他大部分原色	赭色、白色、印第安红

（5）铝粒子的排列。如果往丙烯酸聚氨酯涂料和改性丙烯酸硝基涂料中加入同一种铝粉，涂装后仔细观察，将会发现前一种漆膜显得金属颗粒大，亮度高。这种现象实际上是由于铝粒子在漆膜中的排列状况所引起的。如图 3-3-16 所示，聚氨酯涂料中，铝粒子排列整齐，反射表面积大，所以显得颗粒大、亮度高。

铝粉在涂料层中的排列，实际上是在运动中形成的。硝基类涂料干燥速度太快，在粒子排列还未完全形成时，涂料已失去流动性，这就是造成两种涂料铝粒子排列情况不同的根源。

显然，要获得相同的效果，丙烯酸硝基涂料应加入颗粒稍大些的铝粉。同理，为获得较好的金属闪光感，一般多采用聚氨酯类涂料。

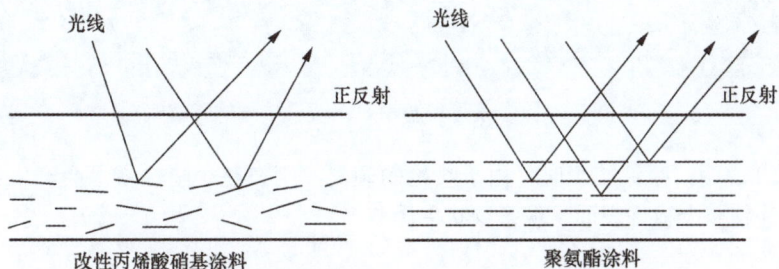

图 3-3-16 不同涂料中铝粒子排列情况对反射光的影响

（6）涂装技术。金属漆膜的色泽，随喷涂条件的差异而不同，有时会泛白，有时发暗，其原因就是前面曾谈过的铝粉排列状况。受喷涂条件的影响，铝粒子排列情况有时规则，有时紊乱。喷涂作业时各种因素对色泽的影响见表 3-3-4。

由此可见，在进行金属漆调色操作时，所采用的溶剂比例和喷涂条件，应与实际作业时完全一致。尤其是采用的涂料为丙烯酸聚氨酯时，溶剂的稀释率和喷涂气压等差异，很容易引起色彩的差异，要予以充分注意。

表 3-3-4　　　　　　　　　　涂装条件与金属漆膜明、暗的关系

涂装条件		色泽亮（泛白）	色泽暗	影响度
溶剂种类		干燥速度快	干燥速度慢	大
溶剂所占的比例		所占的比例大	所占的比例小	中
喷枪	空气量	大	小	大
	喷嘴直径	小	大	中
	喷束直径	大	小	中
	空气压力	高	低	少
涂装作业方式	喷枪距离	远	近	中
	运行速度	快	慢	少
涂装环境	温度	高	低	大
	湿度	低	高	中
	通风	好	差	小

图 3-3-17 说明，喷涂施工时，干喷和湿喷两种状态下，铝粒子排列情况不同。因干喷时时，漆膜所含溶剂少，干得快，所以铝粒子大多会悬浮于表层；而湿喷时，则铝粒子容易沉于底层，从而产生不同的光泽效果。

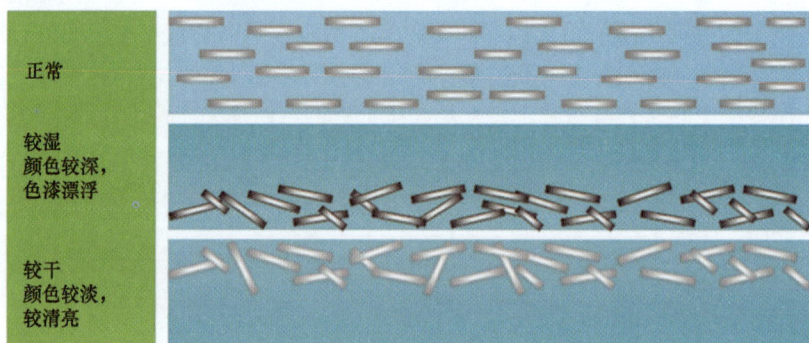

正常

较湿
颜色较深，
色漆漂浮

较干
颜色较淡，
较清亮

图 3-3-17　干喷和湿喷对铝粒子排列的影响

图 3-3-18 说明，喷涂施工时，由于喷枪的倾斜，则在整个喷涂带上会产生铝粒子不同的排列，最终使整个板件表面呈现条纹状色泽差。

注意

上述情况表明，喷涂时，喷枪的角度对喷涂质量有直接的影响。这也是要求喷枪垂直于喷涂表面的原因。

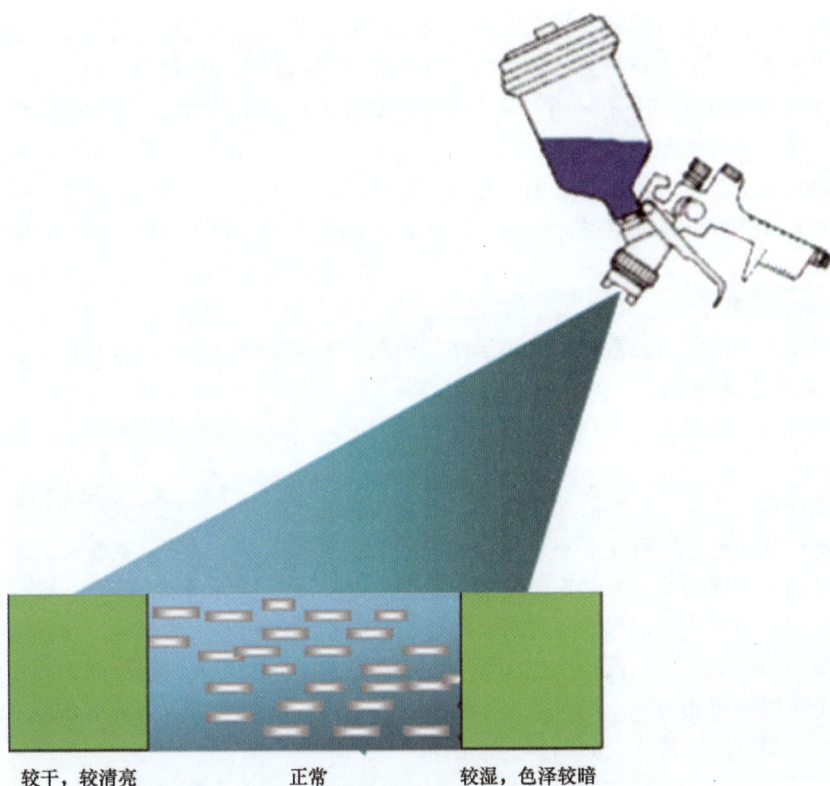

图 3-3-18　喷枪倾斜的角度对铝粒子排列的影响

另外，板件所处的位置也会影响铝粉粒子的排列。图 3-3-19 说明，在相同的喷涂工艺条件下，在水平面和垂直面上，铝粒子的排列有差异，因而其光泽效果也不一样。

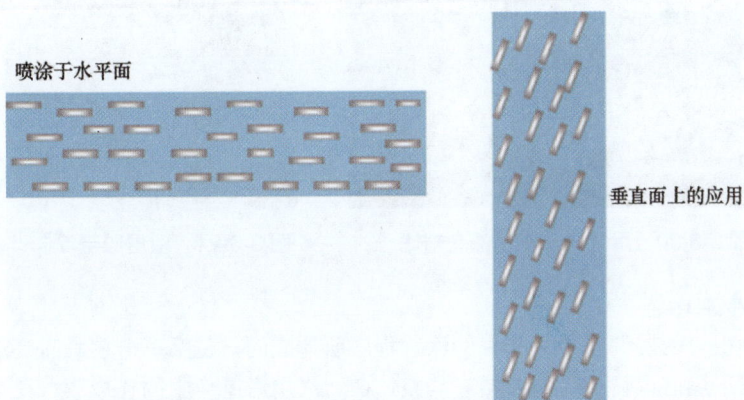

图 3-3-19　板件所处位置对铝粒子排列的影响

三、最佳调色步骤

银粉漆的调色要点在于方向性要一致，只要方向性与原漆膜相吻合，剩下的就只是原色加入比例问题，相对比较简单。为此，调色时应首先使侧视色（又称为透视色）与原漆膜相吻合，再调正视色。如果要先调好侧视色，就应熟悉不同原色的侧视色。

调制深色银粉漆时，应先只加入原色颜料，调好其侧视、正视色，然后加入所需粒度的金属铝粉，按此步骤调制比较省事。

调制浅色和中等浓度色相时，第一步是先配制好粒度大小适宜的金属铝粉。若需中等粒度，最好用大颗粒和小颗粒相混合配制。金属铝粉调配好后，再加入原色，进行颜色的调制。

四、比色要点

现代汽车涂装最常用的银粉漆有单工序漆和双工序漆两种，其比色要点如下。

1. 单工序漆比色

此类漆与素色漆类的不同在于其有色颜料含量低，而由大量的铝粉颜料来达到遮盖力与金属外观。

在达到所需的膜厚后，即需选用正确的喷涂技法进行最后一道喷涂来得到和汽车原色漆过渡区域最近似的配合。可在一小片具有弹性的金属或纸片上先试喷，当干燥后将之折成和汽车需修补部位同样的弧度以判定需要的正确技法，如图 3-3-20 所示。

当喷涂至接边或边线条作为界限时，可使一些微小颜色差异不易显现。这是喷涂到车身板角度改变处边缘的技巧。因金属色面漆依据观看角度不同而有明、暗不同，即使是同一金属漆在一个角度的相邻两面，仍可显现不同的明暗度，所以在喷涂边角时可以使用两条遮盖胶带的技巧，即反向遮盖法，如图 3-3-21 所示。

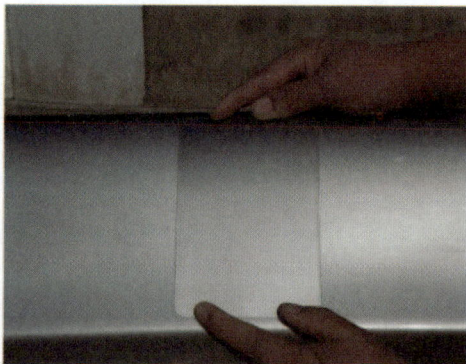

图 3-3-20　用试样与车身颜色对比　　　图 3-3-21　双层胶带反向遮盖技巧

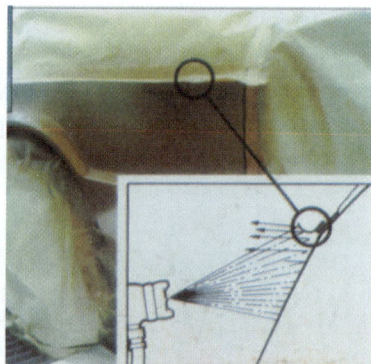

2. 双工序漆比色

其颜色是由"两层"或"双膜"的涂装程序所形成的，包括有一层具有高遮盖力的基底色漆，随后在干燥前再喷一层清漆层。其整体在一次烘烤操作中固化成膜，比单工序银粉漆外观有更高的光泽度。这是目前银粉漆普遍采用的漆膜结构。

双工序银粉漆在有关比色和选择喷涂技法的原则方面与单工序银粉漆相同。应注意在喷涂清漆后方可见其真正的颜色，但可在色漆的适当部位喷涂合适的稀释剂润湿后，检视颜色，如正确，则待其干燥后再继续喷涂清漆层。另外，由于色漆的固体成分低，故其填平性就差，因此必须用 P800 以上的砂纸湿（干）磨以整平基底表面，否则整平的刮痕会显现出来。

铝粉片在银粉漆内部会影响明度和角度的变化。在银粉漆配方中，主要颜料颜色越透明越好保持，铝粉片在漆中如镜子般起反射作用。清漆会稍微改变色漆层的颜色，从正面看时其明度会降低并变深。

调配银粉漆时，至少要从正面和三个侧向角度来比色，如图 3-3-22 所示。所谓正面就是目光正视色板，又称为"正角度比色"，主要是对准面色相；所谓侧角，就是目光斜视色板，如眼睛注视车身一般，又称为"侧角度比色"或"斜角度比色"，主要是对准底色相。

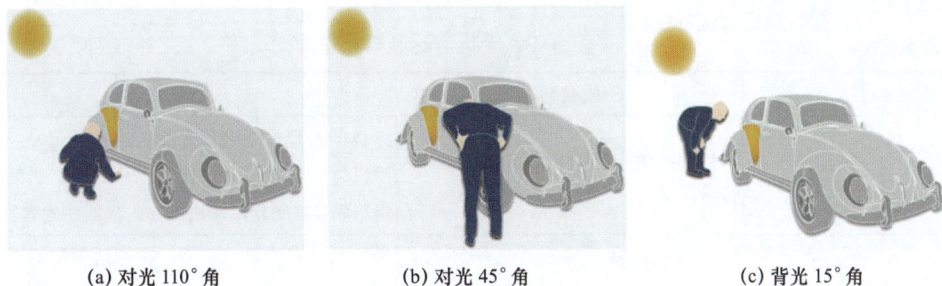

(a) 对光 110° 角　　　　　　(b) 对光 45° 角　　　　　　(c) 背光 15° 角

图 3-3-22　车身色的观察

五、调色注意事项

（1）银粉的配方只有在喷涂方式调整，以及清漆调整都无法收效的情况下才可改变。

（2）比色需在充足的太阳光下进行，但需要避免强烈的阳光直射。

（3）比色时最好喷在试板上，并且可利用喷涂技巧来控制颜色。

（4）比色需以正向 90°，侧向 45°、15°、110° 和横向 180° 等多角度来进行。

（5）车身经粗蜡打过，试板要完全干燥，才有精确的比色效果。

（6）直接涂抹色漆于色板上只可作为参考用，不能作为比色的标准。

（7）调色需要细心及耐心，若需改变配方也只能做小幅度的调整，并且需依照配方表所选的色母来调整。

（8）双工序银粉色底漆喷涂完成后，待 15 min 干燥后，再喷上清漆后才可比色。

（9）双工序漆的试板上，银粉底漆喷"整板"，而清漆喷"1/2"板，这样在调整时可以节省时间，并且可以累积调色（即银粉色在加喷或未喷清漆的比较色差）的经验。

（10）微调时减少铝粉色母的量可使漆色更深、更暗。

（11）不要用对等色（补色）来减色。如果要减低绿色效果，首先应减少配方中绿色母的使用量，如果以对等色红色母减低绿色效果，颜色会逐渐浑浊，即彩度降低，其他对等色也是如此。

（12）微调时使用不透明性色母能使侧面变浅、变白；使用透明性色母能使侧面变深、变暗。

六、调色工艺

银粉漆调色工艺的基本步骤与素色漆调色一样，调色流程如下。

1. 准备工作

与素色漆的调色准备工作相同。

2. 操作流程

（1）找到颜色代码。参考本模块学习任务二中素色漆的调色工艺，结合表 3-2-2 和图 3-2-9 找到颜色代码。

（2）颜色配方。调配某种颜色所需要的色母种类和数量称为这种颜色的配方。其用途是指导调色。

涂料的调配可分为两类，即质量制与容量制，两者特性对比见表 3-3-5。车身涂料大部分都是采用质量制来调配的，但是包装都以容量（升）为单位。

表 3-3-5 质量制与容量制调配涂料特性对比

项目	质量制	容量制
容器选择	涂料倒入在天平秤上的容器内，无须特殊容器	涂料倒入容器直到预先设定的容积记号，也有用压缩空气警示系统代替记号的。二者均需使用平底且在可用高度内有均匀横断面的容器
质量、容量到达所需值时的操作	操作员倒漆时，应注视天平秤指针（或数字）。需要小心，决定何时停止的技巧则靠经验。电子秤可使此操作变得较容易	操作员注视涂料水平面，在到达刻度时停止倾倒。刻度在小容器内部时，不易观察。加装液面表时可帮助操作，但操作人员的反应快慢仍会影响效果

基于以上原因，业内通常采用质量制的调漆方法。

车身漆膜的颜色大都是通过几种色母按比例混合后获得的，所使用的各种色母及其用量，即为该种油漆的颜色配方。混合 1L 涂料需要的配方称为标准配方，图 3-3-23 所示为 PPG Aquabase PLUS 修补漆的一个标准配方，单位为 g。标准配方中包含 1L 单量配方（各个色母后面的数值代表它的实际质量）和 1L 累积配方（色母后面的数值为本身和以前各色母的质量和）。需要注意的是，在配方中是按体积制定用量的，而各色母的数值为质量，由于不同涂料的密度不同，所以不同标准配方的总质量数也各不相同。

涂料供应商提供的都是标准配方，实际工作中可以根据需要调漆的量，按比例去调整。比如需要调 LB5N 油漆 0.2 L，需要将配方中所有色母的量除以 5 即得到 0.2 L 油漆的配方。

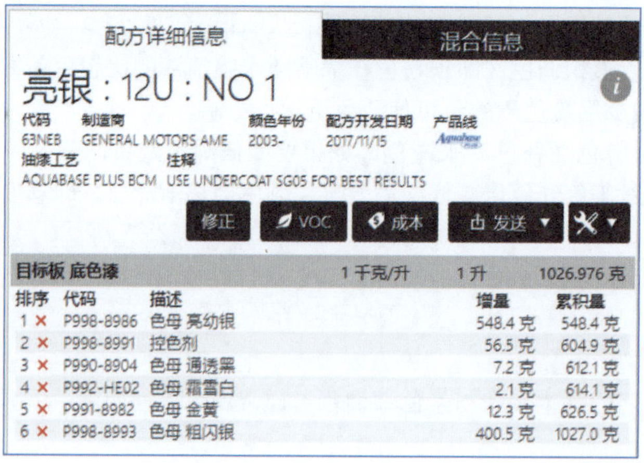

图 3-3-23 标准配方实例

（3）准备色母和工具。参阅素色漆调色此步骤的相关操作。

（4）计量添加色母。按 0.1L 配方所列色母的顺序和质量添加色母，P998-8986 → P998-8991 → P990-8904 → P992-HE02 → P991-8982 → P998-8993 得到 102.7g 色浆。

（5）湿对比颜色。将色浆搅拌均匀后，简单与样板（或车身）进行湿比色，确定颜色差别，初步判定需要调整的方向。

（6）喷涂第一块试板。按涂料技术说明添加稀释剂（因为是双工序漆，所以配方中的色母均为 1K 型，无须添加固化剂），混合均匀后喷涂试板。注意，因为是双工序漆，所以必须按双工序漆工艺规范喷涂清漆。

（7）比色。等喷涂的试板干燥后，从不同的方向观察对比，金属漆需从 15°、25°、45°、75°、110°等多个角度对比观察，尽可能接近目标颜色。通过观察各个角度的颜色，确定色相、明度和彩度三个要素的差异，确定需要调整的颜色方向。

（8）微调颜色。

① 查看图 3-1-2 所示的 PPG 色母特性图，确定所需调整颜色方向可能添加的色母。

② 添加色母。在决定进行调整之前应当确认以下事项。

- 是否喷过试板？喷试板的方法是否与修补时一样？
- 车身的哪个部位需要配色？修补区域周边是否已经抛光处理？
- 是否已经达到遮盖能力？
- 色漆是否正常干燥？
- 调漆设备是否运行良好？
- 配色时加入量是否准确？
- 是否已检查过差异色？
- 过渡喷涂可以解决吗？
- 是否真的需要调整这个颜色？

对于银粉漆，可以采用适当的喷涂技巧，来达到调整颜色的目的，如图 3-3-24 所示。

浅	喷涂方式	深
减少 ←	出漆量	→ 增加
增加 ←	气压	→ 减少
开大 ←	喷幅	→ 关小
远 ←	喷枪距离	→ 近
快 ←	走枪速度	→ 慢
延长 ←	晾干时间	→ 缩短
过稀 ←	稀释剂比例	→ 不够稀
快干 ←	稀释剂种类	→ 慢干
小 ←	喷嘴口径	→ 大

图 3-3-24　调整银粉效果的喷涂技巧

注意

微调应作为色差校正的最后手段，即如果可以用喷涂方式或者过渡喷涂技术校正色差就不需要微调。假如必须做微调，则微调到可以通过过渡喷涂消除色差为止。对于调色和喷漆人员，过渡喷涂是解决色差问题的最有效的工具。

在排除上述任何干扰因素，并确定不能用喷涂技巧解决色差后，才能确定需要微调。

进行银粉漆微调色时，首先调铝颜料的结构和混合比例，调完直视和侧视下的光泽度后添加着色颜料并使色相一致。

在调整金属闪光感时，应熟悉配方中的银粉色母的特点。通常细银粉主要用来提供遮盖力，其正面不够闪亮，侧面亮度低；粗银正面闪光感高，侧面要根据形状确定亮度，如椭圆形的银粉侧面亮度高；中银正、侧面特点介于细银和粗银之间，应用较少。

注意

① 在调配某个金属色漆颜色时，每一个色母都会对这个颜色的正、侧面产生影响。

② 使用了较多（5%～10%）的无光银时，就绝对无法消除正面的灰暗和颜色的不纯。

③ 使用大量的珍珠色母（30%以上）后，就不能把侧视调暗。

调整铝粉的结构可添加控色剂。控色剂可改变闪光颜料的排列以调整闪光状态。涂料生产商通常会供应两种类型的控色剂，分别给出不同的代号，此处暂以控色剂 A 和控色剂 B 来加以区分。两种控色剂的调色原理如图 3-3-25 所示。其中一种会增大铝粉片之间的距离，以使原色母的色相得以更充分的显现；第二种会使平整排列的铝粉粒子变成倾斜或垂直状态，从而调整正、侧面的闪光感。

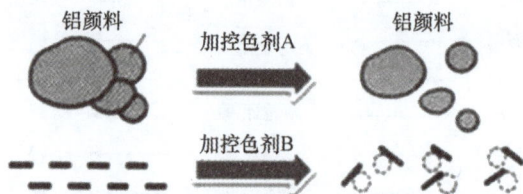

图 3-3-25　两种控色剂的调色原理

由图 3-3-25 可知，当铝颜料紧密排列，直视时表面产生强烈的反射，看不出色母颜料或其他原色的色相时使用控色剂 A，添加前后的对比如图 3-3-26 所示；若铝颜料平铺且侧视时表面亮度不足，使用控色剂 B，添加前后的对比如图 3-3-27 所示。注意：每次只添加少量控色剂以防止过量。

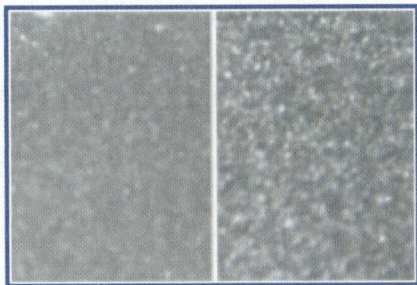

图 3-3-26 添加控色剂 A 前后的效果对比

图 3-3-27 添加控色剂 B 前后的效果对比

调整好正视和侧视的金属光泽后，再通过添加着色色母来调整色相。例如试板颜色比对结果表明正面缺少黄色，则有 P992-HE02 和 P991-8982 两个色母可添加，这时就需要看侧视色的色差。如果侧视色缺少蓝色，则选择 P992-HE02；如果侧视色缺少橙色，则添加 P991-8982。其他着色色母的添加均采用类似的方法。

③ 确定添加色母的量。方法请参阅素色漆调色的相关步骤。

④ 喷涂第二块试板。取 100 g 色浆，按确定的添加色母及添加量加入色浆，混合均匀后按技术说明规定加入稀释剂，喷涂试板（注意需喷清漆）。

⑤ 烘干试板，比色。

⑥ 重复③～⑤步，直到各方向观察的颜色均达到满意。注意：一定程度的色差是可以通过过渡喷涂技术来改善的。

（9）恢复标准配方。

（10）实车修补喷涂。按微调后的配方调配颜色，然后进行实车修补喷涂，注意使用过渡喷涂技术。

3. 银粉漆颜色微调要点

（1）少量的银粉往往使正面的颜色比侧面的颜色亮；大量的银粉使金属色漆的正面和侧面都会不同程度地变亮，变亮的程度与银粉的颗粒大小有关（粗银粉侧面的影响比细银粉少）。

（2）银粉粗细对颜色有不同的影响。粗银：正面浅，侧面深，高闪烁感，低遮盖能力；细银：正面灰，侧面浅白，闪烁感低，良好的遮盖力；特殊闪亮银：正面浅，侧面深，特殊高的闪烁感，遮盖性适中。

（3）微调时减少银粉色母的量可使金属色漆更深、更暗。

（4）要降低金属漆彩度时，添加黑＋白或黑＋银的混合色母。

（5）如果要减低某种颜色效果，首先应减少配方中这种颜色色母的使用量。如果以对等的颜色色母（补色）减低这种颜色效果，则颜色会逐渐浑浊，同时彩度降低。

（6）微调时使用透明性色母能使侧面变深、变暗；微调时使用不透明性色母能使侧面变浅、变白。

（7）如果可能的话，尽量避免使用白色或氧化物色母，因为它们会降低金属色漆的光泽度（不透明），即使正面变暗，侧面变浅白。

（8）为了使侧面颜色变深，可采取以下措施。

① 增加透明色母的量。

② 减少铝粉的量。

③ 使用较粗的银粉色母。

④ 减少白色母的量。

⑤ 减少能使侧面变浅的色母的量。

（9）为了使侧面颜色变浅，使用与第（8）条相反的方法，但添加白色色母应小心，因为白色母会减低金属效果。

（10）当比色出现色差时，首先应确定如下问题。

① 称量正确吗？

② 漆膜彻底干燥了吗？

③ 遮盖彻底吗？

④ 选择配方是否正确？

（11）微调颜色时，尽量选用原来配方中已有的色母。

（12）一定要确定按色母特性表确定的所添色母后的颜色走向。

（13）微调时，每加一种色母，都要称量，并记录重量，以便以后参考。

（14）调色工作完成后必须保存调色样板，并应在反面注明以下数据信息：

① 车辆生产商。

② 颜色名称。

③ 颜色编号。

④ 内部颜色编号。

⑤ 喷嘴大小以及喷枪类型。

⑥ 配方日期。

⑦ 喷涂道数以及枪尾压力。

⑧ 喷涂者姓名。

注意

最好将原配方和调整过的配方一起存档，以便以后参考。

（15）不要在眼睛疲劳状态下配色。

（16）喷涂试板的技术条件应和喷实车时相同。

（17）向两个样板上照光，进行颜色比较，当用配色灯时，调整配色灯与试验样板之间的距离合适，理想的距离相当于眼睛至双手的距离。

（18）注意干燥过程中颜色的变化趋向。刚喷涂的涂料在干燥过程中，较重的颜料会向涂层的底部移动，而较轻的颜料则会向表面移动，如图 3-3-28 所示。虽然涂料在施涂时，其颜色可能与原来的涂料相配，但干燥后，颜色可能就不同了。例如，蓝和白两种基本颜色混合时，由于蓝色颜料比白色颜料轻，所以蓝色颜料在干燥过程中会向表面移动，结果干涂层将会比湿喷涂层蓝一些。

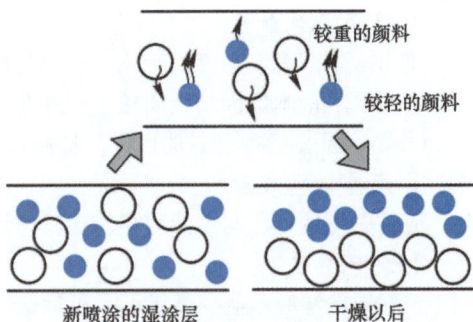

图 3-3-28　漆膜干燥过程中颜色的变化

（19）注意抛光对颜色的影响。有些涂料在干燥以后被抛光时会明显地改变其颜色，这是因为含有大量较轻颜料的涂层由于抛光而改变位置。所以为了进行配色，这些涂料颜色的试验样板必须干燥和抛光，然后才能进行精细配色。

（20）注意由于制造厂和其他的因素。如不同的涂料供应商，不同的涂装设备，不同的涂料种类，不同涂装施工条件，制造厂内的因素，颜色调配过程中出现的人为因素，车辆长时间使用后车身涂层老化的因素等。

> **注意**
>
> 因为金属漆有随角异色效应，使用时对金属颗粒大小、稀释剂比例和喷涂等要求一致性就比较高。主要体现在金属颗粒大小、稀释剂加入比例、喷涂角度、距离、速度重叠幅度等和原厂或者修补喷涂方法要一致，否则就很难将金属漆各个角度的视觉效果完全调配到一致。

□ 任务总结 □

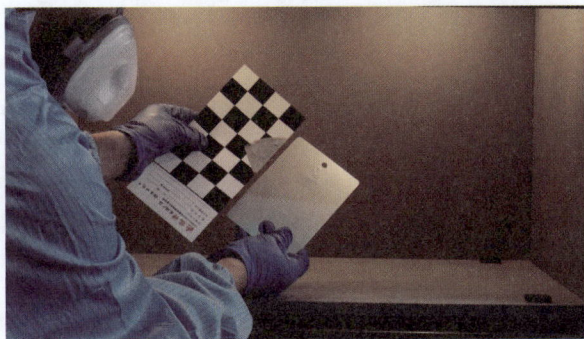

视频

银粉漆手工调色

AR
汽车涂装

1. 金属漆

金属色漆也称为金属闪光色漆，简称为金属漆，包括银粉漆和珍珠漆两种。金属色漆是在物件表面均匀地涂覆含有铝粉等金属颜料的涂料，得到金属光泽的涂层。

汽车车身用的金属闪光面漆漆膜一般是由含有随角异色效应的颜料的底色漆层和罩光清漆层组成的。

2. 随角异色效应

① 定义：随观察角度的变化，漆膜呈现不同明亮度及色彩。

② 原因：根本原因是金属粒子的存在。

③ 影响因素：颜料颗粒的形状、大小，颜料的种类，原色的种类，涂料的种类及涂装方法等。

3. 最佳调色步骤

应首先使侧视色与原漆膜相吻合，再调正视色。

4. 比色要点

调配银粉漆时，至少要从正面和对光 110°、对光 45° 和背光 15° 三个侧向角度来比色。

5. 调色工艺

查色号→对比色卡与色板确定色卡→查找配方→按配方混合色母→喷涂试板比色，确定微调成分及量→形成新配方→修补涂装。

□ 问题思考 □

1. 什么是金属漆？它有哪些种类？

2. 什么是随角异色效应？产生这种现象的原因是什么？

3. 为什么银粉漆的颜色配方中通常会有两种铝粉色母？

4. 银粉漆的比色至少要从哪几个方向对比？为什么？

5. 银粉漆调色有哪些注意事项？

6. 为了使银粉漆侧面颜色变深，可采取哪些措施？

7. 当银粉漆比色出现色差时，首先应确定哪些问题？

8. 为什么建议银粉漆的试板最好抛光后比色？

学习任务四　珍珠漆手工调色

□ 学习目标 □

1. 能够正确描述珍珠色漆膜的特点。

2. 能够正确解释珍珠色的产生机理。

3. 能够正确解释各类型云母色母的结构特点。

4. 能够正确描述幻彩色漆膜的特点。

5. 能够正确进行三工序珍珠漆的调色。

□ 相关知识 □

一、珍珠色漆膜

1. 珍珠色漆膜的特点

（1）涂装工艺复杂。珍珠色漆膜（也称珍珠漆）的涂装方式稍有差异就会出现较大色差。珍珠漆有三工序结构，也有双工序结构。三工序珍珠色漆膜结构如图 3-4-1 所示，涂装过程为：先涂底色漆，再涂珍珠色漆，最后喷涂清漆。要完成这三层涂装，在制造厂流水线上就比较费时。而且珍珠色层厚度的差异会引起偏光程度不同，由此产生色差。

（2）局部修补涂装异常困难。珍珠色漆膜随其底层（底色漆层）的颜色、珍珠色的种类和珍珠色层厚度的不同，色彩会发生变化。在进行局部修补时，若这三个条件不是和制造厂完全一致，色彩和格调就不可能相同。而这三个条件变化范围都很大，要真正完全吻合是极其困难的。

2. 形成机理

所谓珍珠色，就是要像珍珠一样，从不同的角度看，会呈现不同的色彩。珍珠是贝壳体内以小的硬颗粒、灰尘、杂质为中心，由壳内分泌出的天然树脂状物质将其反复覆盖若干层而形成的。若观察天然云母会发现，角度不同，色彩也会变化，其原理如图 3-4-2 所示，由于云母是由很薄的薄层叠积而成的，光线照射时，分别在一层层薄层上反射、吸收、穿透，产生着微妙的变化，这称为多重反射。而一般的物体只是在表面反射光线，所以从任何角度看颜色都不变。光线在玻璃和透明涂料中基本上是直接穿过，不产生反射，因此呈透明状。这些差异如图 3-4-3 所示。

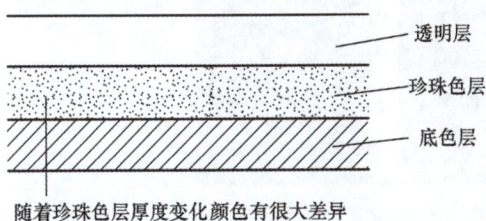

图 3-4-1 三工序珍珠色漆膜结构

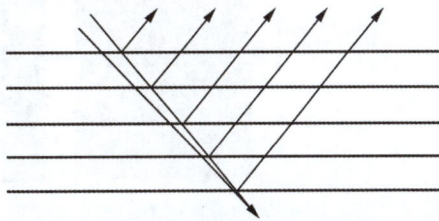

图 3-4-2 云母、珍珠通过多重反射引起色彩变化

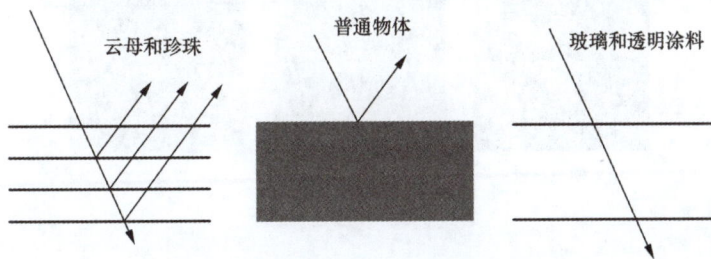

图 3-4-3 不同物体对光反射的差异

云母有天然云母和人工合成云母两种。天然云母来自矿石，颜色有多种，图 3-4-4 所示的黄色和白色云母只是典型的两种。

（a）黄色云母

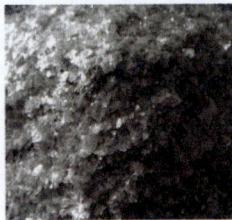

（b）白色云母

图 3-4-4 天然黄色云母和白色云母

珍珠色颜料中的云母，不是天然云母，而是化学合成的物质，但结构上与天然云母基本

相同。如图 3-4-5 所示，由于合成云母表面覆盖的钛白（二氧化钛）的综合作用，光的反射更加复杂，呈现出色彩鲜艳的七彩虹色调，如图 3-4-6 所示。

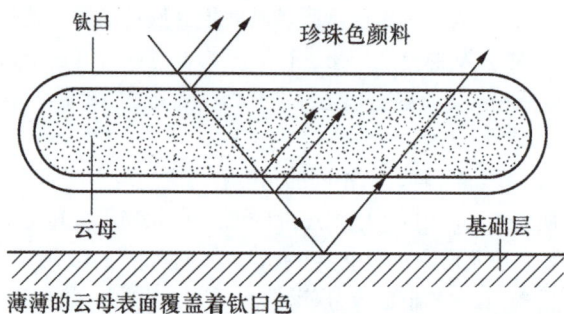

图 3-4-5　珍珠色颜料的结构

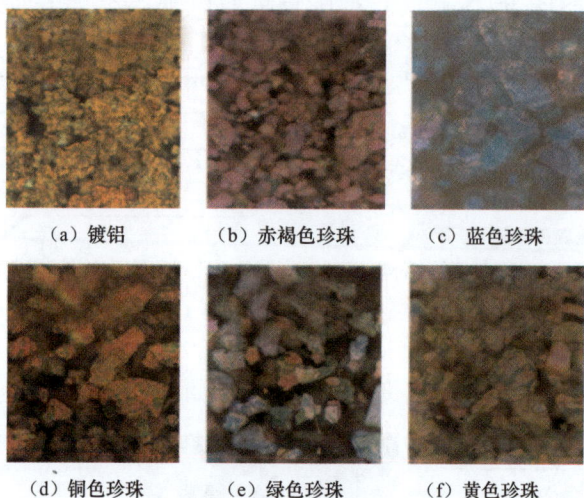

（a）镀铝　　　　　（b）赤褐色珍珠　　　　　（c）蓝色珍珠

（d）铜色珍珠　　　　　（e）绿色珍珠　　　　　（f）黄色珍珠

图 3-4-6　人工合成云母

二、云母色母

用于调色的云母色母有四种基本类型：白色云母、干涉色云母、着色云母和银色云母。其具体种类和特点见表 3-4-1。

表 3-4-1　　　　　　　　　　　　　　云母颜料的类型及特点

颜色类型	二氧化钛镀层厚度/μm	反射光线	透射光线
白色云母	0.10～0.15	白珍珠色泽	—
干涉色云母	约0.21	黄色	蓝色
干涉色云母	约0.25	红色	绿色
干涉色云母	约0.31	蓝色	黄色
干涉色云母	约0.36	绿色	红色
着色云母	0.01	红色	红色
银色云母	约0.1	金属色泽	—

1. 白色云母

如图 3-4-7 所示，在透明的云母片上涂覆一层二氧化钛（TiO_2）镀层，反射光呈现一种银色的珍珠光泽，透射光不会表现出特别的颜色，因为所有波长的光线都会被反射。

2. 干涉色云母

如图 3-4-8 所示，云母片表面涂覆的二氧化钛（TiO_2）镀层的厚度发生变化（比白色云母厚），导致反射光和透射光呈现出不同的颜色，颜色的效果取决于入射光源的角度和观察的角度，所以要从各个角度观察云母的反射光及透射光的颜色。

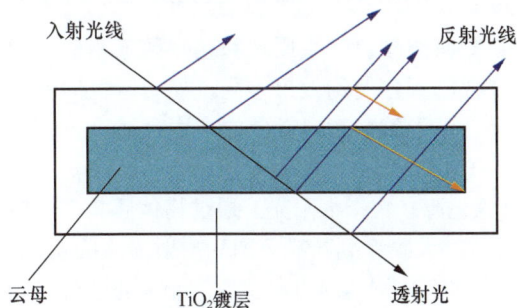

图 3-4-7 白色云母特性

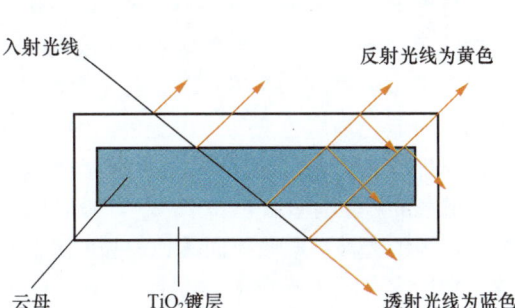

图 3-4-8 干涉色云母特性

3. 着色云母

如图 3-4-9 所示，采用 1μm 厚、不大于 48 μm 宽的普通云母片，由表面涂覆的镀层（氧化铁）厚度决定其颜色。所有的反射光和透射光构成了正、侧面的颜色效果及亮度。

4. 银色云母

如图 3-4-10 所示，在透明的云母表面涂覆一层镀银的二氧化钛，其特点是给人一种三维效果，发出类似银色的金属光泽。

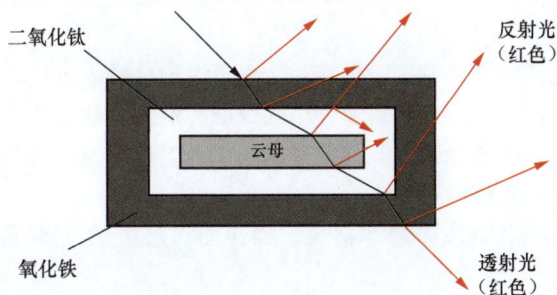

图 3-4-9 着色云母特性

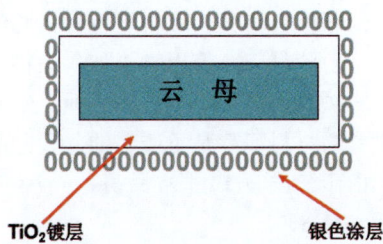

图 3-4-10 银色云母特性

三、幻彩色漆膜

1. 幻彩色漆膜的概念

用幻彩色颜料配制的色母称为幻彩色母。用幻彩色母喷涂的漆膜称为幻彩色漆膜，其呈现的是五彩缤纷的颜色，且在同一个角度观察，不同位置的色彩不同，如图 3-4-11 所示。幻彩色又称为角度变色，俗称"变色龙"。根据变幻色彩方式不同，幻彩色漆膜可分为角度变色、电阻变色和温控变色三种类型。

2. 幻彩效果的产生

"变色龙"色母的关键是色母中含有幻彩颜料。幻彩颜料是一种由超薄的多层干涉膜形成的微米大小的薄片材料，它的特点是不透明、薄、扁平及具有高反射率。幻彩颜料颜色是由光波的干涉现象产生的，这种颜色有极好的镜面效果和高彩度。

图 3-4-11　喷涂 "变色龙" 颜料的汽车

自然界中也存在这种光干涉现象，例如我们见到的肥皂泡、贝壳和羽翼等的幻彩效果。幻彩颜料的颜色产生原理和这些现象相似，通过对干涉膜的厚度的精确控制，使每种颜料所产生的颜色变幻效果不同，如由绿色向紫色变幻、由紫色向橙色变幻、由金色向银色变幻等。由于幻彩颜料颜色的产生是通过控制干涉膜厚度产生的，因此又称为"物理颜色"。

颜色的产生有吸收色和干涉色。吸收色指白色光源（常指太阳光）通过物体后其中一些特定波长的光波被吸收，而其他波长的光波被反射，人眼看到的颜色即为反射光波的颜色，这是物体本身所具备的内在特性。干涉色则不同，它不是物体的内在特性，而是通过对某些光线反射的加强而抑制另外一些光线的反射，经过特别处理的表面反射的颜色随光线入射角度的不同而呈现出不同的效果，这种作用是"吸收光"无法体现的。

与普通的珠光颜料不同，幻彩颜料既不是云母也不是铝粉，它是由特殊的、具有层状结构的薄片材料组成的，其中央包裹着不透明的铝涂层，幻彩颜料是完全反射的材料。这种层状薄片材料是无机颜料，由铝、氟化镁和铬组成，幻彩颜料具有非常好的耐候性和光稳定性，完全可以在户外使用。

幻彩颜料可以和铝粉、炭黑等一起使用产生各种各样的颜色效果，但由于这些颜料会降低涂料颜色的彩度，因此，最能体现幻彩颜料彩度的是透明的颜料，因为它们不会影响幻彩颜料表面的光干涉作用，从而不影响其颜料彩度。

3. 幻彩颜料的特性

幻彩颜料和其他颜料及各种树脂的相溶性非常好，分散容易，既可以预分散成浆状，又可以呈粉状供应，使用时再加入涂料中。但使用时应注意要使用高速低剪切的分散设备，否则幻彩颜料的结构可能遭到破坏。幻彩颜料的遮盖力是其他特殊颜料所望尘莫及的。由于幻彩颜料的材料薄片是不透明的，因此能提供较好的遮盖力。

由于幻彩颜料非常昂贵，一般在涂料中的添加量非常少，如在面涂层中的推荐量为 $0.6\% \sim 1.5\%$。

含有幻彩颜料的涂料和普通涂料的施工几乎没有区别，在使用时，可以用传统的空气喷涂或静电喷涂等。

4. 幻彩颜料的发展历史

1996 年年初，福特公司首次将幻彩颜色涂装在其汽车上，展开了幻彩颜料在汽车领域使用的新纪元。如今，许多的汽车生产商已将幻彩颜料用在时尚、领先潮流的车型中，并越来越受到年轻一代的欢迎。

目前，幻彩颜料在汽车修补涂装中也开始得到广泛的应用。大量使用过汽车修补幻彩涂料的客户反映幻彩颜色漆膜的修补和传统的颜色修补一样容易，可能是因为颜色的大幅度变化有助于遮蔽颜色差异，使肉眼更容易接受修补后的颜色。目前汽车修补涂料中的幻彩颜色基本上以原装修补涂料的形式供应，还未应用于调色。

四、调色工艺

珍珠漆有双工序和三工序之分。双工序珍珠漆的调色工艺与银粉漆调色基本相同，以下仅介绍三工序珍珠漆的调色工艺（三工序珍珠漆多为白珍珠漆）。

1. 准备工作

与银粉漆和素色漆的调色准备工作相同。

2. 操作流程

假如一辆白色丰田凯美瑞轿车需要修补涂装，使用 PPG 汽车修补漆系统进行调色，其步骤如下。

（1）找到颜色代码。参考模块三的学习任务二中素色漆的调色工艺，结合表 3-2-2 和图 3-2-9 找到颜色代码。如在车身上找到颜色代码为 070。

（2）查阅 070 颜色配方。

① 按所查得的颜色代码 070 找到相应的色卡（或色卡组）。

② 在要修补区域附近并且颜色一致处用抛光蜡抛光。

③ 将所选的色卡与车身颜色相对比，找到最接近的色卡（从色卡组中）。

④ 从色卡的背面读取配方。根据具体施工需要，重新计算配方中各色母的用量。因为三工序涂装系统基本上都是白珍珠色，底色漆（工序 1）和珍珠漆（工序 2）通常不需要微调颜色，所以调漆量只需要按实际需要的量再多加约 100 g 即可。

（3）准备色母和工具。参阅素色漆调色此步骤的相关操作。

（4）试板喷涂底色漆。

① 详细步骤参阅银粉漆。

② 喷涂试板。取 100 g 色浆，按涂料技术说明添加稀释剂（因为是三工序漆，所以配方中的色母均为 1K 型，无须添加固化剂），混合均匀后按施工标准要求喷涂试板并烘干。

此时，如果在发动机罩、行李箱盖背面能够看到底色漆（这些地方是不喷涂珍珠漆和清漆的），则可以按素色漆的比色与微调操作方法进行底色漆的微调。

（5）试板喷涂珍珠漆和清漆。

① 制作分色试板。为了使珍珠漆的比色更加准确，在喷涂试板时，通常采用阶梯式喷涂（渐变喷涂）。将喷涂了底色漆的试板沿纵向均分成 6 个部分，并分别进行横向遮盖，如图 3-4-12 所示。

② 调配珍珠漆。按 0.5L 配方中工序 2 所列色母的顺序和质量添加色母，352-91 → 55-M919 → 11-E440 → 55-M0 → 55-M1，得到 456.6g 色浆。

③ 喷涂试板。取 100 g 色浆，按涂料技术说明添加稀释剂，混合均匀后按施工标准要求喷涂试板。

● 喷涂第一层珍珠漆，如图 3-4-13（a）所示。

● 按规定时间闪干后，撕去一层遮盖纸（或胶带），喷涂第二层珍珠漆，如图 3-4-13（b）所示。

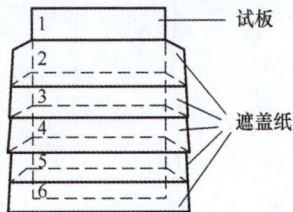

图 3-4-12　遮盖试板

● 按规定时间闪干后，再撕去一层遮盖纸（或胶带），喷涂第三层珍珠漆，如图 3-4-13（c）所示。

● 按规定时间闪干后，再撕去一层遮盖纸（或胶带），喷涂第四层珍珠漆，如图 3-4-13（d）所示。

● 按规定时间闪干后，再撕去一层遮盖纸（或胶带），喷涂第五层珍珠漆，如图 3-4-13（e）所示。

● 按规定时间闪干后，撕去最后一层遮盖纸（或胶带）。将试板烘干。

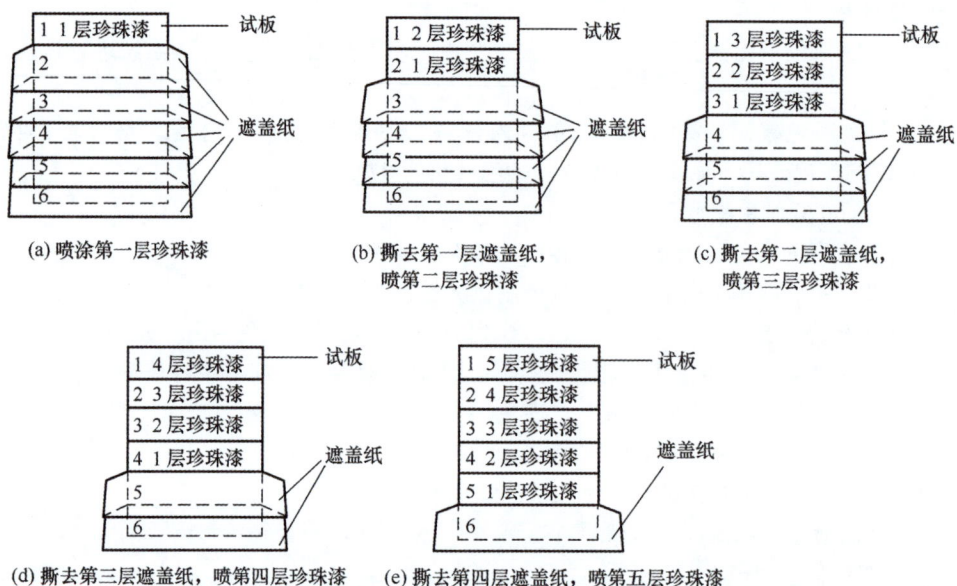

(a) 喷涂第一层珍珠漆

(b) 撕去第一层遮盖纸，喷第二层珍珠漆

(c) 撕去第二层遮盖纸，喷第三层珍珠漆

(d) 撕去第三层遮盖纸，喷第四层珍珠漆

(e) 撕去第四层遮盖纸，喷第五层珍珠漆

图 3-4-13　依次喷涂珍珠漆

● 将试板纵向遮盖一半，喷清漆，如图 3-4-14 所示。

● 撕去遮盖纸，并使试板干燥。完成后的试板如图 3-4-15 所示。

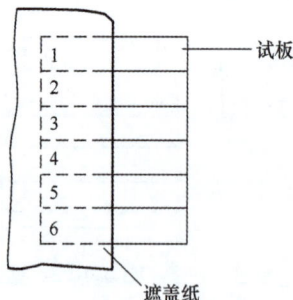

图 3-4-14　喷清漆

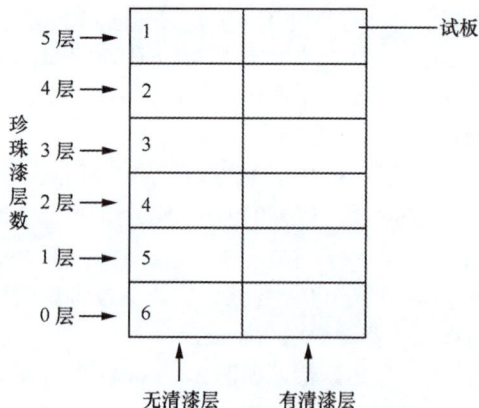

图 3-4-15　珍珠漆的膜厚渐变试板

（6）比色。等喷涂的试板干燥后，从不同的方向观察对比，需从15°、25°、45°、75°、110°等多个角度对比观察。通过观察各个角度的颜色，确定色相、明度和彩度三个要素的差异，找出颜色最接近的区域，就可以确定出需要喷涂几层珍珠漆，才能得到所需要的颜色。

（7）实车修补喷涂。按最终确定的珍珠漆喷涂层数，进行实车修补喷涂，注意使用过渡喷涂技术，以修正颜色的微小差异。

注意

① 三工序珍珠漆的难点在于珍珠层均匀度和喷涂层数，所以在颜色调配和车身喷涂时也必须保持一致，否则就会出现调色试板颜色没有问题，但喷涂颜色不对的情况发生。

② 所有的调色试板都尽可能地保留，并标注分类编号和配方，以便同色号的颜色进行颜色比对，减少颜色调配或者颜色微调的时间。调色和喷涂都是一项细致的工作，技术的好坏都是体现在细节上面。

▫ 任务总结 ▫

视频

珍珠漆手工调色

AR 汽车涂装

1. 珍珠色漆膜

① 特点：涂装工艺复杂、局部修补涂装异常困难。

② 形成机理：由于合成云母表面覆盖的钛白（二氧化钛）的综合作用，光的反射更加复杂，呈现出色彩鲜艳的七彩虹色调。

2. 云母色母类型

用于调色的云母色母有四种基本类型：白色云母、干涉色云母、着色云母和银色云母。

3. 幻彩色漆膜

① 概念：用幻彩色母喷涂的漆膜称为幻彩色漆膜，其呈现的是五彩缤纷的颜色，且在同一个角度观察，不同位置的色彩不同。

② 产生机理：通过对某些光线反射的加强而抑制另外一些光线的反射，经过特别处理的表面反射的颜色随光线入射角度的不同而呈现出不同的颜色。

4. 调色工艺

查色号→对比色卡与色板确定色卡→查找配方→按配方混合色母→喷涂分色试板比色，

确定需要喷涂几层珍珠漆→修补涂装。

1. 珍珠色漆膜的特点有哪些？
2. 用于调色的云母色母有哪几种基本类型？各类型色母的颜色有何特点？
3. 什么是幻彩色漆膜？它的产生机理是什么？
4. 如何喷涂分色试板？
5. 三工序珍珠漆调色时，为什么不需要微调？

学习任务五　经验调色与计算机调色

□ 学习目标 □

1. 能够正确描述经验调色应遵循的三原则。
2. 能够正确描述经验调色的基本方法。
3. 能够正确描述经验调色的一般流程。
4. 能够正确进行 2K 素色漆的经验调色。
5. 能够正确进行银粉漆的经验调色。
6. 能够正确进行珍珠漆的经验调色。

□ 相关知识 □

一、调色三原则

1. 色相调整

将红、黄、蓝三种颜色按一定比例混合，可获得不同的间色，间色与间色混合，或间色与三原色的一种混合，又可得到复色。可以通过颜色的拼色来改变颜色的色相。

2. 明度调整

在显色的基础上，加入白色将原来的颜色冲淡，就可以得到彩度不同的彩色（即深浅不同的颜色）；加入不等量的黑色，就可以得到明度不同的各种颜色。如在大红中加入白色可得到浅红、粉红色；铁红加黑色得到棕色；白色加黑色得到不同的灰色。

3. 彩度调整

在显色的基础上，加入不等量的原色可以得到不同彩度的色相。如在浅红中加入不等量的红色可得到大红、深红，在浅黄中加入不等量的黄色可得到中黄、大黄、深黄等。

将上述调色原则组合应用，即在某一颜色的基础上改变其色相、明度和彩度，就可以调配出各种颜色。

二、经验调色的基本方法

所谓经验调色，就是在没有配方的条件下，利用颜色基本理论，通过调漆师个人的经验制定颜色配方，然后按配方进行颜色调配的方法。对于老旧车型、部分进口车型、经改色后的漆膜以及车主要求改换为某种颜色等情况，均需要调漆师凭经验进行调色。

经验调色由于缺少必要的调色资料，故需要调漆师掌握扎实的颜色理论并且具备丰富的调色经验。

首先了解欲配制标准调色样板（或车身）的色相范围，例如，是由哪几种色母组成的，哪种是主色，哪种是副色，色与色之间的关系如何，各占多大比例等，做到心中有数。

1. 红色

红色有偏黄的红（橙红）与偏蓝紫的红（紫红），如图 3-5-1 所示。

图 3-5-1 红色的三种基本类型

在调配橙红色时，如果所配备的色母系列中有橙红色母，则优先选用，再根据实际情况做适当的调整（调红或调黄），这是最基本的调色思路，以下不再另加说明。

如果色母系列中没有橙红色母，可选用以大红为主加少量的中黄，也可选择以橙黄为主加少量大红。

同理，在调配紫红色时，可选用大红加白色母，不够紫红时再加少量蓝色母。注意：红色母加白色母与加黑色母都会朝紫的方向变化，同时变浅或变深。

2. 黄色

黄色有偏青的黄（青黄）和偏红的黄（橙黄），如图 3-5-2 所示。

图 3-5-2 黄色的三种基本类型

调橙黄可选用中黄为主色，加入橙黄或铁红等红色母为副色，加少量黑、白色母调深浅。

调青黄可选用柠黄等青口黄为主色，加入少量的中黄（中黄带红色相）为副色，再加入少量的黑、白色调深浅。

3. 蓝色

蓝色有偏青绿的蓝（青蓝）和偏红紫的蓝（群青），如图 3-5-3 所示。

图 3-5-3　蓝色的三种基本类型

调配青蓝色可选用标准蓝加白色母（先调浅），再加入少量的青口黄色母调色相（变绿相）。

调配偏红的蓝色时，可选用标准蓝或群青加少量的紫红色母，同时可加黑、白色母调深浅。

三、经验调色的流程

1. 准备工作

（1）确定调色样板。具体内容参考本模块学习任务二中素色漆的准备工作。

（2）确定汽车面漆属性。确定面漆属性的目的是决定选用 1K 色母还是 2K 色母，常用的方法有目测法、溶剂擦拭法和打磨法。

① 目测法。根据漆面光泽度确定是单工序还是双工序。金属漆都是双工序工艺，白珍珠色是三工序。双工序因为喷了清漆，漆面显得光亮、丰满。单工序漆选用 2K 色母，双工序漆选用 1K 色母。

② 溶剂擦拭法。将浸有稀释剂的白布拧成 S 形摩擦漆膜，观察漆膜的溶解程度。如果漆膜溶解并在白布上留下色漆的印迹，则是单工序 2K 型漆；如果漆膜没有溶解，则是双工序漆，选用 1K 色母。

③ 打磨法。用 P1500 以上型号的砂纸，轻轻打磨漆面，如果砂纸上留下漆膜颜色，则为单工序 2K 漆；否则为双工序漆。

（3）确定漆膜类型。确定漆膜类型，即区分素色漆、银粉漆或珍珠漆。

① 素色漆不含金属颜料，漆膜内没有金属闪光感。

② 银粉漆漆膜有白色的片状铝粉颗粒，颗粒较粗，金属感很强。

③ 珍珠漆颜色鲜艳，有多种色彩，金属感细腻。

2. 色母走向分析

进口色母和国内各厂家生产的色母的名称会有些差异，色母走向也会有所不同，但大多数色母的走向具有普遍性，在具体调色时，应根据所配备的色母做具体分析。

表 3-5-1 为常用 1K 素色色母特性，表 3-5-2 为常用 2K 素色色母特性，表 3-5-3 为常用 1K 银粉色母特性，表 3-5-4 为常用 1K 珍珠色母特性。

表 3-5-1　　　　　　　　　　　　　常用 1K 素色色母特性

名称	色母特性	名称	色母特性
国际黑	深黑底棕，带黄红色相，高浓度	柠檬黄	绿相黄色，正面黄，侧面带绿
蓝相黑	为深蓝黑表现，侧面蓝相	棕红	正、侧面红黄，用于调珍珠银粉色
通蓝	标准蓝色，正、侧面偏红，遮盖力强	棕黄	正、侧面浅黄，用于调珍珠银粉色

名称	色母特性	名称	色母特性
发红蓝（红口）	正面蓝，侧面偏红，遮盖力强	大红	标准红色，略带黄
艳蓝（鲜蓝）	蓝色母带绿相，正面鲜蓝带绿，侧面呈红	紫红	正面紫红，侧面稍带蓝黑，红蓝相紫色母
紫蓝	正面深蓝，侧面呈红带紫色	透明红	正、侧面红相，透明度高
绿相蓝	正、侧面绿相的蓝色母	栗红	正、侧面呈红黄，透明度高
标准蓝（透明蓝）	正面绿，侧面带红，透明度高	酱红	金黄色表现，侧面较红棕
霜雪蓝（超幼白、宝石白）	半透明，正面黄，侧面蓝	玫瑰红	亮紫红色，正面紫红，侧面紫蓝
透明黄	高度透明，正面带金黄，侧面带黄绿	深红	正面深红稍带蓝紫，侧面蓝紫，遮盖力低
通绿	半透明，侧面带黄	鲜红	黄相红色，正面鲜艳红色，侧面带黄
黄相绿	为草绿表现，侧面呈黄绿	白色	高遮盖力，使银粉正面变浑，侧面变浅
纯白	高遮盖力，可与任何一种颜色调和	纯紫	带红蓝相紫色母
纯黑	主要色调，侧面带黄相，适合任何色系	铁红	较暗，带黄相红色母
蓝相特黑	高黑度，侧面蓝相	纯蓝	半透明，蓝色母略带绿相，适合于任何蓝色系
土黄	正、侧面带黑、黄，色调较暗，透明度低	发红蓝	透明，正面蓝，侧面带红
中黄	高遮盖力，红相黄色母，偏红光	紫蓝	正面紫蓝，侧面带蓝黑
艳黄	鲜艳透明，带绿相黄色母	标准蓝	透明，标准蓝色，带红光
柠黄	高遮盖力，带绿相黄色母	纯绿（通绿）	带蓝色绿色母
橙黄	黄中带红，高遮盖力	艳绿（黄绿）	黄相绿色母，正面鲜绿，彩度高，侧面黄相
橙红	正面红，侧面黄，带黄相橘红色母，高遮盖力	纯紫	偏红相的蓝色母，透明
鲜红	鲜艳红色，略带黄相	1K银粉控制剂	透明树脂，使银粉侧面变浅

表 3-5-2　　　　　　　　　　**常用 2K 素色色母特性**

名称	色母特性	名称	色母特性
玫瑰红	不透明	纯蓝	带绿相
透明红	透明度高，侧面略蓝	铁红	带黄相，较暗辅助色母
橙红	遮盖力好，不透明	紫红	调深红色漆
深紫红	最蓝的红，半透明	蓝相特黑	高黑度，侧面蓝相

续表

名称	色母特性	名称	色母特性
橙黄	偏红	艳绿	黄相绿色
柠檬黄	绿相	大红	调鲜艳红色漆
中黄	耐候性好	艳红	标准红色
土黄	较暗，带绿相	纯绿	带黄相，高浓度
调色黑	纯黑色	发红蓝	带红相，透明
国际黑	带黄红相	2K纯白	高纯度白色
纯紫	偏蓝相，透明	艳黄	绿相黄色，透明，鲜艳，高彩度

表 3-5-3　　　　　　常用 1K 银粉色母特性

名称	色母特性	名称	色母特性
粗银	正面白，侧面深，偏黄	中闪银	正面颗粒闪，侧面微黄
中粗银	正面白，侧面带灰黑	中粗闪银	正面颗粒闪，侧面微黄
中银	正面白，侧面带灰黑	幼闪银	正面微黑，侧面白
细银	正面白，侧面灰白	白闪银	正面白，侧面白
幼银	正面闪光较弱，侧面灰白	细白闪银	正面白，侧面灰白
特粗银	正面表现强烈，微黄，侧面带黑	特幼银	正面闪光较弱，侧面灰白

表 3-5-4　　　　　　常用 1K 珍珠色母特性

名称	色母特性	名称	色母特性
珍珠白	正面白，侧面偏黄，半透明	古铜珍珠	正、侧面呈黄红色，不透明，金属感强
珍珠红	正面红，侧面呈红黄，不透明	粗珍珠白	正面白，侧面偏黄，半透明
珍珠蓝	正面浅蓝，侧面浅米黄，半透明	细白珍珠	正面白，侧面白，微黄
珍珠金	正侧面金黄色，不透明	细红珍珠	正面红，侧面呈红黄，不透明
珍珠绿	正面浅绿，侧面红黄，半透明	细蓝珍珠	正面浅蓝，侧面浅黄
黄珍珠	正面浅黄，侧面浅白，半透明	细绿珍珠	正面浅绿，侧面红黄，半透明
紫珍珠	正面浅紫红，侧面黄绿，半透明	干涉红珍珠	正面红，侧面黄绿，半透明

在分析色母特性时，要掌握以下三个要点。

（1）熟悉色母色相正、侧面表现，银粉色母与珍珠色母还要注意颗粒的大小。

（2）了解色母的色光偏向。每种色母的色光均可向两个方向发展。

①红色系列的色相可以表现为偏黄或偏蓝（紫），如大红与紫红等。

②黄色系列的色相可以表现为偏绿或偏红，如青口黄与橙黄。

③蓝色系列的色相可以表现为偏绿（黄）或偏紫（红），如青蓝和红相蓝。

④绿色系列的色相可以表现为偏黄或偏蓝，如黄绿和蓝绿。

⑤ 紫色系列的色相可以表现为偏蓝或偏红，如紫蓝和紫红。

⑥ 金色、橙色、棕色的色相可以表现为偏黄或偏红。

⑦ 白色、灰色、黑色是可以向任意颜色转变的颜色。

在调色时，要注意色相的配合，如用蓝色和黄色调一种绿色，应选用绿相蓝与艳黄或柠檬黄。因为绿相蓝是正、侧面带绿相的蓝色，艳黄或柠檬黄是侧面带绿相的黄色。如果选用中黄色母会使配出的颜色发暗，因为中黄是带红相的黄色，相当于加了微量的红色，产生三原色的相互作用（红与绿为互补色）。

（3）了解各色母的遮盖力。根据遮盖力的不同，所有的色母可以分成三大类。

① 遮盖力好的色母：银粉、白色、黑色、中黄、柠檬黄、橙红、橙黄、红珍珠、古铜珍珠。

② 遮盖力较差的色母：珍珠系列、艳黄、鲜红、紫红、玫瑰红。

③ 透明色母：透明红、发红蓝、标准蓝、霜雪蓝、绿色、紫色、透明黄、栗红、深红。此类色母遮盖力差，但着色力很强，只要添加少量的黑色、白色，遮盖力就会非常好。

3. 确定色母

根据分析，选择与样板颜色相同或相近的色母，或根据拼色规律选出主色母和副色母，确定色相范围，做到心中有数。

根据经验规律确定各色母的比例。虽然各涂料生产商的涂料产品性能有所差异，但各颜色色母的配比差别不是很大，表 3-5-5 提供了部分车型的颜色配方，可从各配方中探索配方的组合规律。

表 3-5-5　　　　　　　　　　　　　　部分车型颜色配方

车型颜色	颜色配方/%	车型颜色	颜色配方/%
现代银	中银60，闪银25，金珍珠8，综黄1.5，纯白3，控色剂2.5	捷达银L97A	中银75，闪银20，金珍珠2，棕黄1，纯白2
凯越白银	中银23，闪银70，棕黄1，透明蓝2，控色剂4	奥迪银A6	细银98，金珍珠0.5，棕黄0.5，1K白0.8，控色剂0.2
福克斯蓝	中银20，紫珍珠8，蓝珍珠3，黑20，湖水蓝20，纯紫15，紫红5，1K白1，控色剂3	三菱墨绿	细银20，黑40，纯绿10，青口蓝15，发红蓝14.8，1K纯白0.2
本田白	2K纯白97，黑2，透明黄1	捷达红	大红46，紫红50，大白1.5，透明黑2.5
丰田花冠银	细银65，中银25，金珍珠6，纯白2，控色剂2	本田钛紫灰	闪银10，细银50，黑25，纯紫2.5，青口蓝10，控色剂2.5

在确定试验配方时，要注意一个原则，即在颜色符合要求的前提下，所使用的色母品种尽量少。因为涂料成色的原理是减色混合成色，加入的颜色种类越多，吸收的光量越多，颜色的明度越低，色彩越显灰暗。

4. 调配

先取少量涂料，按确定的试验配方称重混合均匀，通过调漆比例尺上的涂料观察颜色。当确定需要添加某色母微调时，可向调漆比例尺上加入一点微调色母，混合后看其效果，若颜色走向不对，则要改用其他色母，这样做可避免调漆中加入不合适的色母。当调出来的颜色与样板相似后，再根据需要的量按比例调配，当颜色调到非常接近时，就应结束调色程序。

（1）微调思路。明度调整→色相调整→彩度调整。

（2）具体方法。

① 明度的调整。当色漆比车色深时，应加入浅色、白色或银粉来冲淡。当色漆比车色浅时，要会判断：车色显得又深又浓，还是又深又浊。如果显得又深又浓，则加入主色母；如果是又深又浊，可适当加入黑色母。

> **注意**
>
> 手工调漆首先需调漆师具有良好的视觉感，对颜色（无论是车身原漆还是调制中的漆）必须要有清晰准确的判断。因此，调漆师要经常进行颜色观察的训练，以提高辨色能力。

② 色相调整。根据拼色规律，加入或减少色母，一次只针对一个变量做调整，最重要的是色母色相走向要正确。调黄色不够红时，可加一点橙黄、橙红或大红；调蓝色不够绿时，可加一点艳黄或柠檬黄；调红色不够紫时，可加一点紫蓝、紫红、玫瑰红或深红（在红色中加黑与白也会变紫，但同时会变深或变浅）。

③ 彩度调整。当色漆比车色鲜艳时，加入少量黑色母或白色母可使颜色变浊，但应注意：黑色母的加入同时会使颜色变深，加入白色母则会使颜色变浅变浑浊。当色漆比车色浑浊时，可添加浅色或银粉将原色变淡，再加入主色母，或者放弃本次微调重新开始。因为颜色由浑浊变清澈基本上是很难实现的。

四、2K 素色漆的调配

2K 素色漆在汽车漆颜色中占有一定比例，如丰田白、五十铃白、东风蓝、解放蓝、五十铃蓝、千里马红、大车钼红、消防红、工程黄、警车蓝和邮政绿等。

1. 基本规律

（1）色相调整。色相一般围绕其相邻色发生变化，此时可选择主色相应邻色进行调整，同时主色彩度会上升。例如，红色邻色为橙红和紫红，当色相偏紫时，可加入紫红进行调整，同时红色彩度会提高。

（2）明度调整。明度可以通过加入黑、白色母来调整，黑色降低明度同时变深，白色则增加明度同时变浅。

（3）彩度调整。彩度可通过改变灰色来调整，如同时加入黑色母与白色母或减少主色母均可降低彩度。加大主色母的量可增加彩度。

2. 调色技巧

（1）白色。白色系列一般以白色母为主色，偏黄的用黑加黄加白，有的需要加少量的铁红，如五十铃白等；偏蓝的用蓝加紫红加白，如丰田白等；偏绿的用艳黄加蓝或加少量绿，如金杯白等。它们都可用黑、白色母调深浅。

（2）红色。红色系列根据样板色相选择大红（透明红）或鲜红（富贵红）为主色母，也可两种色母同时用。偏黄时加橙黄、橙红或直接加中黄色母，偏紫时加紫红或深红，根据深浅加黑、白色母。

（3）橙色。橙色系列根据色相选择橙黄、橙红为主色母，也可两种色母同时使用。偏黄时用橙黄加中黄，偏红时用橙红加大红等红色母，加入黑、白色母调深浅。

（4）黄色。黄色系列根据色相选择中黄或柠檬黄为主色母，偏青偏浅的颜色用柠檬黄为主色母，色相偏绿时加绿或蓝色母，偏黄时加可加入中黄或少量红色母，同时加黑、白色母调深浅；偏红偏深的颜色用中黄为主色，加入橙黄、橙红或铁红等红色母，同时加入黑、白色母调深浅。

（5）蓝色。蓝色系列根据样板色相深浅选择纯蓝加白加黑，偏红的蓝色加紫红或玫红色母，偏青蓝的蓝色可加入少量柠黄、艳黄等黄色母，同时加白、黑色母调深浅。

（6）绿色。绿色系列根据样板色相选择纯绿或黄相绿为主色母，偏蓝时加蓝色母，偏黄时加艳黄、柠黄等黄色母，同时加黑、白色母调深浅。

（7）灰色。灰色系列根据深浅以黑、白色母为主色，有冷灰（偏蓝、绿、紫的灰色）与暖灰（偏黄、红的灰色）之别。哪一种色相色母所占比例大，色相就向哪个方向发展。

用红、黄、蓝3种色母（按一定比例）也可调配出各种灰色与黑色。也可用红、黄、蓝、白、黑5种色母一起调配灰色系列。

3.注意事项

素色漆配方的选用应依据以下4条原则，特殊情况除外。

（1）根据样板，接近哪个色就用哪个色母作主色母；白色、蓝色、深蓝色、绿色、黄色、红色和紫色等素色漆在调配过程中本着先调深浅再调色相的原则进行。分析颜色就是要看出来主色与色光偏向，从而找出主色母与副色母。主色为整体感觉的颜色，副色为色光所呈现的颜色。一般选用色相色光接近样板的色母作为主色母。银粉漆选用银粉为主色母，深色用深色母（如深红），鲜艳的颜色用鲜艳的色母为主色母（如富贵红）。

（2）调素色漆时用调漆比例尺在搅拌时迅速拉起，即可与样板进行颜色对比，调到与样板色接近时用白纸片刮涂比色，主要是正面吻合，比较容易调准。

（3）对色时一般比样板稍浅一些，因为素色漆漆膜干后颜色会深些。

（4）一定要先调深浅再调色相，例如，黄色在白漆里加多了，但是深浅没有达到一致，会觉得颜色太黄，根据拼色原则一般会加紫蓝色来消黄。但是因为深浅不一致，还得加黑色，加入黑色后黄度会消减一些。所以如果先加蓝色来消黄，在深浅差不多的情况下，还是要加黑色。

4.调色实例——调素色红

调素色红用大红作主色，不够黄时加橙红或黄，不够紫时加紫红、深红或玫红，不够亮时加鲜红。红色加白与加黑都会变紫一些，同时也会变浅与变深，红色系只能偏向紫与黄两个色相，如上海大众LP3G波罗法兰红、消防红等。钼红用橙红作主色母，用橙黄与黑、白色母微调。

（1）确定调色样板，分析颜色配方。例如样板颜色为红中带黄光，较深，如图3-5-4所示。选用以大红为主色，鲜红为副色（鲜红带黄光，鲜艳，彩度高），用少量黑色母做微调。

过程中色相偏紫与偏浅可加入少量白色母，不够黄时还可以加入少量中黄或橙色母，不够深时可加入少量黑色母微调。

（2）将大红色母倒入调漆杯，搅拌均匀后与样板比色。会发现颜色比样板色要红、要鲜艳，彩度

图 3-5-4　调色样板

要高。

（3）调整深浅。加入少量黑色母调深，同时彩度降低。注意：如果黑色母加多了会朝紫色的方向发展，并变得浑浊。

（4）调整色相。加入黑色母与少量鲜红色母（因为加了黑色母，会朝紫色方向发展，显得不够黄，所以要加少量鲜红）。同时因为加入黑色母，明度发生变化，整体颜色变深。

（5）比色。经过色相调整，用搅拌后的调漆比例尺快速拉起与样板比色接近后，再用小纸片刮涂比色。因为是湿膜，所以将样板用水打湿后比色比较准确，另外还要考虑漆膜干燥后颜色有一定程度的变深。

五、银粉漆的调配

1. 调色要点

（1）加银粉会使漆色变浅，加素色色母会使漆色变深，并改变色相。

（2）若使用透明性色母微调，则能使侧面变深、变暗，而使正面变亮、变鲜艳；若使用不透明色母微调，则能使侧面变浅、变白，同时使正面的鲜艳度降低。

（3）要考虑色母的遮盖力。

（4）对色时，将试板与修补部位处在同一平面上，进行多角度对比，区别正面、侧面的色调差异，而且颜色要比样板深一些，因为银粉漆漆膜干后颜色会浅一些。

（5）清漆会稍微改变漆层的颜色，从正面看时其明度会降低。

2. 调色步骤

（1）选定银粉。目视观察、分析银粉的粗细、数量、类型（普通银还是闪银）。粗细与排列有关，可以通过加入银粉控色剂来调整排列，从而影响目视粗细效果。粗细与白度也有关系，白度越高，目视越粗。闪银比普通银粉正面亮白、堆聚，侧面更暗。银粉色母选择以两种搭配为好。

（2）色相分析。从正面、侧面观察色相表现，正面是深还是浅；侧面比正面是深还是浅；色相是偏红、偏蓝、偏绿、偏黄、偏紫等；根据色母走向分析图选定主色母，确定 1K 素色色母（注：选定 1K 素色色母以不超过 4 种为好）。

（3）调色。先加入银粉到调漆杯，再根据色相加入 1K 素色色母。每次比估计的量要少些，加入并充分搅拌。用调漆比例尺在搅拌时迅速拉起，即可与样板进行颜色对比。再根据调色方法与技巧进行细心调配修正。

（4）喷板比色。由于银粉漆正、侧面显色差异大，为了获得准确的颜色，当色漆调配进行到用调漆比例尺比色接近时，应模拟实车涂装环境进行试板喷涂后比色。

（5）颜色修正。根据试板的颜色偏向表现，用调色方法与技巧进行修正。直到试喷板的正、侧面与车身正、侧面表现一致，当肉眼看不出明显差异时，果断结束调色工作。

3. 调色技巧

（1）调色原则。浅银、灰银、蓝银、绿银、金黄银和红银等银粉漆在调配过程中根据色母走向，本着先调深浅，再调色相；以调整正面色相为主，兼顾侧面色相；兼顾银粉色母颗粒的大小，按照数量接近的原则来调整。

（2）明度调整。加入黑色可使其变深，加入银粉、珍珠粉变浅。避免使用高浓度白色母。加白色母使正面变浑浊，侧面变浅变白。调整正侧面时，有以下几个技巧。

① 正、侧面两个角度都太暗（或深）时，需加入银粉冲淡，再减少色母用量。

② 正、侧面两个角度都太亮（浅）时，需等比例加入其他色母，减少银粉量。

③ 正面太亮、侧面太暗时，可以用幼银粉（正面深侧面浅）取代粗银粉（正面亮侧面暗），或加入银粉控制剂，可使正面变深，侧面变浅变亮，银粉会变得较粗；加入白色时，正面较浊，侧面较亮，银粉会变得较细（白色遮盖力强，抑制银粉反光）。

④ 正面较暗、侧面太亮时，可以用粗的银粉取代较细的银粉，或减少银粉控色剂，使正面变清，侧面变暗，银粉会变得较细一点；减少白色使正面较清，侧面较暗，银粉会变得较粗一点。

在调整明度时，应注意喷涂操作的影响。稀释剂干得慢时颜色较暗，干得快时颜色则较亮；气压不足时颜色较暗，气压太强时颜色则较亮；喷涂距离太近时颜色较暗，喷涂太远时颜色则较亮；喷涂太湿时颜色较暗，喷涂太干时颜色则较亮。

（3）色相调整。

① 白银。因为白色银粉漆主要色母是银粉，只要正确区别是银还是闪银、是粗银还是细银即可。色相调整主要是调整正、侧面色相偏向。

若银粉漆正、侧面偏黄，则根据色母走向分析图选用棕黄、透明黄、柠黄等。

若银粉漆正、侧面偏红，则根据色母走向分析图选用棕红、栗红、酱红、紫红、深红等。

若银粉漆正、侧面偏绿，则根据色母走向分析图选用通绿或黄相绿，或根据拼色规律选择相应蓝色母与黄色母来调配。

若银粉漆正、侧面偏蓝，则根据色母走向分析图选用通蓝或发红蓝、群青、绿相蓝、蓝绿等。

② 蓝银、绿银、金黄银、红银、灰银等色相调整方法。此类银粉漆中银粉数量只占一部分，且正、侧面变化大。在调配时，根据正、侧面表现可适量加入珍珠色母来调配色相与鲜艳度。

a. 金黄银。把握好银粉数量，根据色母走向分析图选用棕黄、透明黄、棕红、酱红、栗红，或加入黄珍珠色母、金珍珠色母等。

b. 香槟银。把握好银粉数量，根据色母走向分析图选用棕黄、透明黄、棕红、栗红、酱红等。

c. 红银。把握好银粉数量，根据色母走向分析图选用棕红、栗红、酱红、紫红、玫瑰红、深红等，或加入红珍珠色母。

d. 绿银。把握好银粉数量，根据色母走向分析图选用通绿或黄相绿，可根据拼色规律选用相应的蓝色母与黄色母来调配，也可以加入少量绿珍珠、蓝珍珠或黄珍珠色母。

e. 蓝银。把握好银粉数量，根据色母走向分析图选用通蓝或发红蓝、蓝绿、群青或加入蓝珍珠、紫珍珠色母等。

f. 灰银系列。根据色相表现，以黑色母与银粉为主，相应加入红、黄、蓝系列色母，如栗红、透明黄、纯蓝、蓝绿、纯紫、紫红等。如果调钛子灰等颜色，还需要添加红珍珠、绿珍珠等色母。

（4）彩度调整。可通过加入黑色母和银粉、主色与补色色母等方法调整，可以加入少量珍珠色母以增加其鲜艳度。

① 颜色太清澈要变浊一些时，可加黑色母或用较幼的银粉取代较粗的银粉。

② 颜色太浊要变清澈一些时，可减少黑色母或用较粗的银粉取代较幼的银粉。

③ 使用透明性色母，则能使正面变亮、变鲜艳，侧面变深、变暗。

④ 使用不透明性色母，则能使正面的鲜艳度降低，侧面变浅、变白。

（5）银粉漆侧相调浅的方法

在大多数情况下，通常所说的"银粉不够白"是因为银粉色母的侧面颜色相对车身较暗，从而感觉颜色整体发黑，不够白。将银粉漆的颜色整体调白，实际上就是将银粉漆的侧面调浅。

① 加幼白珍珠粉或白珍珠粉。由于白珍珠粉的透明特性，当光线照射到上面时，会有大量的光线从侧面透射出来。在银粉漆里面根据实际情况加入 5%～30% 的透明白珍珠粉，会使银粉漆的侧面透光量增大，从而使颜色看起来变白、变浅，银粉的颗粒变得细腻、顺滑。

在银粉漆中加入白珍珠粉时，可能需要加入少量的正侧面控色剂来提高银粉的闪烁度。

在银粉漆中加入白珍珠粉，会稍微改变银粉侧面的色相。相对而言，幼白珍珠粉会使侧面颜色向黄相偏移，白珍珠或粗白珍珠粉会使侧面颜色向蓝相偏移。如果想降低侧面的蓝相，可以加入极少量的透明黄；如果想降低侧面的黄相，可以加入极少量的群青。

② 加正侧面控色剂。在银粉漆中加入 0～10% 的正侧面控色剂，会打乱银粉本来的均匀排列状态，使更多的光线射向漆膜的侧面，使银粉漆整体看起来变浅。就像调整镜子的角度，会使镜子的反光发生改变一样。控色剂加入越多，银粉的侧面就越浅，而且还会使银粉的颗粒翻转，看起来颗粒更粗，更具闪烁度与漂浮感。

③ 加 1K 白色。在银粉漆里面加入白色，会明显提高银粉侧面的白度，但是其最大的副作用就是会使银粉颜色整体浑浊、暗沉，抑制银粉的闪烁度。

此法一般不作为主要方法使用，但是有时候配合其他色母使用时却非常有效。在银粉里面加入白漆要非常小心，一般不能超过 1%（个别颜色除外）。

④ 加超幼白。超幼白实际上是一种颜料颗粒细度处于纳米级别的白色（在其他油漆品牌中也称霜雪蓝、霜白或变色龙等）。将少量的超幼白加入银粉中，可以提高银粉的侧面白度，而且会使侧面带蓝相。加入超幼白不宜过量，否则会使银粉的正面出现金黄色相。

⑤ 选择合适的银粉型号。不同型号的银粉，其正、侧面光感不同。一般来说，在相同颗粒度的情况下，闪银要比普通银粉的正面更亮，但是侧面会更暗。同种类型的银粉，颗粒越粗，正面越亮，但侧面会更暗。

⑥ 选择合适的搭配色母。对于与银粉搭配调色的 1K 素色色母而言，由于色母本身的深浅及侧光显色性的不同，所反映出来银粉漆的侧面深浅也就不同。

4. 银粉漆调色实例——调白银

① 确定好调色样板。首先分析银粉颗粒粗细，是普通银（片状）还是闪银（粒状较白），粗细一般用相邻两种银粉搭配，如中银与中粗银、中粗银与粗银、细银与中银、细银与幼银；其次看银粉是比较散开还是堆聚，散开表示加有控银剂，堆聚表示没有加；再看正、侧面表现，图3-5-5 所示的银粉漆，正面略带红黄，侧面暗，略带蓝，因此选用棕黄、棕红色母为调整正面色相色母，银粉漆侧面本身偏暗，略带蓝。

② 调深浅（明度）。选用细银与中银搭配，根据分析比例加入调漆杯，搅拌均匀。提起调漆比例尺与车身颜色比色，看正面与侧面的深浅表现。

图 3-5-5　银粉漆样板

调漆比例尺颜色与车身颜色相比较结果为正面偏白，侧面较暗。

③ 调整色相与彩度。加入少量棕黄、棕红色母与少量白色母调整色相与彩度。先少量加入，搅拌均匀后比色。结果显示色漆正、侧面表现已与车身颜色接近。

④ 喷板比色。在用调漆比例尺比色接近后，要喷涂小试板比色，因为金属漆颜色与喷涂操作有很大关系，所以模拟喷涂条件做试板比色，颜色才比较准确。比色结果显示正、侧面颜色与车身颜色用肉眼看不出明显差异时，可决定结束调色。

六、珍珠漆的调配

1. 调色步骤和方法

（1）确定色相，选用主色母。首先要准确判断其正、侧面色相（有时称底色、面色较容易理解）的不同。例如，柳微"龙贝蓝珍珠"，正面蓝，侧面红紫。

当对色母的颜色效果掌握未纯熟时，建议先用调漆比例尺蘸上一些油漆，然后在调漆比例尺上加入一些准备加入的微调色母，看其效果，若效果不佳就改用其他的色母，这样可避免在调漆中加入不合适的色母。

（2）确定珍珠种类、粗细程度和数量

仔细分析主色相内含有珍珠种数与各种珍珠的数量，一般以不超过4种为宜，如北京现代伊兰特黑珍珠，主色黑色，内含紫珍珠、蓝珍珠、细红珍珠与细白珍珠。

（3）颜色调配。根据分析，先加入主色母再加入各种珍珠并有效搅拌，根据显色规律调配，注意正面与侧面颜色的色相表现。

（4）喷板比色。与调银粉漆相同，比色时，试板与车身处于同一平面。

① 检查明度，从正面与侧面观察试板颜色，看颜色是否太深或太浅。

② 检查色相，看试板正、侧面颜色是否比原色板正、侧面颜色更红、更蓝、更黄。

③ 检查彩度，看试板颜色是否比样板颜色彩度更高或更低。

④ 检查珍珠数量、粗细程度与种类是否与原车颜色一致。

（5）颜色修正

根据金属漆调色方法与技巧进行微调，逐步实现与样板基本吻合的效果。

2. 调色要点

（1）选对色母非常重要，对色母的正、侧面表现与透明度一定要熟记。因为珍珠漆一般选用透明色母。

（2）调整珍珠漆与幻彩珍珠漆的正、侧面表现主要依靠素色色母来实现。珍珠色母主要依靠种类、数量和粗细程度来表现，正、侧面表现稍次要（浅色或纯珍珠漆除外）。

（3）调色原则。根据色母走向分析图，本着先调深浅，再调色相；以调整正面色相为主，兼顾侧面色相；兼顾珍珠颗粒的大小、数量接近的原则来调整。

3. 调色技巧

（1）明度调整方法。

① 加入主色母与黑色母变深，减少主色母与黑色母变浅。

② 加入珍珠色母变鲜艳，同时向珍珠色母色相方向表现。

③ 不建议加入高浓度的白色母，这会使珍珠漆整体变浊、不鲜艳。如果想调浅，可以加一些白珍珠、金属漆树脂或主色母来冲淡。

（2）色相调整方法。

① 蓝珍珠系列。根据样板色相选择绿相蓝、蓝绿、通蓝和发红蓝等 1K 素色色母，以及根据珍珠种类、粗细和数量选择如蓝珍珠等珍珠色母，不够深时可加入 1K 黑色母调深，正面不够蓝绿可适当加入透明黄或黄珍珠、绿珍珠。侧面红可选发红蓝、紫红、栗红、纯紫等素色色母或加入紫珍珠来调整。

需要注意的是，使侧面稍红些，喷出来效果会更好。

② 红珍珠系列。正面红色侧面带紫；正侧面都鲜红色。

根据样板色相选择大红、栗红、鲜红作主色，根据珍珠种类、数量和粗细程度加入红珍珠等珍珠系列，正、侧面色相不够红黄时可选择栗红、酱红、棕红、透明黄来调整；不够紫时可选择深红、玫瑰红、紫红来调整；不够深时加入黑色母调深（加入黑色母会变深、变紫、变浑浊）；红珍珠一般与古铜珍珠、紫珍珠、金珍珠和黄珍珠等搭配（如果红珍珠加入过多也会朝紫方向发展）。

需要注意的是，若要使颜色正面深、侧面浅的颜色鲜艳，可选择透明色母，如透明红等。若要使颜色正面浅、侧面深，则选择侧面走向深的色母，如紫红，也可以加入少量蓝色。一般方法为多加红珍珠与黑色母，这样颜色会正面浅、侧面深。在加入蓝、紫红等色母后，侧面会向黑与浑浊方向发展。

③ 绿珍珠系列。常见为墨绿珍珠，以黑色母、绿色母作主色，加入绿珍珠等珍珠系列，绿珍珠一般与蓝珍珠、黄珍珠等搭配（根据需要可加入少量的银粉）使用。

根据样板色相加入少量通绿或黄相绿，也可以用蓝色母（红口蓝或蓝绿色母）与黄色母（透明黄）搭配调整色相。加入透明黄会使正面与侧面都变黄。

正侧面偏蓝绿时可加蓝绿色母与蓝珍珠；偏黄绿时可加黄色母与黄珍珠或透明黄；侧面偏红时可加少量紫、栗红、紫红或深红；正面不够红时可加入紫珍珠。

需要注意的是，调配绿珍珠时发现正面比车身浅、不够绿，侧面颜色一致，则是银粉加黑色母造成的，可直接加入绿色母来进行调整；如果侧面过绿，可加入紫红等红色母，同时正面变深；当正面比车身绿、鲜艳，侧面颜色浅，可加入黑色母调节深浅，颜色将不再鲜艳；侧面红可加纯紫、栗红、紫红等色母调整。

④ 黑珍珠系列。以黑色母为主色母，根据珍珠种类、数量和粗细程度加入珍珠系列，黑珍珠一般与蓝珍珠、红珍珠、紫珍珠、绿珍珠、白珍珠和古铜珍珠等搭配。根据色相偏向可以适当加入素色色母。偏蓝时，选用蓝相黑，也可加入蓝色母；蓝珍珠偏深时，可加入白珍珠与少量透明白；如果不够红，可选用红相黑，或加入深红、栗红等红色母，或黄相珍珠。

需要注意的是，调黑珍珠时，珍珠颗粒一定不要过大，因为喷涂后会更大。侧面一定要注意红相或蓝相及深浅要一致。

⑤ 白珍珠系列。白珍珠是珍珠漆中一个特殊的系列，因为要使白珍珠浮在汽车表面，发出迷人的光芒，在喷涂操作中一般要做三道工序，即先喷涂 1K 白色作为底色，再喷涂白珍珠，最后喷涂双组分清漆。所以在调配白珍珠时，一般只调底色，即调 1K 白色。

白色以纯白为主色，分为蓝白与黄白。蓝白一般为群青加紫红色母或铁红色母，黄白一般为少量黑色加黄色母或铁红色母。

白珍珠一定要用特白珍珠，调白底时稍微白些，喷涂时白珍珠和稀释剂的比例一般为

3:1，不要喷得太厚，否则会变黄。如本田雅阁白珍珠，底色：纯白、透明蓝、黑色，珍珠层：白珍珠50、蓝珍珠20；喷涂时先雾喷后重喷。

白珍珠一般不用调，直接喷涂。

（3）彩度调整方法。可通过加入黑色母和珍珠、主色母与补色色母等方法调整。

①颜色太鲜艳要变浊一些时，可加黑色母或补色色母；也可减少主色母与珍珠色母，或加少量银粉。

②颜色太浊要变鲜艳一些时，可减少黑色母或加入主色母与珍珠色母。

4. 调色实例——调红珍珠

（1）确定调色样板，观察样板正、侧面颜色。如图3-5-6所示，根据调制的珍珠漆喷样板，颜色正面红，侧面带紫。样板选用色母为红珍珠、细红珍珠（红珍珠正面红、侧面红，且遮盖力强）、大红（透明红）、深红、微量黑。因为珍珠比较细，在图片中显示不出来，在实践操作中，珍珠的粗细一眼就可以分辨出来。

根据粗细的比例加入细红珍珠和红珍珠，搅拌均匀用调漆比例尺比色，首先看红珍珠的颜色与调色样板色的差距，也就是找一个基础色。结果显示调漆比例尺颜色比调色样板颜色偏浅，不够深，不够紫。

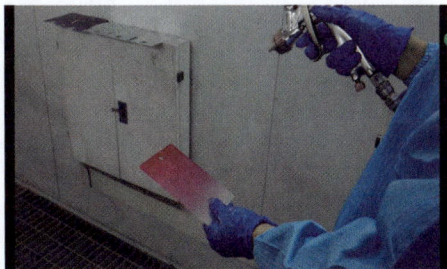

图3-5-6 喷样板观察正、侧面颜色

（2）调整深浅。选择加入大红（透明红）色母调深，与样板颜色比较显示明度偏高（较亮），彩度偏高（较鲜艳），且侧面不够紫。

（3）调整色相。加入少量深红（正面、侧面蓝紫，起加深与向紫方向发展的作用）与微量黑（起加深与降低彩度作用，色相也会向紫方向发展），要少加多看。

（4）喷板比色。与样板颜色比色显示，正面颜色深、黑，不够紫。侧面颜色也偏深、偏黑。

（5）微调。比色后根据颜色情况微调，加入少量红珍珠，把颜色冲淡，同时因为侧光不够紫，再加入少量深红或紫红色母。

（6）当颜色接近时，喷上罩光清漆比色，直至正、侧面颜色与样板颜色接近，即可结束调色。

七、高彩度漆的调配

1. 2K素色漆中高彩度颜色的调配

除了可以选用高彩度的色母调配外，还可以利用色漆漆膜透明的特点，选用适宜的底色漆可使面漆的色彩更加鲜艳，如黄色底漆可使红色更鲜艳，灰色底漆可使红色更红，带红相蓝色底漆可使黑色更黑亮，带绿相蓝色底漆可使白色更白，其他浅色如粉红色、米色、象牙色、天蓝色，可采用白色作底漆等。

另外在素色漆中掺入少量调和清漆能增加素色漆的丰满度、亮度、流平性、附着力，但是遮盖力会降低。

2. 高彩度金属漆的调配

高彩度的金属漆一般是全珍珠漆，不能加银粉，加入银粉就会变混浊，可以选用高彩度的水晶系列珍珠色母和高彩度的1K色母来组合调配。

3.高彩度白银的调漆方法和技巧

调白银主要是选对银粉，首先要观察银粉是片状的普通银还是粒状的闪银，只有颗粒选对了，调出的颜色正、侧面才会相同。越粗的银粉，侧面就越黑、正面越闪、金属感就越强。越细的银粉、看上去就越灰，整体金属感就没有粗的银粉那么强烈，银粉搭配时最好是选择颗粒大小相邻的银粉进行粗细搭配，这样搭配的闪烁效果最好。

高彩度的白银主要是看正、侧面够不够白，正面不够白一般是银粉的彩度不够高或选错银粉。可改用闪银或加入少量白珍珠，可以使正面变白。

要使侧面变白可以加白色或控色剂。一般情况是侧面不够闪、不够白的时候加控色剂，控色剂的作用是使侧面变闪、变浅，正面会变暗、变黑。

侧面银粉细黑的时候加白色。不论加白色还是控色剂，加入量过多都会使正面变暗。白色过多还会使银粉闪烁效果减弱。控色剂过量还会导致喷涂时容易发花。

调整色相跟调2K白漆一个道理，如调一个白银，正、侧面都白，银粉色相与车色相比太黄，那么就得加蓝、加紫进行消色。

正、侧面皆白，银粉颗粒细腻、闪烁性很好，其配色方案为：细银，选择闪烁度非常好的细银；细白珍珠，增加颜色的颗粒细腻度及调整侧光变浅变白；透明铁黄，少量；霜雪蓝，少量。

红黄色相白银。铝粉细腻、正面亮、侧面不够红，整体略为偏红相。调色的时候如果色母没有选择正确是很难调正确的。其配色方案为：细闪银（铝粉颗粒较细、亮度好）；细白珍珠（少量，调整细闪银的侧面亮度）；透明铁红（棕红）；透明铁黄（棕黄）加入金属漆中可以使正面偏红，侧面带黄相。

注意

经验调色的时间长短和颜色匹配度是建立在熟悉色彩属性、色母特性和色彩变化的基础上。否则在添加色母时，为确定某一种色母而花费大量时间，并容易出现同色异谱和随角异色效应。因此调漆师不仅需要具有丰富的经验，更要具有对颜色敏锐的感知力。

八、计算机调色

随着科学技术的高速发展，尤其是电子技术的发展，计算机在汽车涂装调色中也得到了广泛的应用。计算机调色，俗称电脑调色，它是近几年发展起来的一类高科技自动化调色工艺，是一种先进的调色（调漆）方法。

计算机就像一个大型的色漆配方资料库，库中储存有所有色卡配方，用户只需要将所需要的漆号和分量输入计算机中，就可以直接查阅计算好的配方数据。复色漆和单色漆都由数码标记。各类色漆品种数量达数千种规格，完全能满足汽车制造业和维修行业的使用。目前各大涂料生产厂家都具有完善的计算机调色系统，通过网络在各服务中心设有计算机调色中心。使用计算机调漆颜色，能把复杂烦琐的调色工作，改变为一种快速、方便又准确的调色方式，操作起来极其容易，数据极易更新，大大方便了汽车修补涂装的调色工作。

1. 主要设备

计算机调色的设备是由可见光分光光度仪、计算机、配色软件等部分组成。

（1）可见光分光光度仪。它是由光源、单色器、积分球、光电桥检测器、数据处理系统等部件组成。它可以将测得涂成层的光谱反射率曲线，通过库贝尔卡、蒙克配色理论计算出涂层颜色的准确数据，测出颜色，再通过计算机配色软件进行调色。

（2）配色软件。它是由色质检测软件、调色软件等部分组成的，主要作用是建立储存基础颜色（颜料种类与用量）数据库。使用时先确定基础颜色和色母，而后输入每种色母的光谱反射率曲线（即不同波长的吸收系数和散射系数），再根据输入的数据进行调色。也就是说，新购置的配色软件是不会配色的，必须先将该漆的色号输入配色系统，配色软件才能用输入的色号数据进行配色。因而，使用计算机调色的准确性不仅取决于配色软件的质量，更重要的是所输入的资料数据是否准确可靠。

计算机能够储存数千种色漆标准配方和标准色漆颜色的数码（色号或代号）。在调色过程中，不论单色漆数码或复色漆数码，都可输入计算机，以备使用者调色时查找使用。如需要调配某一种汽车面漆颜色时，可先将色号输入计算机，从屏幕上就可显示出该色号的面漆配方与各种色漆的用量比，再按此数据进行调色，就可获得所需的面漆颜色。

2. 特点

（1）调色标准、速度快、效率高，为汽车修补涂装调色节约了时间，有利于提高修补漆颜色的均匀度。

（2）采用计算机调色时，必须储备有一定量的各种品种的色漆配方与色号，如果储备的数量和品种规格不足，就很难按要求准确地调配出所需要的该种颜色。

（3）采购的各种色漆必须严格保证质量。如质量不佳，用计算机肯定调不出理想的颜色。

（4）单色漆应按色号数码的规律储存放置，使其标准化、定制化，以防出错。

（5）无标准色号的色漆不适于用计算机调色。

（6）目前市场上使用的计算机调色软件较多，其基本功能差别不大，使用时可就地购买。

另外，目前世界各大计算机测色仪生产厂都有适合汽车修补漆调色使用的便携式计算机测色仪供应市场。这些仪器的探头均可直接在汽车上需修补漆膜的部位，测出最可靠的数据，该数据经配色软件系统处理后，就可获得准确的配方调色。

3. 调色程序

（1）查阅汽车车身上的颜色代码（或利用色卡获得代码）。

（2）启动计算机中的调色软件。

（3）根据显示屏幕界面提示输入颜色代码。

（4）根据屏幕界面提示的配方进行调色。

如果将电子秤与计算机连接，则在计量添加色母时，如果某一色母添加过量，则计算机会自动重新计算配方中各色母比例，即会重新生成新的配方，因而可避免由于添加过量使调色失败而造成的涂料浪费。

如果无法获得颜色代码，可利用配套的测色仪，将探头插入待修复车身漆膜内，计算机会自动生成配方。

注意

　　计算机调色的标准是由数据库里配方的精确度决定的。由于车身长时间在室外复杂的环境使用，使用颜色就会产生不一样的差异性，所以大部分都要对配方进行人工微调。

□ 任务总结 □

项目实施——经验调色

制定配方信息表

视频

经验调色与
计算机调色

AR
汽车涂装

1. 经验调色概述

（1）概念：在没有配方的条件下，利用颜色基本理论，通过调漆师个人的经验制定颜色配方，然后再按配方进行颜色调配的方法。

（2）调色三原则。

① 色相调整：将红、黄、蓝三种颜色按一定比例混合，可获得不同的间色，间色与间色混合，或间色与三原色的一种混合，又可得到复色。

② 明度调整：在显色的基础上，加入白色将原来的颜色冲淡，就可以得到饱和度不同的彩色（即深浅不同的颜色）；加入不等量的黑色，就可以得到明度不同的各种颜色。

③ 彩度调整：在显色的基础上，加入不等量的原色可以得到不同彩度的色相。

（3）调色基本方法。

① 调橙红色：可选用以大红为主加少量的中黄，也可选择以橙黄为主加少量大红。

② 调紫红色：可选用大红加白色母，不够紫红时再加少量蓝色母。

③ 调橙黄：可选用以中黄为主色，加入橙黄或铁红等红色母为副色。

④ 调青黄：可选用柠黄等青口黄为主色母，加入少量的中黄。

⑤ 调青蓝色：可选用标准蓝加白色母，再加入少量的青口黄色母调色相。

⑥ 调偏红的蓝色；可选用标准蓝或群青加少量的紫红色母。

（4）调色流程。确定调色样板→确定汽车面漆属性→确定漆膜类型→色母走向分析→确定色母→调配。

2. 2K 素色漆的调配技巧

（1）白色。白色系列一般以白色母为主色，偏黄的用黑加黄加白，有的需要加少量的铁红。偏蓝的用蓝加紫红加白。偏绿的用艳黄加蓝或加少量绿。

（2）红色。红色系列根据样板色相选择大红或鲜红为主色母，也可两种色母同时用，偏黄时加橙黄、橙红或直接加中黄，色母偏紫时加紫红或深红。

（3）橙色。橙色系列根据色相选择橙黄、橙红为主色母，也可两种色母同时使用。偏黄时用橙黄加中黄；偏红时用橙红加大红等红色母。

（4）黄色。黄色系列根据色相选择中黄或柠檬黄为主色母，偏青偏浅的颜色用柠檬黄为主色母，色相偏绿时加绿或蓝色母，偏黄时加可加入中黄或少量红色母；偏红偏深的颜色用中黄为主色，加入橙黄、橙红或铁红等红色母。

（5）蓝色。蓝色系列根据样板色相深浅选择纯蓝加白加黑，偏红的蓝色加紫红或玫红色母；偏青蓝的蓝色可加入少量柠黄、艳黄等黄色母。

（6）绿色。绿色系列根据样板色相选择纯绿或黄相绿为主色母，偏蓝时加蓝色母，偏黄时加艳黄、柠黄等黄色母。

（7）灰色。灰色系列根据深浅以黑、白色母为主色，有冷灰与暖灰之别。哪个色相色母占较大比例，色相就向哪个方向发展。

3.银粉漆的调配技巧

（1）明度调整。

① 正、侧面两个角度都太暗（或深）时，需加入银粉冲淡，再减少色母用量。

② 正、侧面两个角度都太亮（浅）时，需等比例加入其他色母，减少银粉量。

③ 正面太亮、侧面太暗时，可以用幼银粉取代粗银粉，或加入银粉控制剂，可使正面变深，侧面变浅变亮，银粉会变得较粗；加入白色时，正面较浊，侧面较亮，银粉会变得较细。

④ 正面较暗、侧面太亮时，可以用粗的银粉取代较细的银粉，或减少银粉控色剂，使正面变清，侧面变暗，银粉会变得较细一点；减少白色使正面较清，侧面较暗，银粉变得较粗一点。

（2）色相调整。

① 白银。因为白色银粉漆主要色母是银粉，只要正确区别是银还是闪银，是粗银还是细银即可。色相调整主要是调整正、侧面色光偏向。

② 蓝银、绿银、金黄银、红银、灰银等色相调整方法。此类银粉漆中银粉数量只占一部分，且正、侧面变化大。在调配时，根据正、侧面表现可适量加入珍珠色母来调配色相与鲜艳度。

（3）彩度调整。可通过加入黑色母和银粉、主色母与补色色母等方法调整，可以加入少量珍珠色母以增加其鲜艳度。

（4）银粉漆侧光调浅的方法。

① 加幼白珍珠或白珍珠。

② 加正侧面控色剂。

③ 加 1K 白色。

④ 加超幼白。

⑤ 选择合适的银粉型号。

⑥ 选择合适的搭配色母。

4.珍珠漆调色技巧

（1）明度调整方法。

① 加入主色母与黑色母变深，减少主色母与黑色母变浅。

② 加入珍珠色母变鲜艳，同时向珍珠色母色相方向表现。

③ 不建议加入高浓度的白色母，这会使珍珠漆整体变浊、不鲜艳。如果想调浅，可以加一些白珍珠、金属漆树脂或主色母来冲淡。

（2）色相调整方法。根据样板色相选择 1K 素色色母，并根据珍珠种类、粗细和数量选择珍珠色母进行调整。

（3）彩度调整方法。可通过加入黑色母和珍珠、主色母与补色色母等方法调整。

5. 计算机调色

（1）定义：利用计算机进行油漆颜色测定及配方生成、查阅颜色配方，指导油漆调色的操作。

（2）主要设备：可见光分光光度仪、计算机、配色软件等。

▫ 问题思考 ▫

1. 什么是经验调色？有什么特点？

2. 说明经验调色的三原则。

3. 如何调配红、黄、蓝各自的两个偏向色？

4. 经验调色时，如何确定选用的色母种类及各色母的用量比例？

5. 人工经验法调银粉漆时，有哪些要点？

6. 人工经验法调珍珠漆有哪些要点？

7. 什么是计算机调色？有哪些特点？

学习任务六 颜色检验

▫ 学习目标 ▫

1. 能够正确描述颜色标绘的含义及其作用。

2. 能够正确描述色度学研究的目的。

3. 能够正确描述颜色的三刺激值含义与作用。

4. 能够正确解释 CIELAB、CIELCH 和 CMC 色差公式。

5. 能够基本描述汽车修补涂装（或调色）色差的测定与评价原理。

6. 能够借助测色仪的技术说明书，正确使用测色仪，并完成试板颜色的评价。

▫ 相关知识 ▫

一、概述

颜色检验就是通过仪器测量漆膜颜色数据，并计算与标准颜色色差的过程。

调色后所喷涂的试板或对汽车实际喷漆后，即可进行颜色的检验，以确定所喷涂漆膜的颜色与理想（标准）颜色的差别，进而评判调色与喷涂的质量。

在实际修补喷漆过程中，很少进行定量化的颜色检验，但对于汽车制造厂和涂料生产厂必须进行颜色检验，另外在汽车涂装大赛上，也常用到颜色检验。

二、颜色标绘

颜色标绘就是用三维坐标中的某一点来标明某一特定的颜色。在汽车修补调色中，人们以孟塞尔颜色系统为理论基础制作出颜色标绘图。

理论上，要在平面表示一个三维的空间，至少要用两个平面坐标，为了清楚地表达颜色的三个属性，颜色标绘图中用了三个平面坐标。

人们在比较两块色板时，并不需要定量地描述这两块色板颜色的三个参数，只需定性地分析这两块色板和颜色参数的差别。例如，比较图 3-6-1 中的两块红色样板，经过对比发现：A 板显得蓝些，B 板显得黄些；A 板显得深些，B 板显得浅些；A 板显得灰暗些，B 板显得鲜艳些。

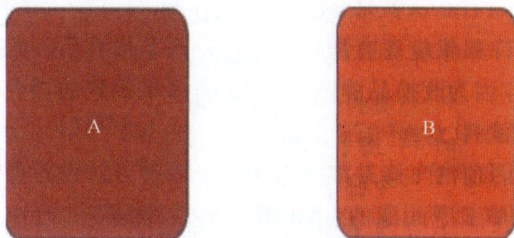

图 3-6-1　颜色的差别

这样人们可以在平面标绘图上简单、明了地表示两个或两个以上的颜色之间的差别，如图 3-6-2 所示。只有把颜色的差别明确无误地标绘出来，才能通过正确的调色程序缩小颜色的差别。

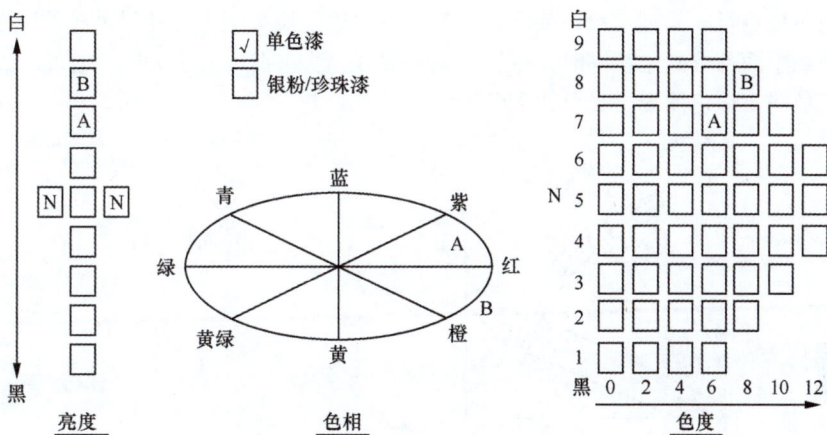

图 3-6-2　颜色标绘图

为了准确地描述某一种颜色，人们发明了颜色三维坐标，如图 3-6-3 所示。坐标参数详见图 2-2-10 处的文字说明。

三、色度学常识

心理物理学是研究知觉量与外界刺激量之间关系而发展起来的一门学科，色度学就是解决颜色度量问题的学科，它通过大量的科学实验，应用心理学方法，用对光物理量的测量间接地测得色知觉量，初步解决了对颜色作定量描述和测量的问题。所以，色度学是

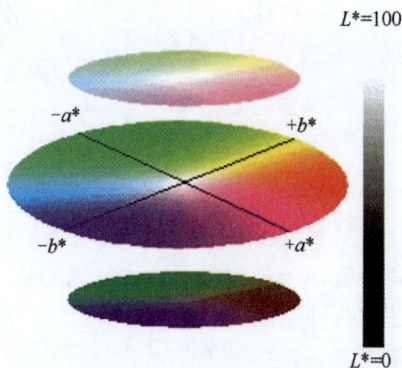

图 3-6-3　颜色三维坐标

对于颜色刺激及其差别进行测量、计算和评价的一门学科，是颜色光学的重要组成部分。色度学的重要作用在于把主观的颜色感知和客观的颜色刺激联系起来。

1. CIE 标准色度系统

描述颜色要给每个颜色一个固定的名称，还可通过制作标准色卡来描述颜色。涂料颜色的定量度量一般采用国际照明委员会（CIE）表色系统，按照它的色度学规定和测色方法进行工作。但是现代色度学测量颜色的结果，还是在一定简化了的理想条件下进行的，有它的局限性和不准确性，还不能完全代表人们的色知觉，所以现在还是采用仪器和肉眼同时控制汽车涂料颜色的方法。

CIE 素色系统是一种混色系统，是基于每一种颜色都能用三个选定的原色按适当比例混合而成的基本事实建立起来的。

2. 颜色匹配实验

把两个颜色调节到视觉上相同的方法称为颜色匹配。颜色匹配实验如图 3-6-4 所示，图的左侧是一块白色的屏幕，上方为红、绿、蓝三原色光，下方为待测色光（图 3-6-4 中的 C）。三原色光照射白色屏幕的上半部，待测色光照射白色屏幕的下半部，白色屏幕上下两部分用一黑挡屏隔开。由白色屏幕反射出来的光通过小孔抵达右方观察者的眼内，人眼看到的视场范围在 2° 角左右，被分成两部分。图的右上方还有一束光，它投射在小孔周围的背景板上（黑挡屏），因而视场周围有一圈色光作为背景，这束光的颜色和强度都可以调节。在此实验装置上可以进行一系列实验。待测光的光色可以通过调节上方三种原色光的强度来混合形成，当视场中两部分光色相同时，视场中的分界线消失，两部分合为同一视场。此时认为待测光的光色与三原色的混合光色达到色匹配。

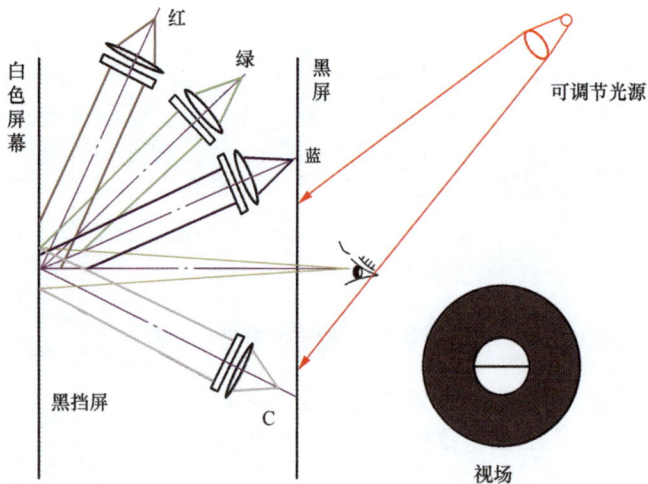

图 3-6-4　颜色匹配实验

在颜色匹配实验中，与待测色达到色匹配时所需要的三原色的数量，称为该颜色的三刺激值。一种颜色与一组三刺激值相对应，这种颜色感觉可以通过三刺激值来定量表示。任意两种颜色只要三刺激值相同，颜色感觉就相同。同时，还可以将两种不同的颜色差别量化表示。

3. 容差空间与容差公式

容差空间与容差公式的作用是计算色差，以评价两种颜色的差异情况。

世界范围内的容差空间与容差公式有多个，公认的是国际照明委员会（CIE）和英国颜色测量委员会（CMC）制定推荐的容差空间与容差公式。

（1）CIE 容差空间和色差公式。CIE 容差空间和色差公式有三种，即 LAB、ΔE_{ab}、LCH。

① LAB 容差空间和色差公式。通过许多数学公式，由每个颜色的三刺激值可以换算得到现在涂料常用的颜色定量表示方法，即该颜色的 L^*、a^*、b^* 值，L^* 表示明度值，a^* 表示红绿值，b^* 表示黄蓝值。

$$L^* = 116 （Y/Y_n）^{1/3} - 16$$
$$a^* = 500[(X/X_n)^{1/3} - (Y/Y_n)^{1/3}]$$
$$b^* = 200[(Y/Y_n)^{1/3} - (Z/Z_n)^{1/3}]$$

式中，X、Y、Z 为颜色样品的三刺激值；X_n、Y_n、Z_n 为 CIE 标准照明体照射在完全漫反射体上，再经过完全漫反射体反射到观察者眼中的白色刺激的三刺激值。

建立一个 CIE 三维颜色空间，在此空间可以看到所有颜色的位置及（a^*、b^*、L^*）坐标，构成图 3-6-5 所示的盒状色空间，此空间即为 LAB 容差空间。

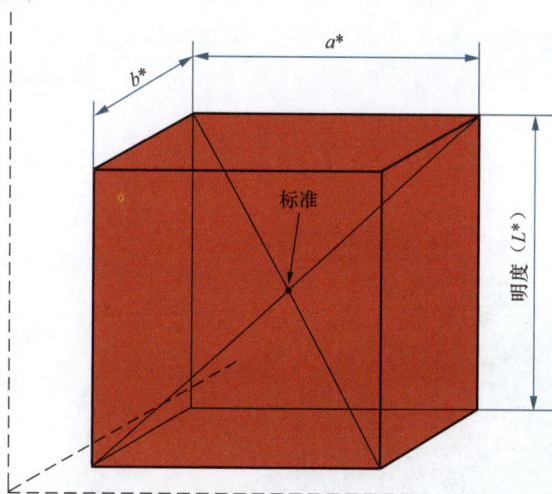

图 3-6-5 CIE LAB 盒状容差

LAB 色差公式以标准为中心，然后给予个别 L^*、a^*、b^* 数值，规定正负的误差范围。LAB 色差公式可表示为

$$\Delta L^* = L^*_{样品} - L^*_{标准} （明度差异）$$
$$\Delta a^* = a^*_{样品} - a^*_{标准} （红绿差异）$$
$$\Delta b^* = b^*_{样品} - b^*_{标准} （黄蓝差异）$$

此色差公式可以简单直接地显示颜色误差的原因，表 3-6-1 表示 ΔL^*、Δa^*、Δb^* 分别为正、负值时对应的颜色变化。

表 3-6-1　　　　　　　　　　通过 ΔL^*、Δa^*、Δb^* 判断颜色变化

比较项 ＼ 正负值	正	负
ΔL^*	偏浅	偏深
Δa^*	偏红	偏绿
Δb^*	偏黄	偏蓝

② ΔE_{ab} 容差空间与色差公式。ΔE_{ab} 是以标准色为中心，然后在四周绘出一个球状容差范围，构成图 3-6-6 所示的球状容差空间。ΔE_{ab} 也是目前采用较多的容差公式。

ΔE_{ab} 色差公式以一个数值代表总色差，可表示为：

$$\Delta E^*_{ab} = [(\mathrm{d}L^*)^2 + (\mathrm{d}a^*)^2 + (\mathrm{d}b^*)^2]^{1/2}$$

③ LCH 容差空间和色差公式。LCH 颜色模型采用了同 L^*、a^*、b^* 一样的颜色空间，但它用 L 表示明度值，C 表示彩度（饱和度）值，H 表示色相角度值的柱形坐标，如图 3-6-7 所示。

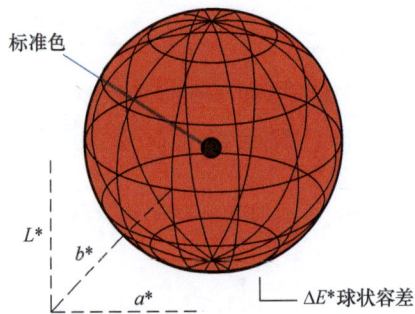

图 3-6-6　ΔE_{ab} 球状容差

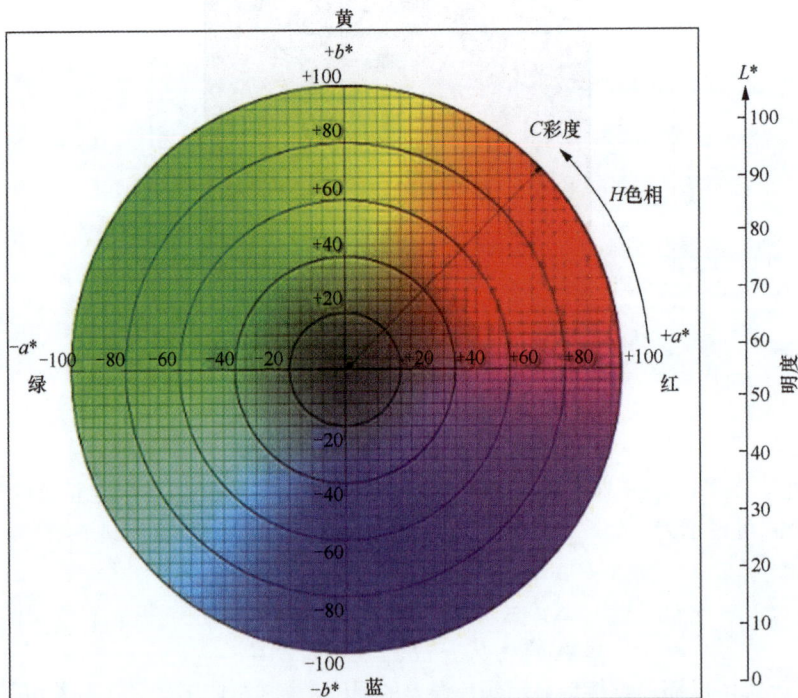

图 3-6-7　LCH 颜色模型

它可以用立体色图来表示，图中央垂直轴代表了白—灰—黑系列的非彩色的明度变化，底端是黑色，中间为由深到浅的灰色，过渡到顶端为白色。中央水平面圆周上代表了各种彩色，圆心为中灰色，从圆心向圆周过渡表示彩度逐渐提高。此圆周上的点与黑白垂直轴组成的三角形平面称为等色相面，所有彩度不同、明度不同但色相相同的颜色都在同一等色相面上。各水平面是等明度面，所有彩度和色相不同而明度相同的颜色都在同一等明度面上，这样就把颜色三种特性间的关系形象地表示出来了。两个颜色如果色相、明度和彩度都相等，我们便说这两个颜色是完全相同的。

彩度（C^*）和色相（H^*）与 a^*、b^* 值的关系：

$$C^*=[(a^*)^2+(b^*)^2]^{1/2}$$
$$H^*=\arctan(b^*/a^*)$$

LCH 以标准为中心，然后给予个别 L、C、H 值，规定正负误差范围，构成图 3-6-8 所示的扇形色空间。

$$\Delta L^* = L^*_{样品} - L^*_{标准}（明度差异）$$
$$\Delta C^* = C^*_{样品} - C^*_{标准}（彩度差异）$$
$$\Delta H^* = [(\Delta E_{ab})^2 - (\Delta C^*)^2 - (\Delta L^*)^2]^{1/2}（色相差异）$$

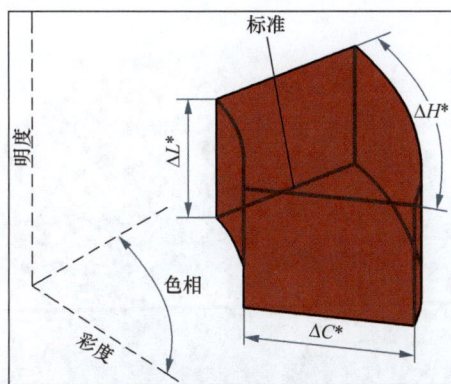

图 3-6-8　LCH 色空间

从 LCH 色差公式，可以清楚分析出颜色彩度和色相误差的原因，见表 3-6-2。

表 3-6-2　　　　　　　　通过 ΔL^*、ΔC^*、ΔH^* 判断颜色变化

对比项 \ 正负值	正	负
ΔL^*	偏浅	偏深
ΔC^*	偏鲜	偏土
ΔH^*	偏逆时针方向色调	偏顺时针方向色调

颜色容差主要是针对样品和已知标准颜色测量值的比较，这样可判断样品与标准的接近程度。通常对于 LAB 和 LCH 色空间，采用以下评价标准。

ΔE^* 在 0 ～ 0.25：色差非常小或没有，理想匹配。

ΔE^* 在 0.25 ～ 0.5：色差微小，可接受的匹配。

ΔE^* 在 0.5 ～ 1.0：色差微小到中等，在一些应用中可接受。

ΔE^* 在 1.0 ～ 2.0：色差中等，在特定应用中可接受。

ΔE^* 在 2.0 ～ 4.0：色差有差距，在特定应用中可接受。

ΔE^* 在 4.0 以上：色差非常大，在大部分应用中不可接受。

注意

这里的接受或特定应用中可以接受，一般是指车主的接受度和车辆档次要求。如货车的喷涂质量相对于高档轿车差异就很大。

（2）CMC 容差空间及容差公式。CMC 容差公式是目前工业上广泛使用的计算色差方法，是行业推荐的色差公式标准形式。它是用椭圆作为视觉对色差的范围，如图 3-6-9 所示。其得出结果与人眼接近，因而许多工业企业认为 CMC 对色差的表示方法比其他表示方法更精确。

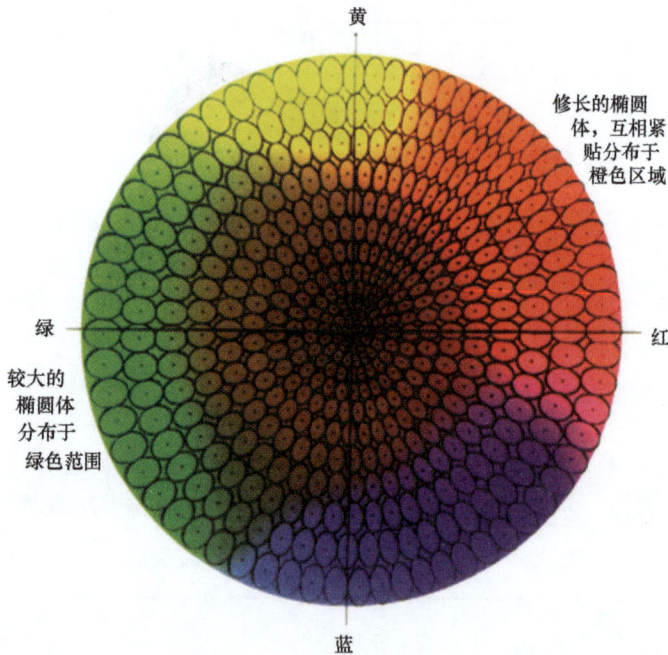

图 3-6-9　CMC 容差空间

CMC 容差公式可表示为：

$$\Delta E_{CMC} = [(\Delta L^*/LS_L)^2 + (\Delta C^*_{ab}/CS_C)^2 + (\Delta H^*_{ab}/S_H)^2]^{1/2}$$

式中，ΔL^*、ΔC^*、ΔH^* 分别为明度差、彩度差和色相差；S_L、S_C、S_H 分别为权重系数。

CMC 容差公式可用来调整明度、彩度和色相的色差比例，CMC（$L{:}C$）色差公式在印染行业也被列为国际和国家标准。

使用不同的色差公式测量的结果差别很大。CMC（$L:C$）有两个参数 L 和 C，只有在 CIE 规定的参考条件下才可以为 L=1 和 C=1；在印刷行业中 L=2，C=1，即采用 CMC（2:1）公式；在油漆行业的色差评价采用 CMC（1.4:1）公式。

通过参考研究资料和大量实践，证明 CMC（2:1）的计算结果与目视结果一致性最好，而 LAB 色差公式计算的图像色差与目视评价结果的相关性很差，主要表现在：中性色的计算色差明显小于目视色差，绿色区域的计算色差大于目视色差。

（3）人眼评色与各容差方法的接近程度。各类色差公式精确性比较见表 3-6-3。

表 3-6-3　　　　　　　　　　　人眼评色与各容差方法的接近程度

容差方法	与人眼评色相似程度
CIE LAB	75%
CIE LCH	85%
CMC（2:1）	95%

四、色差测定

色差测定是配色中的关键步骤，目前色差的测定有两种方法：目测法和仪器测量。

1. 目测法

在汽车涂料工业中，还有很多沿用传统目测法的手段来进行配色，即按与样板相同的条件下将涂料制板，在太阳光下或标准光源下与标准板进行平行比较。这种目测法如果做得粗糙一些是简单易行的，也不需要多少理论基础，也不必经过专门的技术培训和特殊设施。但若需要精确，就要具备一定的观测条件，由具有一定色度学知识和经验的观测者来检测。在严格规定的比色条件下（如试验设备、光源条件、观测环境），观测者凭肉眼观察颜色也很直观、简易和敏锐，而且分辨率也能达到要求。

目测法仍存在一定的局限性，对于不同色相和彩度的细微观测往往无能为力，而且目测法对色相或明度的比较结果只能做定性的评述，很难做到准确的定量，对于颜色的观测结果，作为一种资料保存下来更为困难。

2. 仪器测量

仪器测量可使颜色的各种参数数字化，将颜色描述得更加准确，也便于保存资料，目前汽车涂料领域内尤其是轿车工业多采用仪器测量配色。

色差的测定不单纯是判断两个颜色的差距，更重要的是对颜色混合后效果的评价，可通过已知的若干种颜色的基础数据（即 x、y、Y 等）储存在测色仪中的计算机内，然后把所要求的混合色的颜色数据输入计算机中，就可打印出所需颜色的各种比例配方。配方有两类，一类是按色差大小顺序排列的，即配色的质量优劣程度；另一类是按各种颜色配方混合后价格顺序排列的，也给出每种配方的 ΔE 值，这样就可综合考虑找出最佳配方，既考虑到色差的质量要求，又兼顾到成本的需要。

（1）测色仪介绍。现在汽车涂料领域最常用的颜色测量仪器是分光光度测色仪（简称分光光度计，也称为色差仪、测色仪），其外形如图 3-6-10 所示。它可以是数字显示式的，或加配计算机，使测定结果自动打印输出。通过仪器对样板测量可得出 x、y 和 Y 值，即色度坐标和亮度因数。通过色度图可以知道所测色在色度图所处的位置。

为了使颜色空间更符合视觉观察的颜色差异，通过一系列转换将 x、y、Y 变成 a^*、b^*、L^* 值，其中 a^* 值的大小代表红绿相（正值为红、负值为绿），b^* 值代表黄蓝相（正值为黄、负值为蓝），L^* 值代表亮度，即黑白相（0 为黑，100 为白）。这样每个颜色都表现出一组相应的 a^*、b^*、L^* 值，两个不同的颜色表现出不同的 a^*、b^*、L^* 值，这样就可得到 Δa、Δb、ΔL，通过色度之间的差距和明度上的差距可以计算出两者之间的总色差，以 ΔE 表示，$\Delta E = (\Delta a^2 + \Delta b^2 + \Delta L^2)^{1/2}$。测色仪可将两个颜色的 a^*、b^*、L^* 数据打印出来，并通过计算机系统直接打印 ΔE 值。

图 3-6-10　测色仪

（2）测色原理。随着金属闪光漆进入汽车涂料领域，产生了颜色的随角异色效果，就要求金属闪光漆颜色质量控制用多角度测色仪，当前进入市场的该种仪器有：日本美能达（Minolta）公司的 LR-354、CM-512m2 三视角测色仪，美国爱色丽（X-Rite）公司的 MA85、MA86 多角度测色仪以及德国卡尔蔡斯的 CK III 多角度分光光度计。这些仪器能给出 3～5 个角度的色度坐标以及色差。

以下仅以爱色丽测色仪 MA86 为例，说明测色原理。

MA86 的测量照射光源为 D65 太阳光光源（即北半球日光，色温为 6500K）。仪器观察角度，如图 3-6-11 所示。素色漆只有 45°一个观察角度，如图 3-6-11（a）所示；金属漆有 15°、25°、45°、75°、110° 共五个角度，如图 3-6-11（b）所示。

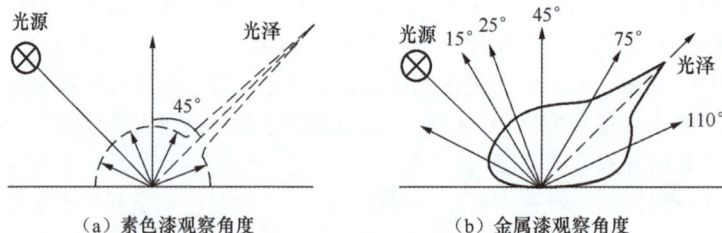

（a）素色漆观察角度　　　　（b）金属漆观察角度

图 3-6-11　测量计算角度

光源 L 通过单色器 M 照射在被测样板 Pr 上，反射光通过光电管 Z 将光信号换成电信号，通过放大器 V 将电信号放大，并经过电流计 G 测量其电流强度，从而实现对被测样板反射光颜色绝对值的测量，如图 3-6-12 所示。

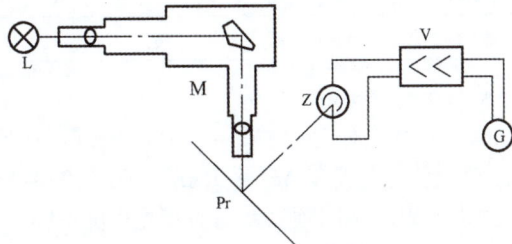

图 3-6-12　测色仪测量原理
L—光源；　M—单色器；　Pr—样板；　Z—光电管；　V—放大器；　G—电流计

MA86 色差仪出厂配备两块校正板：白板（100％反射光）和黑板（零反射光），每套仪器的白板及黑板同该仪器配套专用，不能仪器之间混用，一般每天校正一次。仪器用四种标准板校正，这四种标准校正板由奥迪公司提供，在巴斯夫（BASF）等公司的软件下使用。

每天校正：绿板、银灰板共计 2 块。若有 1 块板 $\Delta E > 1.7$，则仪器停用。

每周校正：绿板、银灰板、黄板、红板共计 4 块。若有 2 块板 $\Delta E > 1.7$，则仪器停用。

（3）测色步骤。测色仪的操作一般包括如下几个步骤。

① 使用测色仪进行测色。

② 将反射曲线用屏幕显示并打印出来。

③ 储存并将所需数据打印出来。

测色可在几秒内完成。简易型只可计算色差，不能计算混合颜色的配比。高级的还可以有多种功能，除控制颜色外，还可控制配方，进行称量等。

（4）使用测色仪注意事项。

① 测色仪应定期进行校正，然后加修正偏差。

② 色差仪因其结构特点，每年都需送回仪器生产厂家进行校正一次，以确保其测量精度。

③ 标准校正板要保证其板面清洁，尽量避免划伤，以保证仪器校正精度。

④ 严格规范检测操作，同时要保证被测件表面洁净、无污染。

⑤ 执行最新有效版本标准色板，执行统一的偏差许可范围，从而保证得到统一的色差检测结果及相同的评价值。

⑥ 色差仪内部设置应执行统一的软件系统标准设置，从而确保检测结果准确，若需要相应软件，则该软件也要定期更新。

（5）绝对偏差和相对偏差计算。

① 绝对偏差。绝对偏差的种类及计算公式见表 3-6-4。

表 3-6-4　　　　　　　　　　　　　　　　　　绝对偏差

明度绝对偏差	$\Delta L^* = L_P^* - L_B^*$
红绿值绝对偏差	$\Delta a^* = a_P^* - a_B^*$
黄蓝值绝对偏差	$\Delta b^* = b_P^* - b_B^*$

续表

彩度绝对偏差	$\Delta C^* = C_P^* - C_B^*$
色相绝对偏差	$\Delta H^* = H_P^* - H_B^*$

注：P—被测样板（Probe）；B—标准色板（Bezug）。

总的颜色绝对偏差（ΔE^*）计算公式：

$$非彩色涂料颜色绝对偏差 \Delta E^* = [(\Delta L^*)^2 + (\Delta a^*)^2 + (\Delta b^*)^2]^{1/2}$$

$$彩色涂料颜色绝对偏差 \Delta E^* = [(\Delta L^*)^2 + (\Delta C^*)^2 + (\Delta H^*)^2]^{1/2}$$

② 相对偏差 $\Delta E'$。由于人眼对不同颜色差别的接受程度不同（如人眼对浅颜色色差比深颜色色差更敏感），同时为建立不同颜色统一的色差评价标准，经大量实际观察及统计，对不同颜色给出不同偏差许可范围，用系数 A 表示，从而得到被测件与标准色板相对偏差计算公式。

非彩色涂料颜色相对偏差：

$$\Delta E'_\gamma = [(\Delta L^*_\gamma / A_{L\gamma})^2 + (\Delta a^*_\gamma / A_{a\gamma})^2 + (\Delta b^*_\gamma / A_{b\gamma})^2)]^{1/2}$$

$$\gamma = 15° \sim 110°$$

彩色涂料颜色相对偏差：

$$\Delta E'_\gamma = [(\Delta L^*_\gamma / A_{L\gamma})^2 + (\Delta C^*_\gamma / A_{L\gamma})^2 + (\Delta H^*_\gamma / A_{H\gamma})^2]^{1/2}$$

$$\gamma = 15° \sim 110°$$

平均颜色相对偏差：

$$\overline{\Delta E} = (\Delta E_{15} + \Delta E_{25} + \Delta E_{45} + \Delta E_{75} + \Delta E_{110})/5$$

（6）色差软件应用。

色差软件系统就是应用上述计算原理，将被测件与计算机内存储的标准色板测量值进行比较，并自动计算其颜色相对偏差，且评价分析。这套系统的应用，不仅为轿车生产厂家及外协配套厂家评价色差提供准确数据，而且还为涂料材料厂家、材料批次、颜色质量控制及调整提供依据。车身颜色偏差系数评价，见表 3-6-5。

表 3-6-5　　　　　　　　　　车身颜色偏差系数评价

相对颜色偏差	评价	结论
$0 \leqslant \overline{\Delta E} \leqslant 1.4$	合格	接受区
$1.4 \leqslant \overline{\Delta E} \leqslant 1.7$	有条件合格	风险区
$\overline{\Delta E} > 1.7$	不合格	否决区

（7）影响色差的因素。

① 涂装材料批次。只有控制涂装材料每个批次色差，不超出标准色板的允许偏差范围，才能保证车身及外协件的色差稳定，不产生较大偏差。特别对材料的 Δa^*、Δb^* 值，一般在现场很难通过施工参数的调整使其有较大改变。

② 涂装材料遮盖力。一般金属漆施工厚度为：静电喷涂设备 8 ~ 10μm，空气喷涂 4 ~ 5μm，总的底色漆厚度 12 ~ 15μm。当材料工艺遮盖力厚度大于 15μm，也就是说底色

涂膜厚度达到 12～15μm 时，还不能完全遮盖底材，则车身外观将产生质量缺陷，如漆膜发花、色差超值。

图 3-6-13 为不同漆膜厚度其色差变化图。从图中可见，当漆膜膜厚达到遮盖厚度时，其色差稳定，不再有较大波动。图中显示当漆膜厚度 $BC = 20μm$ 时，颜色糖果白的 $\overline{\Delta E}$ 最佳。

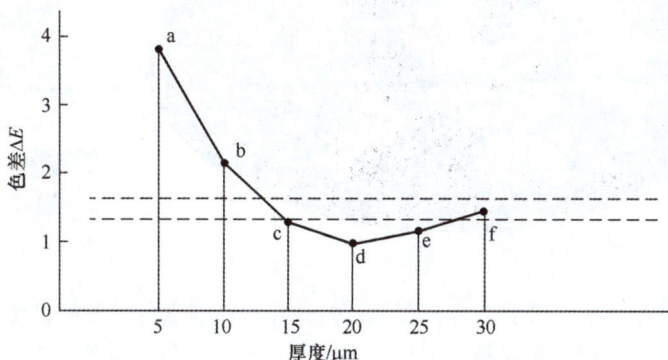

图 3-6-13 糖果白不同喷涂厚度 （BC） 的色差变化曲线

③ 施工参数。

对于金属漆，尤其是银灰色金属漆，喷涂设备施工参数对 ΔL^* 值影响很大，但设备施工参数对 Δa^*、Δb^* 基本无影响。所以可通过调整设备施工参数，优化色差 ΔL^* 值。

● 漆量大，漆膜厚度增加，漆膜更湿，ΔL^* 下降（变暗）。
● 雾化气压大，漆膜更干，ΔL^* 增加（变亮）。
● 成型气压大，漆膜更干，ΔL^* 增加（变亮）。
● 空气下移速度大，漆膜更干，ΔL^* 增加（变亮）。
● 施工黏度降低，漆膜表面更湿润，ΔL^* 下降（暗）。
● 添加剂量增加，漆膜表面更湿润，ΔL^* 下降（暗）。
● 现场施工环境温度高，则金属漆闪干速度快，漆膜更干，ΔL^* 增加（亮）。

注意

1. 颜色检验是在每一个调色试板都要进行的步骤。公式检测对比较难调的颜色时清楚知道需达到怎样的程度才可以进行颜色驳口处理。目测法因个人接受的颜色波长不同，所以对颜色的感受也是不尽相同；对颜色的目视检测就会出现因人而异的情况。

2. 本节内容涉及较多的数学公式和理论表述，这会给教学和阅读带来一定的困难。建议如基础较弱，则重点学习经验调色和目测法检测；如基础较好，则认真进行公式推导和演练，以求真正掌握。

视频

颜色检验

1. 颜色检验

（1）概念：通过仪器测量漆膜颜色数据，并计算与标准颜色色差的过程。

（2）应用：汽车制造厂和涂料生产厂对产品进行颜色检验，另外在汽车涂装大赛上，也常用到颜色检验。

2. 颜色标绘

（1）定义：颜色标绘就是用三维坐标中的某一点来标明某一特定的颜色。

（2）颜色三维坐标。"L"表示明度，相当于空间三维坐标的垂直轴（z轴），共分100个等级；"a"表示红绿值，相当于空间三维坐标的 x 值；"b"表示黄蓝值，相当于空间三维坐标的 y 值。

3. 色度学常识

（1）定义：色度学是对于颜色刺激及其差别进行测量、计算和评价的一门学科。

（2）颜色匹配。

① 定义：把两个颜色调节到视觉上相同的方法叫作颜色匹配。

② 颜色三刺激值。在颜色匹配实验中，与待测色达到色匹配时所需要的三原色的数量，称为该颜色的三刺激值。

③ 颜色三刺激值作用。一种颜色与一组三刺激值相对应，这种颜色感觉可以通过三刺激值来定量表示。任意两种颜色只要三刺激值相同，颜色感觉就相同。同时，还可以将两种不同的颜色差别量化表示。

（3）容差空间与容差公式。

① 作用：用来计算色差，以评价两种颜色的差异情况。

② 种类。世界范围内的容差空间与容差公式有多个，公认的是国际照明委员会（CIE）和英国颜色测量委员会（CMC）制定推荐的容差空间与容差公式。

4. 色差测定

（1）方法：目测法和仪器测量。

（2）两种方法比较。

① 目测法缺点：对于不同色相和彩度的细微观测或定量检测往往无能为力，而且目测法对色相或明度的比较结果只能做文字评述，很难做到准确，对于颜色的观测结果，作为一种资料保存下来更为困难。

② 仪器测量的优点：仪器测量可使颜色的各种参数数字化，将颜色描述得更加准确，也便于保存资料。

（3）测量仪器：分光光度测色仪，简称"分光光度计"，也称为色差仪、测色仪。

（4）影响色差的因素：涂装材料批次、涂装材料遮盖力、施工参数。

◻ 问题思考 ◻

1. 什么是颜色检验？什么情况下需要进行颜色检验？

2. 什么是颜色标绘？对于三维坐标系，各轴代表颜色的哪种属性？

3. 什么是颜色三刺激值？它有什么作用？

4. 容差空间与容差公式的作用是什么？有哪些种类？认可度最高的是哪种？

5. 仪器测色有哪些优点？

6. 仪器测色的基本原理是什么？

7. 不同的施工参数，如何影响漆膜的亮度？